城市道路立体交叉建设发展新趋势

王　珂　张顺哲　刘辛波　主编

中国海洋大学出版社
·青岛·

图书在版编目(CIP)数据

城市道路立体交叉建设发展新趋势 / 王珂,张顺哲,
刘辛波主编. —青岛:中国海洋大学出版社,2024.6
ISBN 978-7-5670-3831-8

Ⅰ.①城…　Ⅱ.①王…　②张…　③刘…　Ⅲ.①城市道
路—道路建设—研究—中国　Ⅳ.①U412.37

中国国家版本馆 CIP 数据核字(2024)第 071251 号

出版发行	中国海洋大学出版社
社　　址	青岛市香港东路 23 号　　　　　　　　　**邮政编码**　266071
出 版 人	刘文菁
网　　址	http://pub.ouc.edu.cn
电子信箱	youyuanchun67@163.com
订购电话	0532-82032573(传真)
责任编辑	由元春　　　　　　　　　　　　　　　　**电　　话**　0532-85902495
印　　制	青岛中苑金融安全印刷有限公司
版　　次	2024 年 6 月第 1 版
印　　次	2024 年 6 月第 1 次印刷
成品尺寸	185 mm×260 mm
印　　张	14.75
字　　数	320 千
印　　数	1～1000
定　　价	68.00 元

编　委　会

前言 / Preface

现代城市发展至今，是一个不折不扣地从平面延伸向垂直立体空间发展的过程，而与城市的空间共同衍生的城市交通，也在不断地向地上要效益、向地下要空间。

随着城市的不断发展，城市交通中的机动车数量日益增加，常规平面交叉口的通行能力逐渐捉襟见肘，显然已无法满足城市发展对其功能的要求。因此，城市交通在原本平面交叉的道路系统中，不断寻找着新的通行方式，逐渐追求在垂直空间上的分离，实现各行其道、互不干扰，这便出现了立体交叉交通。

作为城市建构的重要元素，城市立体交叉同其他城市建筑形体一样，越来越成为展现城市物质文化、城市交通、建筑与城市精神的符号，甚至是城市公共艺术的点睛之笔。有人说，"在这个垂直世界里往来穿行，早已是人们习以为常的视角，但如若从高空俯瞰，呈现在我们眼前的，将是一个极为复杂却又极为惊艳的——几何世界"。其惊艳的体现有一部分是交通功能在连通与顺畅的选择之间所赋予或要求的，有一部分是有限的城市空间迫使匝道或主线的曲线辗转所给予的，有一部分是时代的历史、文化、建设等印记所馈赠的。

无论如何，城市立体交叉建设的外观型式从最早的、以交通转换衔接的功能性为主，逐渐向以功能复合的交通、景观双重功能载体转变，逐渐出现越来越多的创意型外观型式；城市立体交叉的功能从最早的道路交叉转换功能逐渐向城市道路与城市枢纽设施转变，如机场、高铁站、综合功能体设施的衔接转变，即逐渐出现了功能类型的转变；城市立体交叉的建设空间从最早的地上空间中相互交错的架构组织逐渐向地下空间延伸，甚至随着工程建设技术水平的提高，出现了向水域及海域的地下空间的发展。可以说，城市的发展使立体交叉承载了更多的功能，工程建设技术的发展使城市立体交叉将这些承载功能得以通过相对合理的组合体型式展现出来。如此看来，许多城市中慢慢出现了一些功能及结构复杂、建设型式及体量庞大的城市立体交叉也不足为怪了。

由于编者水平有限，书中难免存在疏漏和不足之处，诚望广大读者批评指正。

编者

2024 年 3 月

目录/Contents

第一章

◆ 立体交叉的建设发展历程

　　城市立体交通常指城市空间中地面、地下和高架交通的组合,有时也指城市交通中道路交通、铁路交通、水路交通、空中交通、管道运输在内的总称。从它产生的历史看,城市立体交通是城市或区域由于客观需求以及具备建设立体交通的经济实力与科技水平而发展成的一种现代化城市交通系统。立体交通已成为改善城市交通的常见方式,有的新兴城市已尝试将它作为远景交通规划中的重要内容,但因其投资较大,且高架交通对环境影响较大,在决策前应对成本效益和技术操作可行性及环境等方面予以全面、细致的评估。

　　立体交叉是指在两条以上的交叉道路交汇处建立的上下分层、多方向互不相扰的现代化桥梁。由于其建设成本较高,通常只在高速公路互通、城市干道或快速路之间的交汇处建设,主要作用是使各个方向的车辆不受路口的红绿灯管制而快速通过。

　　根据《2020 中国城乡建设统计年鉴》,截至 2020 年全国共建设立体交叉 5 625 座,其中广东省 972 座、北京市 457 座,分别位于省级、市级的头名;江苏省 439 座、重庆市 306 座,分别位于省级、市级的第二位。(图 1-1)

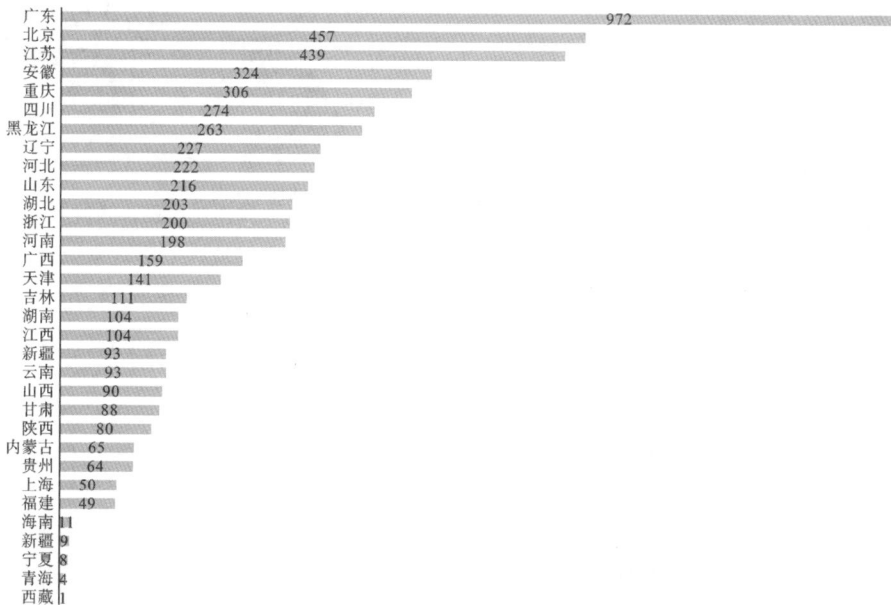

广东	972
北京	457
江苏	439
安徽	324
重庆	306
四川	274
黑龙江	263
辽宁	227
河北	222
山东	216
湖北	203
浙江	200
河南	198
广西	159
天津	141
吉林	111
湖南	104
江西	104
新疆	93
云南	93
山西	90
甘肃	88
陕西	80
内蒙古	65
贵州	64
上海	50
福建	49
海南	11
新疆	9
宁夏	8
青海	4
西藏	1

图 1-1　全国立体交叉建设数量分布

立体交叉以各种姿态、型式分布在城市的重要节点,支撑着每天的车行交通需求。在承载城市交通功能的同时,其逐渐成为城市的一部分,反映着城市经济社会的发展,随着时代的发展,在注重其功能的同时,还赋予了它文化、城市的符号意义。

第一节　国外立体交通的建设发展

20 世纪 20 年代,追溯道路立体交叉的发展和演变,在新建城市中构想采用多层次、空间交叉的高效快速交通系统在国外提出并建设。从构想到现实,从平面到空间,立体交通发端于城市道路,发展于高速公路。

一、城市立体交通思想的起源

现代城市的发展使得城市的交通空间向新的维度延伸,城市立体交通的发展历程也历经了好几个世纪。对城市空间进行立体化再开发是一条可行而且有效的途径。城市空间的立体化开发,已被证明是克服城市矛盾、改善城市环境、改进城市面貌的有效途径。立体化开发意味着在水平和垂直两个方向上发展,在垂直方向上又包括向高空和向地下发展两个方面。国外将空间立体化发展称为三维化发展(three-dimensional development)。

图 1-2　达·芬奇人车立体交通分流设想

早在文艺复兴时期,达·芬奇就提出了"人车立体交通分流"的设想(图 1-2)。将地面作为市民活动和步行的场所,而城市的快速交通道路则位于地下,这是城市立体化概念最早的雏形,可以说是立体联系空间的较早型式。

现代主义之后,随着城市的发展和不断扩张,高密度人口和摩天楼的大量聚集,促进了城市高速交通和高架桥交通空间的产生。

到了 20 世纪,建筑师和规划师们对城市空间的关注越来越多,关于立体城市和城市立体交通的设想也在不断发展。1910 年,意大利建筑师伊利亚提出了以垂直和水平交通为基础的大城市的设想;法国发明家赫纳德提出了将建筑物立在高柱上,并采用环状交通系统的设想。

1. 凯文・林奇的"城市意象"五要素

1960年,凯文・林奇所著的《城市印象》(*The Image of the City*)一书中,将人们对城市的印象归纳为五种元素。他认为,对于任何一个特定的城市,都存在着一个公共印象,那是许多个体印象中共同的部分;或者是存在着一系列的公共印象,每一种都代表着一大批城市居民。城市设计就应该用来强化这些印象,而不是弱化它们。这些印象内容总结为五种元素:道路(path)、边界(edge)、区域(district)、联系节点(node)、地标(landmark)。(图1-3)

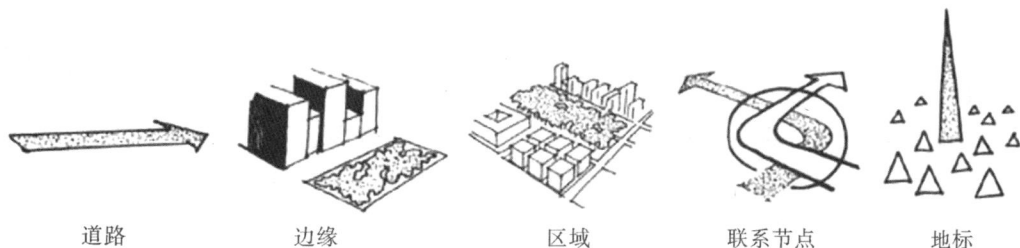

道路　　　　边缘　　　　区域　　　联系节点　　地标

图1-3 凯文・林奇的"城市意象"五要素

城市空间立体联系节点本身作为一种节点的型式而存在,必然与"城市意象"的另外四种要素有着密切联系,要分析城市空间立体联系节点与城市的关系,应先考查节点与四种要素之间的关系。

(1)空间立体联系节点与道路的关系:城市与外界的交流主要是依靠道路来实现的,而空间立体联系节点正是通过与外界道路的连接来实现自己的功能,它是道路上的节点,有时已经与道路互融为一个完整的体系,使节点、城市能够与外界进行交流。同时,空间立体联系节点与另一种凯文・林奇暗示的道路"视线"也有直接的联系:"人们正是在道路上移动的同时观察着城市,其他的环境元素也是沿着道路展开布局,因此与之密切相关。"在某些情况下,空间立体联系节点以一种特殊的路径型式,使人们获得多角度的视线,其本身也常常成为视线的起点或终点。

(2)空间立体联系节点与边缘的关系:边缘同道路一样,也是城市中的线性要素,但边缘作为区域交接处,具有边缘效应,通常在某方面有较高的价值。在边缘上,地域与外界进行能量、信息的交换,空间立体联系节点则直接处于各种地域的边缘上,甚至是多个地域的交界点,构成了各部分与外界交换的节点,二者关系密切,不可分割。

(3)空间立体联系节点与区域的关系:空间立体联系节点是城市的节点,与区域密切相关。节点是区域之核,是区域的集中点,它影响着区域。它是城市在边缘区域特征的集中体现,与城市区域的经济、环境、文化等多个方面发展状况密切相关。一旦少之,空间之间难以得到有效的联接,不能形成城市整体空间。

(4)空间立体联系节点与标志的关系:空间立体联系节点与城市标志的关系有两种

情况。一种是空间立体联系节点本身应该拥有标志,这个标志暗示着它作为节点的存在;一种是空间立体联系节点如果作为整个城市或地域的标志,必须是许多可能元素中挑选出的一个突出元素,可行的手法如利用视线走廊、空间的联系等。

2. 安东尼奥·圣·埃利亚的未来城市规划

1914 年,未来主义建筑的代表人物安东尼奥·圣·埃利亚曾勾画出了一系列未来城市的规划想象图。这些草图体现了未来城市的特征:速度、力量、交通、多变,选取较低视角来体现建筑形象的震撼力。在这些构思草图中,安东尼奥·圣·埃利亚受到了美国的工业城市和摩天大楼的影响,提倡把城市建成适应 21 世纪的大都会,展示了机械时代的立体城市的面貌,预言了现代城市的发展。

他在《未来主义的建筑学》中写道:"我们应当创造和再制作一座未来主义的城市,它类似一处每个部分都是那么嘈杂、灵动、多动、充满活力的工地,这座未来主义的城市应当类似一个巨大的机器……街道将不再像是一个摆在门房水平线上的脚凳那样延伸开来,而是经过好几层,深入地下,这些地层将容纳地下铁道的交通,并且将经过一条条必要的通道,被金属的天桥和速度极快的传送带连接起来。"

安东尼奥·圣·埃利亚在许多设计中都将人行道与高架公路系统相接,由大型多层街道和铁路线形成的交通体系通过桥梁得以延伸,与铁路和航空设施融为一体,将速度融进现代化城市的设计之中。虽然这些设计大多停留在纸上,但是他对于未来城市交通的构想,无疑将城市立体交通的构想又向前推进了一步。

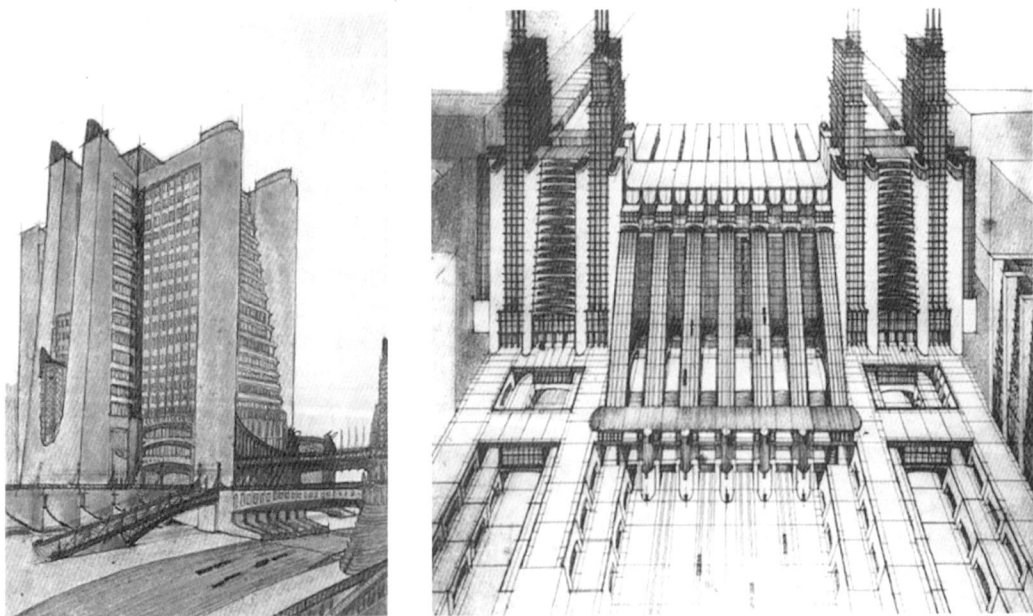

图 1-4　安东尼奥·圣·埃利亚未来主义建筑画

3.柯布西埃的城市立体交叉思想

相较于安东尼奥·圣·埃利亚对未来城市及立体交通带有乌托邦色彩的设想,柯布西埃的现代城市理论更贴近现在城市的实际情况。

在对20世纪初城市发展问题的关注以及对法国巴黎城市历史及现状调查的基础上,1922年柯布西埃提出了一个关于未来城市发展模式的现代城市设想。他认为大城市的主要问题是存在三个矛盾:城市有限的空间与高人口密度之间的矛盾、落后的城市规划方式和交通道路系统与日益发达的机动交通之间的矛盾、绿地空地过少与人们对人居环境的高要求之间的矛盾。因此,他提出关于城市化改造的四个原则:减少市中心的拥堵、提高市中心的密度、增加交通运输的方式、增加城市的植被绿化面积。他主张将城市向竖向空间发展,希望通过对城市现状的改造,适应未来的发展需求。

在1933年出版的同名著作中,柯布西埃描述了他所设想的"光辉城市"的终极面貌。

"光辉城市"理论主张用全新的规划思想改造城市,设想在城市里建设高层建筑、现代交通网和大片绿地,为人类创造充满阳光的现代化生活环境。他认为,大城市的主要问题是城市中心区人口密度过大,城市中机动交通日益发达,车辆数量增多、速度提高,但是城市中绿地空地太少,日照、通风、游憩、运动条件太差,因此要从规划着眼,以技术为手段,改善城市空间,以适应这种需求变化。他主张提高城市中心区的建筑高度,向高层发展,增加人口密度。他还认为,交通问题的产生是由于车辆增多,而道路面积有限,交通越靠近市中心越集中,城市由内向外发展,越靠近市中心的道路越狭窄。他主张中心空地,绿地要多,并增加道路宽度和停车场以及车辆与住宅的直接联系,减少街道交叉口或组织分层的立体交通。"光辉城市"方案将所有结构物都升起在地面之上,由于把一切都主摊在托柱上,地表就变成一个连续型的公园,行人可以自由散步。

"光辉城市"是一座完全消除了传统城市中的街区、街道、内院概念的城市。12~15层高的住宅楼以锯齿状蜿蜒盘旋在城市中,"高速"公路以400米的间距呈网格状分布在楼宇之间,个别地方可穿楼而过,所有的路口都采用立体交叉。"高速"公路上每隔100米设有一个半岛式的停车场,与住宅楼直接相连。从停车场乘坐电梯可以与住宅楼内的走廊式街道相连,这些内部通道像细线一样把各家各户串联在一起。住宅楼以相距100米的停车场和电梯间构成基本居住单位,每个停车场和电梯间服务2 700个居民。每个这样的居住单位都配备有各种与家庭生活直接相关的公共服务社区中心、幼儿园、公园中的露天活动场所、小学。住宅楼里还设有专门的公共服务中心,采用集体经营模式,统一采买生活必需品,餐馆、商店、理发店一应俱全,为本社区居民提供无微不至的日常活动。所有住宅楼底层全部架空,高速公路也全部建造在5米高的空中,整个地面100%都留给行人和绿地、沙滩。

他认为城市道路系统应该根据运输功能和车行速度分类设计,以适应各种交通的需要。他主张采用规整的棋盘式道路网,采用高架、地下等多层的交通系统,以获得较高的运输效率,各种工程管线布置在多层道路的内部。他同时强调,现代城市建设要用直线式的几何体形所体现的秩序和标准来反映工业生产的时代精神。

柯布西埃的城市规划思想影响深远,如在城市采用立体式交通体系,在市区修建高层楼房、扩大城市绿地、创造接近自然的生活环境等,已被许多城市规划所吸收采用。

图 1-5 柯布西埃的"光辉城市"思想体现

办公和商业区域与住宅区相分离,通过"高速"公路相连。每隔 400 米布置一座 60 层高的办公楼,办公楼的各个方向都与"高速"公路相连,每座楼可容纳 12 000 个工作岗位。办公楼的底层同样是架空的,把地面和屋顶全部留给绿地和沙滩。

工厂区分布在与商业区相对的方向上,大学和体育场被安排在另一条轴线的远端,远远离开城市。所有这些都严格按照功能区分,都通过高架的"高速"公路、地面铁路和地下铁路联系在一起。

4. 路德维希·希尔贝塞默的双重垂直城市理念

1927 年,路德维希·希尔贝塞默在《大城市建筑》中提出了基于理性原则的有机城市概念。他的双重垂直城市的理念,提供了一种紧凑的组合体。其下层空间是五层,容纳办公和商业;而上层空间的十五层作为住宅,在第五层之上的交通通过桥来连接,将人行和车行交通在不同的空间平面上分离开来。

5. 弗兰克·劳埃德·赖特的广亩城市理论

与柯布西埃提出的空间集中理论相反,弗兰克·劳埃德·赖特提出空间分散的规划理论。1935 年,赖特在美国《建筑实录》杂志上发表文章《广亩城市:新社区规划》,阐述了其对城市疏散的主张,强调城市中人的个性,呼吁城市回到过去的时代。在他所描述的广亩城市里,每个公民都应当被给予一英亩(1 英亩≈4 046.86 平方米)的土地,自给自足,居住区之间有超级公路连接,以汽车为交通工具,公共设施沿公路布置,从而组成一个巨大尺度的城市。

这种规划思想虽然与现代城市是对立的,但是其中对城市交通空间的设想又与现代城市具有相似性。赖特主张广亩城市中每个市民拥有自己的汽车,多车道的"高速"公路既没有平面的交叉也没有平面的左转，道路系统中没有交通信号灯，沿路也没有人行道的路缘石。这些描述恰恰是发展城市立体交通的初衷所在。

二、国外立体交叉的建设与发展

世界上最早的立体交叉出现在 20 世纪 20 年代的美国。

1928 年，美国在新泽西州的 WoodBridge 两条道路交叉处修建了世界第一条苜蓿叶形的公路立体交叉，该立体交叉利用跨线桥将两条主线从空间上分离开来，巧妙地利用四条小环道将两条主线连成一个整体，实现了主线之间车流的转换，建设型式为全苜蓿叶式立体交叉，平均每昼夜通过的交通量达 62 500 辆，高峰小时交通量为 6 074 辆。

图 1-6　美国新泽西州 WoodBridge 的苜蓿叶式立体交叉（分别拍摄于 1928 年和 2007 年）

该工程项目在前期进行了充分的论证工作，建立了精确的 3D 模型，使得该立体交叉获得了良好的使用效果，成为美国最早的立体交叉，并冠以"历史著名的人工构造物"的称号，为美国苜蓿叶式立体交叉建设树立了榜样。经过近百年的使用，该立体交叉依然良好地发挥着它的作用。

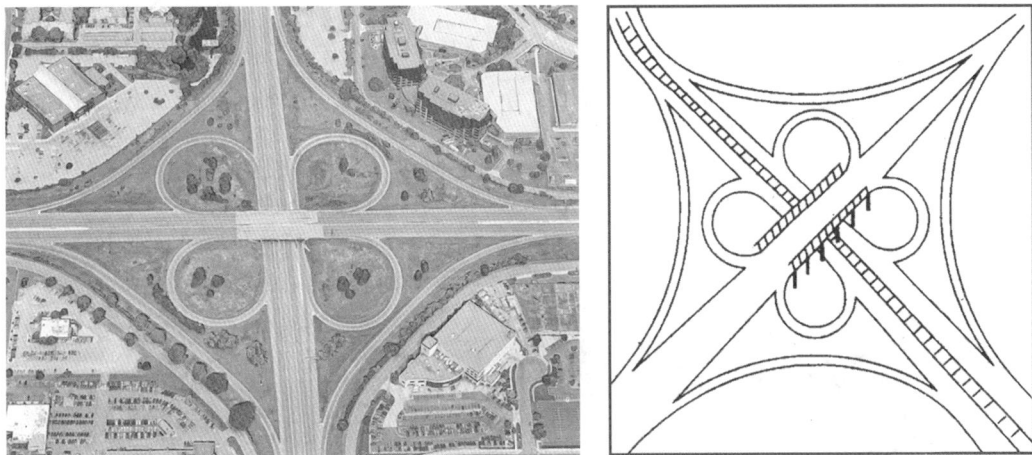

图 1-7　美国 35W 和 494 号州际公路交叉的苜蓿叶立体交叉

1930年，美国又在芝加哥建成了第一座拱式立体交叉，到1936年已建成125座立体交叉，立体交叉开始向多层次及定向型方向发展。1936年在洛杉矶建成一座四层半定向式立体交叉。该立体交叉第一、三层分别为两对左转道，第二、四层为直行车道，最上层高出地面14.4米，最下层低于地面6.6米，主线计算行车速度为96千米/小时，每昼夜通过的交通量为75 000～100 000辆。

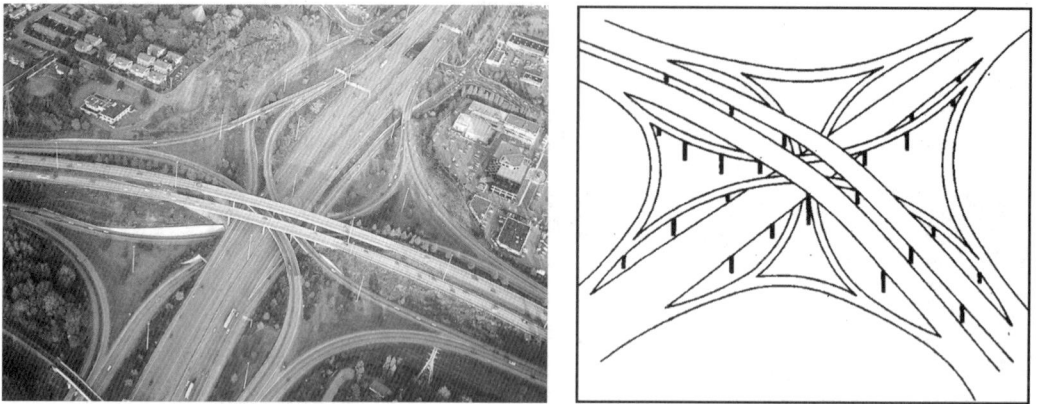

图1-8　1936年洛杉矶建成一座四层半定向式立体交叉

第二次世界大战前，德国最早开始修建高速公路。1929—1932年修建的从波鸿到科隆间的四车道公路被认为是德国第一条高速公路，且战争后继续修建，其标准和质量之高举世闻名。由于其高速公路不收费，因此从1935年开始修建了大量苜蓿叶式或部分苜蓿叶式立体交叉。

图1-9　德国Hessen立体交叉

图 1-10　德国 Bona 立体交叉

　　德国 A6 高速公路上有 20 多座立体交叉,基本均为苜蓿叶型式,其中温斯堡立体交叉是 A6 和 A81 高速公路相交处的部分苜蓿叶加定向匝道式立体交叉,立体交叉设有集散车道,整个立体交叉线形流畅、布局紧凑。

　　瑞典于 1931—1935 年,在斯德哥尔摩建成了举世闻名的斯鲁先立体交叉,该立体交叉采用三个小环岛以解决交通问题。

　　加拿大于 1936 年在安大略省别尔里格顿城附近公路上建成了第一座喇叭形立体交叉,1937 年在克列奇特港城附近的米德尔—鲁乌德公路与 10 号干线公路相交处修建了一座全苜蓿叶式立体交叉,1938 年在阿尔里格顿城附近建成了第一座四肢环形立体交叉,其上跨为一条铁路。

　　第二次世界大战后,汽车保有量的急剧增加以及人类活动时空观的转变,要求运输方式的快速化,高速公路应运而生。由于传统的平面交叉已不能适应高速公路交通特性的要求,代之而起的是空间立体交叉的交通分配模式。20 世纪 50 年代中期开始,美国、英国、法国、德国和日本等国家开始大量修建高速公路,立体交叉向多层次方向发展。直到 1957 年苏联才建成第一座苜蓿叶式立体交叉。

　　进入 20 世纪 60 年代,澳大利亚、西班牙、墨西哥、加拿大、捷克斯洛伐克、南斯拉夫以及一些发展中国家也加入了大量修建立体交叉的行列。到目前,各国陆续修建了大量的立体交叉,并逐步形成了不同的特色和风格。

　　总之,国外立体交叉正向着多层定向式方向发展。

第二节　我国早期的立体交叉交通思想及实践

一、绍兴八字桥——古代立体交叉的代表

立体交叉是人类陆路交通史上的伟大创举之一。如果从解决了交通功能上的交叉关系来说，绍兴八字桥应该算是立体交叉的最早建设代表。

图1-11　绍兴八字桥现状

"垂虹玉带门前事，万古名桥出越州。"古称越州的绍兴，拥有大小桥梁4 000多座，是名副其实的"水城"，故有"东方威尼斯"之称。建于南宋嘉泰年间（1201—1204）的八字桥，便是绍兴城中最为古老的一座石桥。这座桥连接三水四路，是一座构思巧妙的立体桥梁，被后人称为世界上最早的立体交叉。

《嘉泰会稽志》记载："八字桥在府城东南，而桥相对而斜，状如八字故得名。"八字桥建在一个特殊的地段：东去五云门，北通都泗门，西可进入市中心，南近东双桥，地理环境复杂，位置重要。宋代的建筑师利用这里的天然条件，设计时把桥址选在三河交点的近处，正桥架在南北流向的主河上。这样，就形成了八字桥独特的交通格局：陆连三路，水通南北，南承鉴湖之水，北达杭州古运河。

此桥桥梁净跨45米，桥高5米，桥洞宽3.2米，全部用花岗岩条石砌成，两侧桥基条石叠砌，基上各并列石柱9根，石柱高约4米，每根望桥柱上都雕刻着覆莲形浮雕图案；石柱下端插入基石凹槽内，上端大条石压顶与两侧金刚墙紧贴，副桥架于两侧的踏跺（引桥）下。

八字桥的独特性在全城首屈一指。八字桥的特点有以下几个方面。

一是落坡结构特殊。此桥有适应三街三河交叉的复杂环境的四向落坡设计。桥东为南、北落坡，成八字形；桥西为西、南落坡，也成八字形；桥两端的南向两落坡也成八字形。这种桥坡结构在中国桥梁史上极为罕见。

二是桥中有桥的结构特殊。八字桥南向两落坡下各有一个桥洞，两桥坡成了两座小桥。这种设计方案，既解决了水陆交通问题，又实现了建桥时不拆屋不改道，与周围原有的环境自然融汇在一起，因此成为我国桥梁建筑史上极为优秀的范例。

古典园林专家陈从周先生称此桥为"中国乃至世界上最早的城市立体交叉"。

二、"鹅翅膀"立体交叉——近代公路立体交叉建设的鼻祖

湘黔公路"鹅翅膀"立体交叉，又称为螺蛳桥，位于贵州省黔东南苗族侗族自治州施秉县甘溪乡刘家庄相见坡西峰顶。1985年，施秉县人民政府将此桥列为县级文物保护单位。2005年，在施秉公路段桥东侧5米处重建了一座新的湘黔公路"鹅翅膀"立体交叉。2006年12月30日，原桥禁止车辆通行。

如前文所述，世界上第一座现代立体交叉于1928年在美国建成。接着瑞士于1931年、法国于1935年、加拿大于1936年也都相继建造了立体交叉。继之，立体交叉又在其他国家陆续出现。

有人说我国的第一座公路立体交叉是1956年于北京市滨河路建成的。其实不然，我国的第一座公路立体交叉应是建于1935年的施秉相见坡立体交叉。

图1-12 "鹅翅膀"立体交叉的老桥（左）与新桥（右）

我国于1935年修建湘黔公路"鹅翅膀"处。因山势险恶，修公路是个大难题，路线设计人员颇费心机。后由留学日本，毕业于京都早稻田大学的赵柔远工程师提出设想，并拟制建桥方案，立项修建这座奇特的螺蛳旋转纹状石拱单孔立体交叉；由早年留学日本早稻田大学的陈樵荪具体设计为一单孔石拱桥，长19米，宽6.2米，高10米，净跨6.2米。两侧券顶石上分别横向楷书阴刻"鹅翅膀"三个大字。该桥除了具有高超的建筑工

艺外,更重要的是在抗日战争期间,大量的战略物资源源不断地从桥上运过,为中国抗战的胜利做出了贡献。

鹅翅膀桥	
单孔通高	7.32米
桥高	9.2
孔宽	6.0
桥长	19.0

图 1-13 "鹅翅膀"桥梁立体图

湘黔公路"鹅翅膀"立体交叉,四周群山环绕,自然环境优美,相见坡下相见河是国家级重点风景名胜舞阳河景区的一个重要景点。西面 300 米处一条林间小道直通桥前公路,四周 800 米内无人居住,是施秉与镇远两县的天然分界线。

图 1-14 "鹅翅膀"桥与桥名题字

湘黔公路"鹅翅膀"立体交叉是保存完好、在全国修建时间最早的公路立体交叉,是中国公路建设史上的一座里程碑。在复杂的山地间,因地制宜,巧妙地利用了地形,在两山之间搭建桥身,使上下层线路的车辆相互通行,在平面和立面上修建了复杂的迂回通道,减缓了坡度,形成了互通式跨线桥。它是研究中国交通史的重要物证,展示了中国交通变迁的历史纵深。桥梁螺旋式的设计,与当地山势地形融为一体,成为自然景观与人文景观有机的组成部分,设计匠心独具,艺术价值较高。

三、大连港湾桥——现代中国最早的城市立体交叉

在 19 世纪末 20 世纪初，国内一些地区先后建起了多座立体交叉，但多为矿企所用，所承载的城市功能偏弱。而港湾桥，则被称为中国现代城市最早的立体交叉，它将城市和港口承接起来，属于整个城市交通体系的重要组成部分。

图 1-15　大连港湾桥——中国现代最早的城市立体交叉

港湾桥为大连港的一部分，其所在地原本没有桥，是一条宽阔的马路。当时，电车、汽车、行人通过马路直接进出大连港。后来，大连港修建铁路，为避免铁路和道路交叉，日本侵略者规划建设了一座立体交叉——港湾桥。

港湾桥于 1923 年始建，1924 年竣工，采用了当时最先进和流行的设计理念，属折中主义建筑风格。桥长 367 米、宽 44 米，桥下横跨九条铁路和两条港区道路。初建时，桥上还铺设电车道。中华人民共和国成立后，港桥改名港湾桥。20 世纪 60 年代，摇摇晃晃的电车改成了 13 路汽车。

图 1-16　大连港湾桥旧照

从空中俯瞰,港湾桥、港湾广场及周边道路融合在一起形成了"胳膊—手掌—五指"的奇特布局,而港湾桥就是那条长长的胳膊。它不但是大连的标志性建筑,更承载着厚重的历史人文色彩。

图 1-17　港湾广场延伸道路周边现状

四、上海最早的立体交叉——现代城市立体交叉的元老

为发展浦东现代交通,1921 年黄炎培发起筹建上川交通股份有限公司,兴建从庆宁寺到川沙的上川铁路。

1925 年 10 月,上川铁路从庆宁寺到龚家路段竣工通车。随后,由龚家路向南延伸到川沙的工程开工。计划中的川沙火车站设在北门外,但车站西首的北门外街(今王桥街),是川沙城区通向老护塘,北到暮紫桥、小湾、龚家路、曹家路、顾家路等地的交通主干道,又是住房密集、人口众多的热闹街区。

图 1-18　川沙北门旱桥旧照

为使铁路跨越王新街,当时沪宁、沪杭等铁路火车进入上海市区的交叉道口,都是相互避让的平面交叉通行,道口由专人看守。火车通过时,放下横杆,跨越铁路的车辆和行

人须让路等待,既妨碍交通又不安全。而此时国外已在繁忙的交叉道口发展立体交通,上川交通股份有限公司经理顾伯威决定破除常规,参照国外立体交叉的经验,用填高铁路路基的方式,在北门外街的交叉道口上空建造一座桥梁,实行立体交通。该桥于1926年当年竣工,桥长11米、宽12米,钢筋混凝土结构,桥孔为拱形,桥底净空最高处离地面近3米,桥下通车辆和行人。桥面上北侧铺铁轨驶火车,南侧宽约4米为人行道。因为在当时的上海还没有建设过立体交叉,也没有立体交叉这个名称,所以当地民众都称之为北门旱桥。

川沙北门旱桥是立体交叉的元老。北门旱桥比1957年建成的共和新路旱桥早31年。

据《上海地名志》记载,上海市区最早的铁路立体交叉是建成于1957年11月的共和新路旱桥,在军工路上建成一座功能与北门旱桥相同,桥上为上海港张华浜港务公司港一、港二专用铁路线,桥下为军工路的车行道和人行道,并将其改称为军工路立体交叉。1994年12月,为建造南北高架,共和新路旱桥被拆除。

图1-19　1957年建成的共和新路旱桥

1975年12月,上川铁路被拆除改建为公路。其后公路截弯取直,北门旱桥在被截的弯道内,遂成为一座闲置的桥梁,逐渐被人遗忘。2009年为建设华夏路高架,北门旱桥被拆除。

图1-20　川沙北门旱桥最后的时光(2009年3月)

第三节 中华人民共和国成立后
城市道路规划建设及立体交叉发展

一、中华人民共和国成立后城市交通规划的探索与发展

道路网是城市形态的组成要素和骨架,中国传统的道路网规划是以城市布局形态为基础,确定道路网结构型式、道路功能和道路等级的,这种定性规划方式一直延续到 20 世纪 50 年代。虽然 20 世纪 50 年代和 60 年代,我国在道路网规划中引入了交通量的概念,但并没有改变以定性分析为主的规划模式。改革开放政策实施后,国外的城市交通规划理念和技术开始引入我国,推动了道路网从定性规划为主到定量规划为主的发展。

城市交通规划脱胎于道路网规划,但其规划思路和技术方法发生了根本性改变,规划对象从道路网扩展到综合交通网,规划视角从道路布局扩展到科学地认知交通规律、合理地安排和组织综合交通系统,规划内涵从交通设施空间安排扩展到交通需求调控、交通供给结构优化、交通与土地使用关系统筹等。

1. 城市交通规划发展概述

(1)20 世纪 70 年代以前的道路网规划。

20 世纪 50 年代以前的城市交通规划都是以道路网规划的型式,这种状况在我国一直延续到 20 世纪 70 年代末期。中华人民共和国成立初期,为配合苏联援助的 156 项工业项目建设,我国进行了大规模基础设施建设,在苏联专家的帮助下开展了一批重点城市的城市规划编制工作,规划中参考苏联的定额指标和规划法规,定性布局道路网方案,交通概念还没有融入道路网规划之中。

当时城市交通构成简单且交通量不大,道路网规划重点在主、次、支路网络和断面构成等设施布局方面。

1958—1977 年,我国的城市建设几乎停滞,交通规划研究和实践处于空白时期。

1978 年后,随着改革开放和城市的复兴,城市交通需求呈现出快速增长的趋势,"文革"期间城市道路基础设施建设严重滞后所导致的供需失衡矛盾开始爆发,特大城市交通出现以自行车拥堵为主要特征的紧张局面。

在这种背景下,从功能分区到道路干道的纯定性的道路网规划在规划内容和深度上,都已不能适应城市规划建设的要求。

(2)网状的分级道路系统。

1978 年,北京、上海组织了城市货运车辆调查;1981—1983 年天津市先后组织了居

民出行调查和货物流动调查,开启了我国交通起讫点调查的先河。

居民出行调查和货物流动调查的实施,使我国城市交通研究的视野和规划技术方法发生了根本性改变,研究视野从道路设施扩展到交通生成源、生成规律和出行分布,规划方法从定性转向定量与定性相结合,需求分析实现了由依赖经验判断向基于调查数据的模型构建的转变,城市交通规划的理论方法初现端倪。

1984年深圳城市总体规划编制中,第一次把交通生成、交通分布、方式划分、交通分配"四阶段分析"方法应用于同步编制的深圳特区道路交通规划,实现了交通预测与城市土地使用规划的紧密结合,使道路网络结构与布局、道路功能等级确定有了定量依据,这一规划是我国传统道路网规划向现代城市交通规划演进的第一个案例。

20世纪80年代中后期,我国许多城市开展了城市交通规划的编制,"四阶段分析"方法成为交通规划的核心内容。这一时期,城市交通规划偏重于规划研究,通过交通分析提炼道路交通设施布局存在的问题,提出改进的建议,为城市道路设施规划布局提供定量分析支撑。

1987年,中华人民共和国国家科学技术委员会立项开展了"大城市综合交通体系规划模式研究",对我国城市交通规划实践进行了理论方法凝练。研究提出了城市综合交通体系规划的目标结构、内容构成、规划流程、交通供需平衡的动态量化分析方法。该项研究成果对构建我国城市交通规划理论基础和技术方法体系起到了奠基的作用。

(3)城市交通规划理念的更新。

规划理念的更新在我国城市交通规划演进中起到了引导性作用,总体上规划理念的更新遵循了问题导向的逻辑。

20世纪80年代,主要问题是自行车交通量大集中、公交服务水平极低、道路设施严重不足,规划理念偏重于"增加交通设施与挖潜改造",着重破解交通供给严重滞后的难题。

20世纪90年代,主要问题是私人汽车增长、城镇化进程加快、汽车交通拥堵开始显现,公交导向发展(TOD)、公交都市、需求管理等规划理念进入我国。规划目标转向"满足人和物的移动而不是车辆的移动",关注如何引导小汽车合理发展、加快公共交通发展、加强交通需求管理等迫切需求。"综合互济、协同集成"成为城市交通规划建设的指针。

2000年以来,为应对资源环境约束、生态环境恶化等突出问题,适应低碳和绿色发展的全球趋势,规划目标聚焦以人为本、绿色出行,规划重点转向支撑公交优先发展、强化交通系统与城市功能布局的协同融合。

(4)网状的分级道路系统。

《城市道路交通规划设计规范》(GB 50220—1995)于1987年开始编制,1995年颁布实施。该规范明确了城市道路交通规划的主要内容,给出了城市公共交通、自行车交通、步行交通、城市货运交通、城市道路系统、城市道路交通设施的规划布局指标。

虽然该规范偏重于道路交通规划,缺乏对城市综合交通体系总体部署的相关规定,但其为 20 多年来的城市交通规划提供了唯一的综合性技术法规依据。

城市交通规划成为城市规划编制体系中的专项规划始于 1990 年。1990 年施行的《城市规划法》,在法律层面第一次明确规定了城市总体规划应当包括城市综合交通体系。

2008 年开始施行的《城乡规划法》,突出了节约土地、集约发展、节约能源、公共安全、规划实施等方面的要求,也规定了城市总体规划、镇总体规划的内容应包括综合交通体系。

1991 年版的《城市规划编制办法》和 2005 年版的《城市规划编制办法》,都对城市综合交通体系的具体规划内容做出了明确的要求。

2010 年,住房和城乡建设部颁发了《城市综合交通体系规划编制办法》和《城市综合交通体系规划编制导则》,强化了对城市综合交通体系规划的编制管理。

国家法律和政府规章的演变,凸显了从宏观层面处理好城市综合交通体系与城市发展布局、功能分区、用地布局关系的要求,引导形成支撑城市可持续发展的城市综合交通系统。

2. 城市交通规划研究与实践

(1)1979—1990 年:起步期。

我国城市交通规划的形成与发展,是国际经验的借鉴与国内研究及应用实践相融合的结果。20 世纪 50 年代,我国高校借鉴苏联高校的学科设置模式,在土木工程专业下开设城市道路与交通方向课程,开启了道路规划设计与建设的人才培养。

1979 年,美籍华人张秋先生在国内举办交通工程讲习班,对我国交通工程学科的发展起到重要的推动作用,也把国外交通规划的相关理论和方法引入我国。

1979 年后,同济大学、东南大学、北京工业大学、长安大学等高校在传统土木工程学科基础上相继成立了交通工程教研室,创办了交通工程专业,城市交通规划被列为交通工程学科的教学内容和培养方向。

1979—1981 年,我国相继成立了中国建筑学会城市规划学术委员会大城市交通学组、上海交通工程学会、北京交通工程学会等学术团体,开始对交通工程和城市交通进行全面系统的科学研究和学术研讨。交通工程专业的创办与学术团体的成立,为我国城市交通规划人才培养及学术研究奠定了基础。

1979 年,中国建筑学会城市规划学术委员会大城市交通学组研究提出了交通规划与城市规划密切结合的综合治理理念,重点研究了改善利用现有道路系统、提高通行能力的措施和方法,为后来我国交通工程技术城市交通规划理论和研究起到了重要的铺垫。

20 世纪 80 年代初期,我国借鉴日本东京圈交通调查经验,在天津组织了居民出行调查,形成了我国居民出行调查的基本范式,并在 20 世纪 80 年代中后期一系列调查实践的基础上逐渐加以完善,初步建立了以交通起讫点调查为基础,以"四阶段分析"为核心的城市交通规划的基本理论和技术方法框架。

我国城市交通规划的演进与城市交通研究相辅相成，规划理念、规划技术的更新既有国外经验的借鉴，也离不开国内实践的检验与验证。

20世纪80年代初中期，我国大规模道路基础设施的建设，不仅促进了众多城市进行编制城市交通规划，而且推动了城市交通的综合性研究，包括城市交通政策、交通规划技术、交通管理技术等各个方面。

（2）1990—2000年：成长期。

这一时期，随着城市改革开放的步伐加快，原有的交通矛盾尚未解决，又迎来了规划建设的高潮；而20世纪90年代后期城市中家用汽车的快速增长，也对城市交通发展提出了新的要求。

面对城市交通日益复杂的发展态势，战略与政策研究再次成为国家研究的重点。1992—1995年，我国与世界银行合作开展了"中国城市交通发展战略研究"，形成了对我国城市交通规划建设具有深远影响的《北京宣言：中国城市交通发展战略》，该宣言的核心内容归纳为五项原则、四项标准和八项行动。

五项原则用于指导与中国当前社会经济发展相适应的城市交通的规划、建设和运行：原则一，交通的目的是实现人和物的移动，而不是车辆的移动；原则二，交通收费和价格应当反映全部社会成本；原则三，交通体制改革应当在社会主义市场经济原则的指导下进一步深化，以提高效率；原则四，政府的职能应当是指导交通的发展；原则五，应当鼓励私营部门参与提供交通运输服务。

交通发展的政策和规划应当符合四项标准：经济的可行性；财政的可承受性；社会的可接受性；环境的可持续性。与五项原则和思想标准相适应，建议实施八项行动（不分先后）：改革城市交通运输行政管理体制；提高城市交通管理的地位；制定减少机动车空气和噪声污染的对策；制定控制交通需求的政策；制定发展大运量公共交通的战略；改革公共交通管理和经营；制定交通产业的财政战略；加强城市交通规划和人才培养，使其构成城市交通政策和交通规划制定应遵循的价值观和方法论。

城市交通规划专项研究也取得了很大进展，国家"九五"科技攻关计划立项开展了专项研究，其中，"大城市停车场系统规划技术"专题研究第一次系统探讨了我国城市化和机动化进程中解决城市停车问题的途径与方法，建立了城市中心区停车政策模型、停车场车流分析模型，形成了停车场布局规划技术方法，制定了城市建筑物配建停车标准等，依据研究成果制定了《城市停车场规划导则》。

这项研究通过示范应用，对推动我国停车规划编制工作和停车场建设产业化起到了积极的作用。"城市道路交通发展决策关键技术"专题研究则系统研究了我国城市机动化发展规律与趋势、城市土地使用与交通模式关系、道路网规划建设、道路交通系统功效评价方法和指标体系等，形成了与我国城市交通规划建设相关的技术经济政策和评价方法。

在这一时期,城市交通模型技术研究逐步深入,由借鉴为主转向自主研发。北京、上海、广州等城市先后开展了多种形式的国际合作,利用国外咨询公司的技术和经验,进行城市交通分析模型研究和模型体系构建。

1987—1990年,上海市政府与美国巴顿·阿希曼公司合作,以引进的分析工具EMME/II为平台,建立了上海市交通模型。

1993年,广州市政府与世界银行指定的MVA公司合作,开展了"广州市交通规划研究",建立了广州市交通规划分析模型。

这些城市开展的国际合作研究,对我国城市交通规划模型技术研发起到了重大的推动作用,也促进了我国城市交通规划分析工具的研发。1996年,在国家"863"计划支持下,中国城市规划设计研究院主持开展了"GIS支持下城市交通需求分析软件系统开发",研发了基于GIS技术的交通模型体系和分析工具。

(3)2000年至今:转型期。

城市交通规划既是城乡规划不可分割的重要内容,又是交通工程学科研究的重要分支。城市交通规划理论研究和实践探索更加广泛,城市交通规划的内涵和外延在城市交通需求大幅度增长及交通矛盾激化的新形势下,都发生了深刻的变化。

2000年以后,城市交通规划作为城市重大交通基础设施建设依据在国家相关政策中有了更加明确的规定。《国务院办公厅关于加强城市快速轨道交通建设管理的通知》(国办发〔2003〕81号)中,要求"拟建城市轨道交通项目的城市,应在编制城市总体规划及城市交通发展规划的基础上,根据城市发展要求和财力情况,组织制定城市轨道交通建设规划"。

国务院办公厅转发给建设部等部门的《关于优先发展城市公共交通的意见》(国办发〔2005〕46号)中,要求"以公共交通为核心,通过编制实施城市综合交通体系规划、公共交通专项规划和轨道交通建设规划,科学配置和利用交通资源,建立以公共交通为导向的城市发展和土地配置模式",城市交通规划的编制开始重视政策导向和实施方面的具体安排。

上海、北京组织开展了城市交通发展战略研究,成为城市政府指导制定和实施交通规划、交通政策及实施计划的纲领性文件。

面向城市综合治理的实施性交通规划更加受到各地政府的青睐,停车规划、枢纽规划、公交线网规划、交通设施与管理规划、交通优化设计与交通组织等专业性规划,都逐渐被纳入城市交通规划编制体系。

在规划理论方法上,交通工程学与城市规划学的结合更加紧密,信息技术、大数据技术、互联网技术等的快速发展给城市交通规划研究与实践注入了新的活力。

新技术应用弥补了传统交通调查和规划方法的缺陷,通过大数据可以深入刻画城市交通需求生成、交通出行行为、交通空间分布、设施使用效能等,使得交通需求分析不再局限于"四阶段分析"的基本框架,出行链、服务链等新的分析方法正越来越多地应用于城市交通规划之中。

总体上,城市交通规划在调查方法、数据分析、模型精度、预测技术、战略研究、规划理论、交通设计方面进行了广泛的探索研究,在理论方法上与交通工程、信息技术、智能技术等学科进行了深度交叉融合研究。

城市交通规划面对的不再是静态不变的网络和设施,而是以人和物流动为核心的综合交通大系统,交通与城市空间结构、土地使用、交通行为、智能服务、生态环境、运行控制等方面的耦合机理和协同关系,都已成为研究的重点和方向。

二、中华人民共和国成立后城市立体交叉建设的典型案例

我国修建立体交叉的起步时间较晚,首先是从解决城市道路交叉口的交通问题开始的。

1."第一座"立体交叉的争议——广州大北立体交叉

目前,许多教材或统计材料中表述,"1955年,武汉在滨江路上建成第一座部分苜蓿叶式立体交叉"。但经调查,武汉第一座立体交叉应该为琴台立体交叉。琴台立体交叉位于汉阳前台龟山脚下,琴台公园旁边,连接江汉桥和长江大桥,是武汉三镇的中心交通枢纽,于1987年动工,1998年建成通车。该桥由江汉一桥方向的A线与汉阳方向的B线组成,并在长江大桥引桥处汇合成AB合线,整个桥型呈"人"字形。桥梁全长841.71米,A、B线宽9.5米,合线处宽12米,最大跨径28米,连续钢箱梁结构。桥梁的主要作用是引道从汉口和汉阳流向武昌的车流,改善琴台到长江大桥咽喉地带的交通状况。

图 1-21　琴台立体交叉图

除此之外,"1956年,北京开始在京密引水工程滨河路上修建三座部分苜蓿叶式立体交叉"的表述也失之偏颇。据相关资料,京密引水渠工程(简称"京引"),是将密云水库的

水引进首都的浩大工程。引水干渠长达 110 千米,经过 5 个县区,在玉渊潭上游与永定河引水(简称"永引")会合。该项目修建时适值我国经济调整时期,先后分两期建成。首都有了"永引"与"京引"两大输水干渠相互调剂,结合地下水开发和水厂建设,较好地解决了当时首都城市发展的用水问题。1958 年,北京市委令市政设计院开始着手设计引密云水库的水进入北京市区的京密运河方案。京密引水渠于 1960 年开始动工挖掘,自 1961 年起正式向北京城京密引水渠输送淡水,1966 年开始第二期的挖掘工程。因此"1956 年,北京开始在京密引水工程滨河路上修建三座部分苜蓿叶式立体交叉"的表述明显不准确。

从建设年代资料来看,1964 年 4 月 1 日,广州市在环市路与解放北路交界建成中华人民共和国成立后国内第一座双层环形立体交叉,该立体交叉在 1986 年又改建为三层环形立体交叉。

作为首座城市道路立体交叉,广州大北立体交叉是为配合旧白云机场而兴建的,这座老立体交叉连接白云机场、广州火车站和交易会等区域,是当年接待外宾的主要通道。

大北立体交叉采用下穿式环形布置,南北走向的解放北路在下穿越,形成双向四车道,两侧各有一引道连接环市中、西路;而东西走向的环市路则以环形平面盘旋设计,当中设一直径 40 米的中空环形花岛。

图 1-22　建成通车时的大北立体交叉

作为广州曾经的门户立体交叉,大北立体交叉经历过多次大改。1986 年大北立体交叉扩建,在原有基础上新建了一条东西走向双向四车道的大北高架路,弥补了两层立体交叉盘旋交叉的不足;1997 年内环路动工建设,将大北高架西边引桥拆除后与内环路相连,将火车站对出路段南侧的上桥岔道拆除,保留北侧岔道作为内环路出口,南边引桥则保留原状,在地面放置护栏将其与环市路隔离开来,直通向新建的内环路。

图 1-23 大北立体交叉现状

2.第一座四层双环互通式立体交叉——广州区庄立体交叉

1983 年 12 月,中国第一座四层双环互通式立体交叉——广州区庄立体交叉建成通车,其四层设计实现了各个方向的"全互通"功能,而且人车分离,桥面面积 1.54 万平方米,当时建造投资 1 019 万元,其规划和设计荣获 1985 年国家城建部科学技术进步奖一等奖。

作为国内首座四层立体交叉,区庄立体交叉在当时的设计是很超前的。它采用双层环交分流型互通式立体交叉设计,具有占地面积小且机动车、自行车、行人分流的优点。区庄立体交叉已被写入桥梁工程教科书,国内后来建设的多座四层立体交叉,包括广州的天河立体交叉、中山一立体交叉等,都是以区庄立体交叉作为参考样板。

该立体交叉高 13.5 米,占地面积 3.22 公顷,共分 4 层。其底层宽 15 米,是东西走向的环市东路下穿车道,供东西向环市路直行机动车行驶;第二层是原道路上设置的自行车道和人行道,宽分别为 7 米和 5 米;第三层是车辆转弯的环形车道,环岛内直径 50米,环道宽 16.5 米,四面路口由 8 条引桥与之连接,引桥宽 8 米,共长 790 米;第四层是南北走向的先烈路高架车道,宽 10 米、长 490 米,高峰期每小时可以通行机动车 1 000辆,非机动车 7 万辆,且各行其道,互不干扰,改变了广州市这一区域交通繁乱、拥挤的现象。

图 1-24　建成初期的区庄立体交叉

3. 第一座真正的现代立体交叉——北京复兴门立体交叉

1974 年 10 月,北京复兴门立体交叉建成,其坐落在西二环路与复兴门内、外大街相交处,是当时北京乃至全国最早建成的苜蓿叶形互通式立体交叉。它的建成标志着我国城市道路桥梁设计及交通管理跃上了一个新台阶。

复兴门桥是复兴门内外大街与西二环(二环西路)交叉处的跨线桥,主桥全长 43.35 米;桥面为双向十车道城市主干路,限速 60 千米/小时;当时工程主体部分造价总额 144.12 万元。

图 1-25　复兴门立体交叉建成早期图

复兴门桥是一座苜蓿叶形全互通式立体交叉,主桥位于上层,呈正东正西方向布置,下层因主桥建设而相应形成短距离、大跨度、正南正北方向布置的涵洞。全桥东西、南北结构均采用对称布局,主桥四个角落方位布设南北方向狭长、近似长方形的大型圆形迂回匝道,互通上下;上层与下层道路之间形成"十"字形立体交叉。

复兴门桥主桥是一座多连跨混凝土梁式桥,上部结构是多道连续预应力混凝土变截面"T"形梁,桥外露镶面石。桥面车行道部位铺筑铅丝网沥青混凝土面层,人行道下面设管线预留孔道,上面铺墁石板砖,栏杆的地伏、立柱和扶手为钢筋混凝土构件镶贴大理石装饰面;下部结构,桥墩为多根钢筋混凝土方形墩柱;柱顶端直接设置支座而无盖梁,柱外面镶有大理石装饰面;桥台构造是混凝土重力式,前墙做水泥假蘑菇石装饰面。

图 1-26　复兴门立体交叉现状

复兴门桥在规划之初,确定了"实用、经济、坚固、美观"的设计理念。该工程采用东西走向建桥方案,桥面高程与复兴门内大街差异较小;桥下道路采用机动车与非机动车分道行驶设计,桥头两侧各有一处人行梯道,行车道采用路面高度差实现快慢车的分隔。桥区的挡墙为混凝土墙体,有花岗岩蘑菇石装饰面和花岗岩盖顶石。

复兴门桥主体结构有以下特征:主桥上部结构厚度较小,能降低立体交叉标高,改善桥头道路坡度;在竖直载荷作用下不产生水平推力,桥梁下部结构负担较轻;便于预制和装配,预应力工艺较简单;技术经济指标较好。

自复兴门立体交叉之后,北京又先后建成了阜成门立体交叉等一大批完全互通式立体交叉,它们将左、右转弯合并在双向匝道上,匝道拉成长条形,形成 180 度小半径的回头弯道。这种长条形苜蓿叶形立体交叉比典型苜蓿叶形更节约用地,因而在北京立体交叉中广泛应用。

图 1-27　建国门立体交叉

4. 第一座异形空间结构的立体交叉——天津中山门立体交叉

20 世纪 80 年代中期,我国城市建设迅速发展,许多大城市配合旧城改造、新区建设修建了一批别具特色的城市立体交叉。20 世纪 80 年代初期,天津市处于震后重建时期,道路交通设施已无法满足发展需要。为解决交通出行难问题,适应改革开放需要,1985 年天津市提出要在城区建成以内、中、外环线和大沽南路、解放南路、长江道等道路为核心的"三环十四射"交通系统。当年,中环线西半环建成通车,中环线东半环启动建设。1986 年 7 月 1 日,全长 34.67 千米的中环线全线通车。天津市于 1985—1986 年在中环上建成了 8 座立体交叉,其中著名的有八里台立体交叉和中山门立体交叉。

八里台立体交叉是天津市第一座苜蓿形三层互通式立体交叉,由两条立体交叉干线与四条匝道桥组成,占地面积 0.074 平方千米。

中山门立体交叉又名蝶式立体交叉,其造型简洁明快,施工难度更大,由三条主桥和八条匝道桥凌空连接组成,具有弯、坡、斜的特点,机动车与非机动车分道行驶。

图 1-28　天津第一座苜蓿型三层互通立体交叉—八里台立体交叉

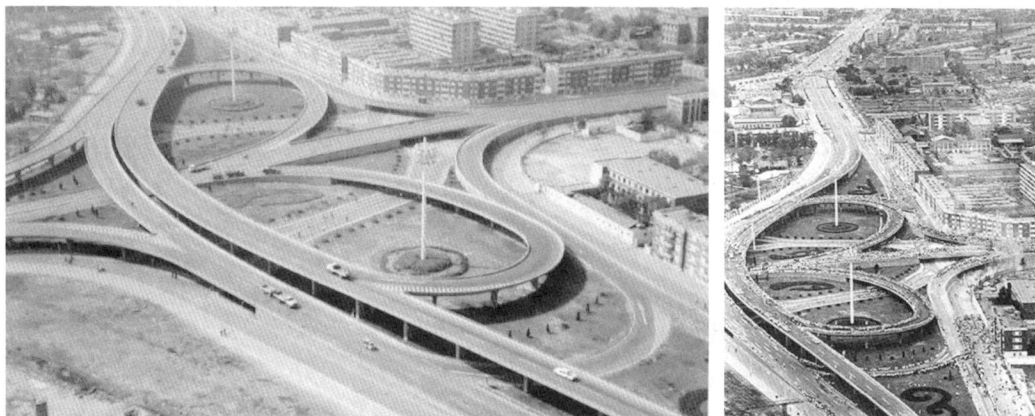

图 1-29　中山门立体交叉建成早期图

中山门是三层组合式立体交叉，它的四股左转车流中两股采用苜蓿叶形转向，另外两股车流由于受周围环境的限制，采用迂回转向的方式——左转车辆先右转，然后跨越相交道路迂回 180° 汇入右侧相交道路的直行车流。该立体交叉的设计跳出了国内常规设计的框子，运用平立面结合造型，满足交通功能，成为技术与艺术结合的典范，被人们赞誉为"蝶落中环"。

图 1-30　中山门立体交叉现状

5. 第一座五层互通式立体交叉——上海罗山路立体交叉

进入 20 世纪 90 年代，上海以浦东开发、内环线和高架路的建设为契机，城市立体交叉的建设速度突飞猛进，立体交叉的型式和功能都有了进一步的发展，其中以内环线的漕溪路立体交叉、浦东地区的罗山路立体交叉和龙阳路立体交叉以及南北高架和东西高架交汇处的延安路立体交叉最为著名，罗山路立体交叉还是当时我国第一座五层互通式立体交叉。

罗山路立体交叉位于浦东地区城市主干道杨高路与快速干道内环线相交的交叉口，亦是杨浦大桥过江进入杨高路的"咽喉"。罗山路立体交叉是以主要交通流采用定向、次要交通流采用首楷叶绕行的半首拾混合五层互通式城市立体交叉。

罗山路立体交叉是杨浦大桥过江交通的"咽喉"，立体交叉南北长 940 米，东西长 1 336 米。该立体交叉往金桥路标的目的匝道是最高一层——第五层，往杨高路标的目的是第四层，第三层为内环线浦东段杨高路车道，第二层地面为杨高路车道，第一层地下通道为行人和非机动车道。

1992 年 9 月 10 日，罗山路立体交叉打下第一根桩，其建设的初衷是连接杨浦大桥，并确立了与杨浦大桥同步建成通车的目标。历经 386 天，于 1993 年 9 月 28 日提前优质建成，打破上海开埠以来互通式城市道路立体交叉零的纪录，同时对杨浦大桥越江后的交通也起到了极其重要的作用。

图 1-31　罗山路立体交叉建成早期图

根据交通预测资料，采用定性、定量及趋势图的综合分析，结合新区功能及地形开阔的特点，确定了十个交通主流采用功能好、标准较高的定向匝道，两个次要流向设环形匝道，对非机动车交通采用小地道下穿扬高路，并绕桥下及环形匝道外侧爬坡，将四个右拐匝道局部抬高，解决非机动车与地面非机动车道的沟通，巧妙地保持了立体交叉整体造型的完整性。

该立体交叉实现了上海开埠 150 多年以来城市互通立体交叉零的突破，1993 年与杨浦大桥同步建成通车，改变了上海市区交通拥塞状况，社会效益显著，经济效益较大，成为浦东新区一景。

6. 我国最高的城市立体交叉——菜园坝长江大桥及苏家坝立体交叉

重庆有秦巴山区、武陵山区、三峡库区的特殊地形地貌，有长江、嘉陵江、乌江三条大江。在这样一个"好山好水"的地方，千百年来却都是"蜀道难、难于上青天"。如今，与时俱进的城市化建设,令交通焕然一新,昔日天堑已成坦途。重庆的基础设施建设,特别是桥梁建设取得了飞速的发展,在国际、国内取得了许多值得骄傲的成绩,不少大桥在当今或建成时的许多参数均排在国内外桥梁前列。在重庆人生活的土地上,一座座立体交叉也描画着城市的绚烂,展示着这座城市独一无二的秉性。

菜园坝长江大桥地处重庆市主城区中心地带,北接重庆市渝中区两路口中山三路和重庆火车站广场前的菜园坝各条道路,南接南岸区苏家坝的海铜路,并通过引道、隧道连接南岸腹心高新区大石路立体交叉。该大桥工程由主桥、南北引桥、菜园坝立体交叉、苏家坝立体交叉等几部分组成,路线全长 4 000 米,大桥总投资约 20 亿元。

图 1-32　菜园坝长江大桥及苏家坝立体交叉

苏家坝立体交叉为全互通半定向立体交叉,主要解决菜园坝大桥过江车辆上、下海铜路,并能尽快进入南岸路网。该立体交叉范围内地形变化起伏大,东侧地势较高,高程为 278 米,西侧地势低,高程为 248 米,在 600 米范围内高差达 30 米,给立体交叉的方案设计带来较大困难。该立体交叉匝道总长 2 895.78 米,环形匝道平曲线最小半径 $R=60$

米,匝道最大纵坡 5.0%。整座匝道桥总长 1 701.50 米,受地形限制,部分匝道桥墩高达 66 米。

苏家坝立体交叉匝道布置采用对称的蝶形螺旋匝道,螺旋匝道采用卵形曲线设计,与汽车在匝道上的行驶特性相吻合,比单纯的圆形螺旋匝道降低了驾驶员机械操作的疲劳程度,降低了驾驶员的心理压力,视线轨迹呈流线型变化,提高了匝道行车安全性和舒适性。

第四节　中华人民共和国成立后现代公路建设发展及立体交叉典型案例

当下,放眼全国,一个干支衔接、四通八达的公路网已经形成。它不仅是支撑人流、车流、物流移动不可缺少的基础设施网,还为经济社会发展、改善出行条件、提高人民生活水平提供了关键支撑。

中华人民共和国成立初期,全国公路通车里程仅 8.08 万千米,每百平方千米土地上仅有公路 0.84 千米。那时,11 万筑路大军在平均海拔 4 000 米的世界屋脊,跨怒江天险,攀横断山脉,渡通天激流,越巍峨昆仑,五易寒暑,修筑了青藏、川藏公路,创造了世界公路史上的奇迹。

然而,直至改革开放以前,我国的公路发展都十分缓慢,经济干线建设基本处于停滞状态。1979 年,国家干线公路网划定工作启动。经过 3 年研究,原国家计划委员会、国家经济贸易委员会和交通运输部于 1981 年 11 月发出《关于划定国家干线公路网的通知》,把以首都为中心,连接各省(区、市)、各大军区、重要大中城市、港站枢纽、工农业基地等的主要干线公路划定为国家干线公路,总里程近 11 万千米。

中华人民共和国成立后第一次有了相对完善的路网体系,有效引导了中央和地方公路建设投资方向,为集中建设国家干线公路奠定了基础。经过 10 年的改革开放,国民经济迅猛发展,带来了人流、物流的成倍增长,给交通运输带来了巨大压力。那时,公路通车里程短,省际"断头路"普遍,全国人均公路长度不到 8 厘米,约合 1 根火柴棒。1988 年 9 月,"三主"(公路主骨架、水运主通道、港站主枢纽)规划诞生。对于公路主骨架,原交通运输部党组定名为"国道主干线系统"。1993 年,《"五纵七横"国道主干线系统规划》正式发布实施。"五纵七横"国道主干线总里程约 3.5 万千米,覆盖了当时全国所有人口百万以上的特大城市和 93% 的人口在 50 万以上的大城市。

1988 年,沪嘉高速公路通车,我国大陆高速公路实现"零"的突破。随后,沈大、京津塘、济青等高速公路相继贯通。

1999 年年末,我国高速公路通车里程突破 1 万千米。

高速公路的发展,极大提高了我国公路网的整体技术水平,优化了交通运输结构,对缓解交通运输的"瓶颈"制约发挥了重要作用。

2001年起,在总结评估"五纵七横"国道主干线规划建设情况的基础上,原交通运输部开始组织研究着眼于全面建设小康社会长远发展需要的国家高速公路网规划方案。2004年12月,国务院常务会议审议通过《国家高速公路网规划》,总规模约8.5万千米,由7条首都放射线、9条南北纵线和18条东西横线组成,简称"7918"网。

2007年底,历经15年奋斗,承载着几代交通人梦想的"五纵七横"国道主干线提前贯通。

2013年年底,我国高速公路通车总里程达到10.44万千米,突破10万大关。我国公路发展也于2013年掀开新的篇章。当年《国家公路网规划(2013—2030年)》获国务院批准,总规模约40万千米。

截至2018年年底,全国公路总里程、公路密度均为中华人民共和国成立初期的60倍,14.26万千米高速公路为经济社会发展输入不竭动力,404万千米农村公路成为民生路、产业路、致富路。截至1984年年底,全国公路总里程只有92.67万千米。34年之后的2018年年底,全国公路总里程达到484.65万千米,其中二级以上公路达到64.78万千米,分别是1984年的5.23倍和34.06倍。

中华人民共和国成立以来,我国筑路、建桥技术的每一次精进、每一次创新、每一次跨越,都饱含着交通人辛勤付出的汗水,都蕴含着中华儿女的睿智与胆略。经过多年的科技攻关,我国积极引进、消化、吸收国外的先进技术和管理手段,公路领域设计和施工水平"日日新"。

中华人民共和国成立之初到改革开放之前,我国公路交通科技领域重点围绕修建高速公路和汽车专用一、二级公路开展科技攻关。技术人员初步研究和掌握了高等级公路路线和桥梁设计、沥青路面结构与材料、路桥质量检测评价、高速公路交通控制方法等,为我国高等级公路建设和运营提供了急需的、适用的先进成套技术,半刚性基层沥青路面等科技成果转化成为我国高等级公路的主要结构型式。

一、中华人民共和国成立后高速公路建设早期代表

我国高速公路的建设发展并不是一帆风顺的,而是经历了一波三折。

1958年公路计划体制下放后,经济干线公路建设基本处于停滞状态。到20世纪70年代,部分干线公路交通堵塞、通行不畅的问题日益突出。在1970年交通运输部编制的公路科技发展规划中就提出了要在北京、天津、塘沽之间修建高速公路,但是由于当时经济的落后和技术资料的不足,高速公路一直处于设想阶段。1975年,交通运输部为借鉴国外经验,尽快改变我国公路的落后面貌,组成公路考察团赴日本进行考察。

不久,由公路局和公路设计院组织翻译整理的高速公路技术资料,便以《国外公路》专刊的形式出版,这为我国以后的公路建设奠定了技术基础。

党的十一届三中全会后,国内形势发生了重大转折,工作重点开始转移向经济建设

方面。

1978年春,时任交通部部长的叶飞率团赴北欧访问,他目睹了欧洲高速公路在集装箱运输和港口物资集散方面的重要作用,回国后要求公路局立即进行京津塘高速公路建设的准备工作,并设想在两三年内建成。公路局组织设计,在京、津、冀三省市的配合下,开始了京津塘高速公路的勘测设计工作。但由于认识不统一,资金落实不到位等原因,致使我国第一条高速公路又半途夭折。

直到1984年6月,沈大高速公路(沈阳—大连)才用一级公路的名义正式开工,但辽宁省一直没有放弃修建高速公路的目标,从技术上做好了随时改为高速公路的准备。沪嘉高速公路长15.9千米,符合20千米以内省、部级可以审批的规定,经研究由上海市立项,交通运输部给予资金补助和技术指导,于1984年底动工兴建。

这期间,京津塘高速公路也获准利用世界银行贷款修建,但还要按规定程序,进行财务分析,重报设计任务书,经有关部门论证、评估、审批,短期内不能开工。于是广佛、西临高速公路,也用沪嘉高速公路的办法,于1986年开始建设。

1. 沪(上海)嘉(嘉定)高速公路

图1-33　1988年的沪嘉高速公路

沪嘉高速公路工程是中国大陆第一条建成通车的高速公路,标志着中国大陆高速公路从无到有,中国公路建设发生翻天覆地变化的开始,标志着中国公路建设的标准升到更高一个层次。

沪嘉高速公路南起上海市区祁连山路,北至嘉定南门,全长15.9千米。加上两端入城连接线,全长20.5千米,总投资2.3亿元,该工程于1984年12月21日开工,1988年10月31日建成通车。

2.广(州)佛(山)高速

图 1-34 早期开通的广佛高速

广佛高速公路是我国最早的高速公路之一,该工程于 1989 年 8 月 1 日建成通车,属于同三高速公路的一部分。东起于广州市郊横沙,连接广州环城高速公路北环段,经南海泌冲、沙涌、大步、雅瑶、沥东、水头等地,西止于佛山谢边,连接佛开高速公路,全长15.7 千米,设计时速 120 千米。1997 年 8 月开始对广佛高速进行拓宽,其中由横沙到雅瑶段由四车道拓宽为八车道,雅瑶至佛山段拓宽到六车道,1999 年 10 月 18 日拓宽后的广州至佛山高速公路正式通车。2007 年,广佛高速计划再次进行扩建,由现在的 6 车道扩建为 8 车道。全线设有横沙(沙贝)、沙涌、雅瑶、大沥及谢边互通式立体交叉。

3.沈(阳)大(连)高速公路

图 1-35 早期沈大高速公路图(左)、沈大高速公路现状(右)

沈大高速公路地处辽东半岛,全线纵贯沈阳、辽阳、鞍山、营口、大连五大城市,是辽东半岛经济圈的轴心。东北地区的这条运输大动脉,具有重要的政治、经济、国防意义。该工程于 1990 年 8 月 20 日建成通车,全线总长 375 千米,耗资 22 亿元。

2003 年 3 月,由于沈大高速公路部分路段已经达到大修期,该路作为交通的主动脉已显得破旧和落后,该道路进行大修并拓宽,改扩建后将北起沈阳金宝台收费站,南至大连后盐收费站,工程全长 348 千米,改扩建后将建设成 8 车道,路基宽度 42 米。

4. 西(西安)临(临潼区)高速公路

图 1-36 早期西临高速公路图(左)、西临高速公路现状(右)

西临高速公路是陕西省第一条高速公路,也是我国西部第一条高速路。西临高速起自西安市官厅,终点为临潼区,是国道 310 线的一部分,长 23.89 千米。该工程于 1986 年 12 月 25 日开工建设,1990 年 12 月 27 日建成通车。

5. (北)京(天)津塘(沽)高速公路

图 1-37 京津唐高速现状

京津塘高速公路是中国"七五"至"八五"期间重点交通建设项目,也是第一条经国务院批准并部分利用世界银行贷款按国际项目管理模式组织建设的跨省、市高速公路。该公路全长 142.69 千米,按照行政区域的划分,其中北京段 35 千米,河北段 6.84 千米(只有一个通往廊坊的出口),天津段 100.85 千米。该工程于 1987 年 12 月开工建设,1993年 9 月 25 日建成通车。

6.济(南)青(岛)高速公路

图 1-38　早期济青高速图(左)、济青高速零点立体交叉(右)

济青高速公路全长 318 千米,西起济南市大桥路,东至青岛市北郊的西袁庄,横贯山东半岛 17 个市、县(区),连接济南、淄博、潍坊、青岛等重要工业城市,穿越 5 条国道、15条省道。该工程于 1990 年 7 月开工建设,1993 年 12 月竣工通车。

7.成(成都)渝(重庆)高速公路

图 1-39　早期成渝高速公路

成渝高速公路是四川省与重庆市之间的公路交通大动脉,是四川省第一条高速公路。该公路途经四川盆地腹心地带,连接成都、内江、重庆三大工业城市,途经 14 个县(市)区,设计为全封闭、全立体交叉、设中央分隔带、单向行驶的四车道公路,全长337.579 千米。该工程于 1990 年 9 月开始建设,1995 年 9 月 15 日建成通车。

8.沪(上海)宁(南京)高速公路

沪宁高速公路又名宁沪高速公路,是连接中国上海市与江苏省省会南京市之间的一条重要高速公路干线。该公路全长 274 千米,其中,上海段长 25.87 千米,江苏段全长248.21 千米,另有镇江支线(苏高速 S86)10.25 千米。该工程于 1992 年 6 月 14 日开始建设,1996 年 11 月 28 日建成通车。

图 1-40　沪宁高速早期建成图

9.（北）京沈（阳）高速公路

图 1-41　早期京沈高速

京沈高速公路全长 658.7 千米，总投资 195.1 亿元，其中，北京段 39.7 千米，河北省廊坊段 21.5 千米，天津段 37.2 千米，河北省宝山段 199.2 千米，辽宁省沈山段 361 千米。

10.（北）京沪（上海）高速公路

图 1-42　早期京沪高速

京沪高速公路是中国第一条全线建成高速公路的国道主干线。该公路全长 1 262 千米，全线除天津北段京沪代用线的外环线 28.5 千米为一级公路标准、山东境内德州齐河至泰安金牛山 76 千米、江苏境内江阴长江大桥南北接线 51 千米为六车道高速公路外，其余均为四车道高速公路。全线设有 90 处互通式立体交叉,桥梁 985 座,分离式立体交叉 186 座,通道 1 572 座,涵洞 2 142 道,服务区 20 个,收费站 83 个,总投资 393.01 亿元。该工程于 1987 年 12 月开工建设,2000 年 12 月 18 日建成通车。

二、公路建设发展中立体交叉的发展

1988 年,我国第一条高速公路——沪嘉高速公路建成通车,全线共设 3 座互通式立体交叉,从此,我国高速公路建设开始迎来快速发展期,公路上的互通式立体交叉也应运而生。不久,"神州第一路"沈大高速公路全线建成通车,全长 375 千米,共设立体交叉 25 座。

1998 年,中央决定实施积极的财政政策,采取加快基础设施建设的决策,我国高速公路建设进入了一个前所未有的迅猛发展时期,年均通车里程超过 4 000 千米。立体交叉类型上以喇叭形为主,兼有苜蓿叶形、半定向涡轮形等。

第五节　公路与城市道路立体交叉建设的差异

对公路立体交叉和城市道路立体交叉而言,它们的作用、主要组成部分和设计方法等方面是基本相同的。但由于受地形、用地以及收费等条件影响,二者之间又有所区别,设计的主导思想有差异。了解二者的不同特征,对于指导立体交叉的规划与设计具有非常重要的意义。公路立体交叉和城市道路立体交叉的不同特征主要有以下几方面。

一、规划与布局的不同

高速公路立体交叉的规划布局是否合理,对交叉口通行能力的提高、交通的安全、行驶时间的节省和高速公路功能的发挥有很大影响。它不仅关系到高速公路所在地区的整体规划,还关系到高速公路的整体使用效果、高速公路的经济价值和高速公路的环境等。因此,在规划和布设高速公路立体交叉时,应从全局出发,充分考虑整个公路网系统的功能要求,综合交通条件、自然条件及社会状况,经全面分析论证后确定。

高速公路立体交叉规划一般要以公路网规划为依据,首先要满足交通功能和交通发展的需求。其次在实施技术上应是可行的,包括在立体交叉方案布置、交通组织方式、立体交叉占地的可能性、立体交叉结构型式的可行和与周围环境的配合、交汇道路或连接道路的条件等方面。最后,还应从经济效益方面对经济可行性加以论证。

目前,我国城市道路立体交叉的规划布局一般有两种情况:一种是城市总体规划比较完善,城市道路网规划科学合理,立体交叉布点符合城市路网的发展,这种情况的立体交叉布局类似于高速公路的立体交叉布局,在规划过程中立体交叉点位的选择比较灵活,针对性较强,这类立体交叉在具体实施过程中,控制性因素较少,立体交叉方案的选

择可根据交叉点在路网中的具体位置灵活确定。另一种是城市总体规划滞后,但为了解决某些交通压力较大的交叉路口而设置立体交叉,这一类立体交叉点位的确定,只能根据既有的相交道路形成的交叉口来布设立体交叉,控制性因素较多,立体交叉方案的选择既要适应当前的交通状况,又要满足城市道路远期发展的要求,同时还要适应交叉口既有的控制性建筑物。

二、立体交叉型式与标准的不同

(一)立体交叉型式的不同

按汇入到交叉点的道路数目来划分,立体交叉型式可分为三肢立体交叉、四肢立体交叉和多肢立体交叉。高速公路立体交叉一般以三肢立体交叉、四肢立体交叉居多,城市道路立体交叉一般以四肢立体交叉和多肢立体交叉居多。

三肢立体交叉常用的有"Y"形、喇叭形、子叶形,可根据不同的限制条件灵活选用。

四肢立体交叉理论上有多种不同组合型式,但是,这些型式并不都具有实际的使用价值,因为考虑到造价的经济情况,应尽量缩短匝道的长度,减少立体交叉梁的数量和层数;考虑到造型的美观,应尽量采用对称的型式;考虑到设计和施工的方便,匝道线形和桥梁布置应尽量一致。当然,在实际立体交叉设计中,应根据不同的制约因素,选择不同的立体交叉型式,其最终目的是使立体交叉交通功能完善、造价经济、造型美观、设计和施工方便。常用的有菱形、完全苜蓿叶型、部分苜蓿叶型、完全定向型、涡轮型。这些四肢立体交叉基本型式,通过适当的调整组合,可以演变出多种多样的立体交叉型式。

在实际设计中,可不拘泥于某一基本型式,应根据交通量的分布、相交道路的等级、地形、地物、河流、管线等因素的控制,设计出功能齐全、造型新颖、造价经济的立体交叉方案。

多肢立体交叉在新的规划上一般不会采用,一般存在于既有交叉路口,因此多肢立体交叉在设计中控制因素较多,工程规模宏大,整个立体交叉的设计标准有一定难度。除非特殊情况,城市道路立体交叉和公路立体交叉一般都不会选择多肢立体交叉。

(二)立体交叉标准的不同

由于城市道路立体交叉与公路立体交叉的主线行车速度不同,从而使立体交叉匝道的行车速度和平纵横断面的标准也有较大的区别。

1.设计速度

设计速度是道路设计时确定几何线形的基本要素,道路的所有相关要素如视距、超高、纵坡竖曲线半径等指标均与其配合以获得均衡设计。设计速度是在气象条件良好、车辆行驶只受道路本身条件影响时具有中等驾驶技术的人员能够安全顺利驾驶车辆的速度。公路和城市道路的主线设计速度适用我国现行的《公路工程技术标准(JTG B01—2014)》和《城市道路工程设计规范(CJJ 37—2012)》,如表1-1所示。

表 1-1　公路标准与城市规范关于设计车速的要求

公路标准	公路等级	高速公路	一级公路	二级公路	三级公路	四级公路
	设计速度/(千米/小时)	120/100/80	100/80/60	80/60	40/30	30/20
城市规范	道路级别	快速路	主干路	次干路		支路
	设计速度/(千米/小时)	100/80/60	60/50/40	50/40/30		40/30/20

对于匝道设计速度而言,由于互通立体交叉是从空间将两条或多条交叉道路上的交通分隔开来设置,它能使经过立体交叉处主要方向的交通连续运行,能提高车辆运行速度,节省运行时间和总的燃料消耗,减少交通造成的空气污染,并提高交叉口的通行能力。匝道是互通式立体交叉上下各层公路之间供转弯车辆行驶的连接道。

由于公路整体的运行速度比较高,且不同等级的互通匝道设计速度差异比较大,在进行匝道计算行车速度时,既考虑了主线行车速度,又着重考虑了互通立体交叉的服务水平。服务水平是交通流中车辆运行的以及驾驶员和乘客所感受的质量量度,亦即公路在某种交通条件下所提供运行服务的质量水平。

城市道路互通由于整体设计速度差异性不是很高,《城市规范》中仅考虑了两条交叉道路的主线行车速度,城市道路的匝道设计速度"在立体交叉范围内,主路设计速度应与路段一致,匝道及集散车道设计速度宜为主的 0.4 倍～0.7 倍"。

2. 停车视距

停车视距是驾驶人员在车辆行驶时自看到前方障碍物时起,至到达障碍物前安全停止所需的最短行车距离,包括司机反应距离、车辆制动距离和安全距离 3 部分。

比较《公路工程技术标准(JTJ B01—2014)》《公路立体交叉设计细则(JTG TD21—2014)》和《城市道路工程设计规范(CJJ 37—2012)》中的停车视距,除计算行车速度 $v =$ 60 千米/小时,公路为 75 米而城市道路为 70 米有所不同外,其余均相同,表明对于基本计算原理相同的道路设计指标,公路和城市道路是完全可以统一的,但公路立体交叉设计细则中对积雪冰冻地区有了更严格的停车视距的控制标准。

表 1-2　公路标准与城市规范关于停车视距的要求

公路标准	设计车速/(千米/小时)		120	100	80		60		40		30	20
	停车视距/米		210	160	110		75		40		30	20
设计细则	设计车速/(千米/小时)				80	70	60	50	40	35	30	
	停车视距/米	一般地区			110	95	75	65	40	35	30	
		积雪冰冻地区			135	120	100	70	45	35	30	
城市规范	设计车速/(千米/小时)		100	80			60	50	40		30	20
	停车视距/米		160	110			70	60	40		30	20

3. 主线平纵线形

两者都对主线平面线形进行了规定。公路规范对立体交叉设计范围内设有变速车道路段的主线圆曲线半径做了特殊规定,规定的圆曲线最小半径极限值也远远大于正常路段圆曲线最小半径一般值。公路立体交叉对平曲线半径的要求,实质为控制弯道外侧变速车道连接部的横坡差,以提高车辆运行的安全性。其设计速度为 120 千米/小时、100 千米/小时、80 千米/小时,一般值和极限值分别按超高不大于 3% 和 4% 进行控制;设计速度为 60 千米/小时,一般值和极限值分别按不大于 4% 和 5% 进行控制。

城市道路规范仅要求与基本路段一致即可,没有对是否能采用极限值进行明确。城市道路设计速度一般较少采用 100 千米/小时,当设计速度为 80 千米/小时、60 千米/小时,最大超高横坡度分别为 6% 和 4%,参照公路的推算逻辑,立体交叉区最小半径是可以小于一般值甚至是可以取到极限值的。但是,极限值是基于横向力系数 $\mu=0.14$、超高横坡度为 4% 或 2% 计算出来的,乘客这时已经可以感觉到有曲线的存在。一般值是基于横向力系数 $\mu=0.067$,转弯时感觉不到有曲线存在,很平稳。故建议城市道路立体交叉段对设有变速车道的主线平曲线半径采用一般值及以上规定,有条件的尽量采用较大值。

$$R=\frac{V^2}{127(\mu+i_h)}$$

式中,R 为转弯半径,V 为行车速度,μ 为横向力系数,i_h 为超高横坡度。

公路规范对立体交叉设计范围内减速车道下坡路段和加速车道上坡路段的主线纵坡做了特殊规定,对立体交叉设计范围内的竖曲线最小半径也做了要求,规定的最小极限值同样大于正常路段的一般值。公路立体交叉对纵坡的要求,符合实际运行情况,当出口为上坡时,有利于减速,到入口为下坡时,有利于加速,纵坡大小符合正常路段纵坡大小规定即可,无需特意规定。在立体交叉设计范围内,由于运行条件复杂且变化频繁,需要比其他路段有更大的视距,竖曲线的最小半径的规定基于保证足够视距的考虑。

城市道路纵断面受现状道路或规划道路竖向标高、建筑物场平标高、地下管线埋深、地表排水系统、用地指标大小等因素的控制,纵断设计考虑的控制条件往往比公路纵断设计要多,而且城市交通以小型汽车为主,故城市立体交叉对主线最大纵坡度一般值的规定与正常路段一致,不存在减速车道下坡路段和加速车道上坡路段的特殊规定。城市立体交叉对主线内的竖曲线无规定,基于保证足够视距的考虑,参考城市地下道路的相关规定,建议在进出城市立体交叉的主线路段,竖曲线的设置宜保证其行车视距大于或等于 1.5 倍的停车视距。

4. 匝道平纵线形

(1)匝道圆曲线最小半径。

匝道平面线形从圆曲线半径、缓和曲线长度及参数两个方面着重对比。匝道圆曲线的最小半径由容许横向摩阻系数、最大超高横坡两方面来确定。采用不同的最大超高横坡度和容许横向摩阻力系数,就有不同的圆曲线最小半径限制。

对于匝道圆曲线半径的规定,公路立体交叉过于笼统,城市立体交叉则更为精细。公路匝道平曲线路段最大超高值有6%和8%两种,并规定宜采用6%。针对不同的最大超高,圆曲线最小半径一般值和最小值却相同,条文说明中也未做过多解释,给设计人员留下了自由决定空间,同一地区不同设计单位,甚至同一设计单位不同设计人员取值都有差距。不设超高的圆曲线最小半径公路匝道规定与公路主线规定一致,也就是均按横向力系数 $\mu = 0.035 \sim 0.04$ 考虑。

相比公路立体交叉,城市立体交叉匝道最大超高按6%考虑,并明确了不同半径对应的横向力系数。最小半径不设超高值、一般值、极限值,采用的横向力系数分别为0.06、0.1、0.14~0.18。设计人员在实际操作时,可根据半径大小、横向力系数、设计速度计算出较精确的超高,可做到高质量、精细化设计。

(2)匝道缓和曲线最小长度及参数。

缓和曲线的设置主要满足曲率连续性变化、超高、加宽的设置等要求,缓和曲线的设置要与圆曲线半径相协调。公路或城市立体交叉匝道对于缓和曲线的设置要求存在较大差异。公路立体交叉匝道与公路主线的设置要求一致,可满足行车安全需要。

城市立体交叉匝道的设置要求,可参考美国 AASHO 研究成果,满足景观舒适和视觉美观要求,高于公路立体交叉匝道要求,并且高于城市道路主线要求。

(3)匝道最大纵坡。

载重汽车和小汽车爬坡能力差异大,纵坡大小主要考虑最不利因素——载重汽车的爬坡能力。纵坡过大,则载重汽车爬坡困难,造成道路拥堵,降低道路通行能力,所以纵断面指标主要受载重汽车的爬坡性能和通行能力影响。匝道纵断面主要从最大纵坡大小、竖曲线半径及长度两项重要指标进行对比。近年来,我国各级公路载重汽车增长迅速,大型货车已成为公路货运车型主要代表。

另外,受匝道平曲线曲率本身低于公路主线影响,匝道的纵断坡度整体指标要严于公路主线本身的规定。当地形困难或用地紧张时,在规定最大纵坡基础上增加1%,仍低于公路主线本身最大纵坡规定值。当遇地形特殊困难时,在非积雪冰冻地区,出口匝道上坡和入口匝道下坡,即使在规定最大纵坡基础上增加2%,也只是刚好达到公路主线本身最大纵坡规定值。在精细化规定方面,公路匝道对出口、入口匝道上下坡,根据加减速的需要,结合积雪冰冻地区和一般地区的区别,对最大纵坡的限制分别做出规定。城市立体交叉匝道最大纵坡整体指标规定要大于城市道路主线本身,如设计速度40千米/小时,主线最大纵坡一般值为6%,匝道最大纵坡一般值为8%,考虑到纵坡较大处平曲线曲率一般也对应较小,在城市立体交叉匝道纵断设计时,建议慎用最大值,有条件时尽量参照公路纵坡规定使用。特殊外部条件受限时,应做好交通安全设计。精细化规定方面,城市立体交叉匝道考虑了一般地区和积雪冰冻地区的差别,未考虑出口匝道上坡有利于减速、入口匝道下坡有利于加速的因素。

两者对比,建议城市立体交叉匝道最大纵坡大小参照公路立体交叉匝道规定取值,在做好安全设施设计时,方可采用。

(4)竖曲线半径及长度。

竖曲线半径方面,城市立体交叉匝道略低于公路立体交叉匝道。竖曲线最小长度极限值,两者都是按3秒设计速度行程控制,对于一般值,城市立体交叉匝道略高于公路立体交叉匝道。两者比较,差距很小,实际设计时,根据各自规定取值即可。

(5)匝道横断面。

匝道横断面由行车道、路缘带、硬路肩(停车带)和土路肩(路缘石或防撞护栏)构成。

行车道取值公路立体交叉匝道分3.5米和3.75米两种。当匝道设计速度大于或等于70千米/小时,应采用3.75米。城市立体交叉匝道除根据设计速度确定外,还根据车型确定,如生活性主干路的立体交叉匝道,车道宽度在设计速度小于60千米/小时、用地紧张时,可采用3.25米甚至3米。

路缘带宽度,公路立体交叉匝道一律取0.5米。城市立体交叉匝道设计速度大于40千米/小时,取0.5米;小于或者等于40千米/小时,可取0.25米。

硬路肩宽路公路立体交叉匝道在不设紧急停车道时,可采用1米。当设置紧急停车道时,对向分隔式双车道时宜采用2米,单向车道宜采用3米宽的右侧硬路肩,极限最小值可采用1.5米。城市立体交叉双车道匝道则只布设缘带,单车道匝道必须设置停车带,宽度为2.75米,当为小汽车专用道时,可采用2米。从大型汽车比例较高的城市快速路枢纽立体交叉匝道运行效果来看,仅设置0.5米宽的路缘带匝道运行良好。如深圳市的南坪快速路,公路立体交叉指标偏保守,建议对于经济欠发达地区、交通量偏少的高等级公路放松硬性规定。

公路立体交叉匝道的3米硬路肩和城市立体交叉匝道的2.75米停车带都接近于3.5米的正常车道宽度。在经济发达地区,由于交通量预测的局限性,在不过分增加工程投资的前提下,近期可按双车道设计,单车道画线运营,远期则可根据交通量实际增长情况,择机调整为双车道匝道。

公路立体交叉匝道设置有土路肩,并在硬路肩上设置防撞设施。城市道路立体交叉一般设有水泥防撞护栏或者路缘石,在城市近郊土地开发强度较低的区域,也可直接设置土路肩。

由于对横断面不同组成部分宽度规定不同,匝道加宽的规定相对差异较大。公路立体交叉匝道加宽,是针对匝道整个路面宽度规定的。对于公路立体交叉单向单车道匝道,左右侧硬路肩分别为1米、3米,当匝道半径大于等于70米时,无须设置加宽。无紧急停车带的单向双车道,左右侧硬路肩均为1米,当匝道半径大于等于55米时,无须设置加宽。右侧设置3米宽紧急停车带的单向双车道,当圆曲线半径大于32米时,可不加宽。公路立体交叉匝道对于加宽的具体规定是按半径为2~3米的级差来进行的,相对满足了精细化设计要求。

城市立体交叉匝道则是根据车型、圆曲线半径,对每条车道的加宽值进行规定,符合精细化设计理念。城市立体交叉匝道当半径小于或等于 250 米时,按小型汽车、普通汽车、铰接车设置不同的加宽。对于加宽的具体规定,是按照 10～50 米的级差来规定。由于城市立体交叉匝道路缘带采用 0.5 米或者 0.25 米,设置加宽的半径值要远远大于公路立体交叉匝道的要求,这点是符合实际的。但是城市立体交叉未区分右侧是否设置紧急停车的情况,也未区分行车道的宽度取值。在实际操作时,存在 3.5 米、3.25 米宽的车道采用同一加宽值的情况,也存在设置紧急停车带和未设置紧急停车带采用同一加宽值的情况。在实际设计过程中,建议根据交通分析车型组成情况,以在最不利条件下车辆能正常通过为原则,根据车道加宽公式进行验算。

(6)连接部。

《公路立体交叉设计细则》规定:单车道出口宜采用直接式,入口宜采用平行式;双车道出入口宜采用直接式。《公路路线设计规范》规定:单车道出口宜采用直接式,入口宜采用平行式;双车道出入口应采用直接式。《公路路线设计规范》对双车道出入口的规定更严格,但是未使用"必须"来限定,也就是受条件限制或因特殊需求,采用平行式出入口也是允许的。公路立体交叉匝道的出入口型式参照日本的规定,实践应用中未发现什么问题,已基本成了公路路线设计的习惯做法。

《城市道路交叉口设计规程》中关于城市道路立体交叉匝道的规定更灵活,出入口不管是单车道还是双车道,直接式和平行式均可采用。

不论采用何种出入口型式,根据现场建设条件、主线平曲线半径大小、主线与匝道的转向是否一致、交通量大小等进行分析设计,都能满足变速运行的要求,对出入口型式未做带有倾向性意见的规定。

两者对比,各有利弊,各国对出入口型式也存在各自的偏好和习惯,对此并无统一规定。日本和德国原先规定一致,单车道入口为平行式,其余为直接式。但德国新近又改变了规定,全部采用平行式。英国则全部采用直接式。澳大利亚则是平行式多用于出口,直接式多用于入口。近年来,我国的城市快速路立体交叉多采用平行式出入口,甚至有专家在做审查咨询时,直接提出统一修改为平行式出入口的建议。平行式出入口有增多的趋势。公路立体交叉相关规范细则可以参照城市道路立体交叉规定,取消对出入口采用何种型式的倾向性意见,给设计人员预留更多的根据现场实际情况择优选取的空间。

三、立体交叉控制因素的不同

城市道路立体交叉与高速公路立体交叉在设计中的原则和方法基本是一致的,但是作为我国的城市道路立体交叉还有各自的特点。

(1)我国目前新建的高等级公路一般都是收费的,收费立体交叉因考虑收费站的设置,可供选择的型式较少。而城市道路立体交叉一般是不收费的,可供选择的型式则多种多样。从这个意义上说,城市道路立体交叉更为复杂,更需要设计者充分发挥主观能动性来寻求最新颖、最佳的方案。

(2)同高速公路立体交叉相比,城市道路立体交叉最特殊和最突出的问题是庞大的自行车流和行人。城市道路立体交叉面临的问题不单是要解决机动车的运行,还必须处理自行车流和行人的分行问题,个别城市立体交叉由于没有处理好自行车流和行人的分流,建成后即发生阻塞。

(3)我国城市道路布置一般为棋盘分格,如北京市和西安市的道路布局;或是如蛛网辐射,如上海市的道路网布局就是一个典型的蛛网辐射状。不管哪一种路网布局,在城市道路中,一般平均500米左右就会有一个交叉路口。当一个原来交通繁重、时常堵塞的路口经新建立体交叉得到改善后,往往会将矛盾转移到邻近的路口,而这条线上的畅通问题仍然没有得到解决。如果接连几个路口都修建立体交叉,不但匝道布置不开,且造价比修建整段高架路还要贵。因此,在城市干线上修建立体交叉时,应当事前有一个整体的规划,要以发展的、有远见的眼光来确定立体交叉方案。

(4)同高速公路相比,城市道路立体交叉一般环境条件相对复杂,往往地上建筑和地下管网密布,拆迁费占了造价中很高的比例。因此,必须详细调查地上建筑物和地下管网的情况,比选出最适宜的匝道线形方案;合理确定匝道桥梁的方案、跨径和基础布设的位置及型式,同时,要把修建立体交叉和城市改造的规划结合起来考虑。

(5)城市道路立体交叉多位于交通咽喉,机动车、非机动车、行人都在此交汇、转换,一座具有良好景观的立体交叉,会使驾驶员、行人心情比较愉悦地置身其中。立体交叉景观的好坏,是评判一个立体交叉方案的重要指标。一个城市的道路状况可以充分体现城市的经济水平,随着经济的发展,城市道路和立体交叉的修建不仅仅担负着交通功能,同时还具有美化城市、提高城市品位的作用。因此,城市道路立体交叉要比公路立体交叉更多地重视美观问题。

(6)在城市道路立体交叉与公路立体交叉设计中,还有一点较大的区别是施工期间的交通组织问题。一般的公路立体交叉既有交通矛盾不是很突出,但城市道路立体交叉中既有交通的运行与施工干扰矛盾则比较突出。因此,城市道路立体交叉设计还必须考虑施工期间便于维持既有交通和快速施工。

国内外对于城市道路立体交叉选型的研究多是沿袭了一般公路立体交叉的理论与方法,但是,由于受到交通组成、地形、地物、用地、作用等的影响,城市道路立体交叉与一般公路立体交叉之间还是存在较大差异。主要表现在以下几个方面。

(1)城市道路立体交叉主要承担区域内交通的通行,少有涉及过境交通、区域交通的通行,也不需要设置收费站及其他服务性的设施,因此,其型式可以多种多样,可以充分发挥设计者的主观想象力。

(2)城市交通的组成复杂,除了机动车辆出行外,还需要考虑行人、非机动车等其他交通方式的参与,因此城市道路立体交叉在型式上更加复杂。

(3)城市市民出行数量巨大,再加之城市交通组成的复杂性,使得城市道路立体交叉的设计选型必须更加注重立体交叉的设置所带来的一系列安全问题。

(4)城市道路交叉口距离一般较近,相互之间的干扰较大,在设置立体交叉时,相邻立体交叉之间的布设必须充分考虑间距问题。而且,立体交叉的设置对周边交叉口、周边路网的影响巨大,必须考虑周围交通网络的影响。

(5)一般立体交叉口的占地面积比平面交叉的占地面积大很多,而城市土地资源极其有限,因此,在设置城市道路立体交叉口时,土地资源的利用是不得不考虑的问题。

(6)由于用地要求,以及城市建筑物林立的影响,城市道路立体交叉的建设费用、拆迁费用比一般公路立体交叉的费用要大很多,在设计选型时必须加以考虑。

(7)城市道路立体交叉比公路立体交叉更加注重美观等问题。城市道路立体交叉作为城市的一道风景线,其美观、绿化问题必须考虑。

第二章

第一节　立体交叉的交换型式

　　总体来说,立体交叉实现的交换型式基本可以分为两类:一类是服务的交换,即车辆或交通参与者的运行方向、到达目的地的交换,所反映出来的是汽车行驶轨迹的交换;另一类是系统的交换,或者说是功能的交换,即车辆或交通参与者在不同道路系统中实现的交换。

　　服务的交换通常存在于在高速公路、快速路或严格控制出入的道路(以高速公路、大流量道路等最为代表)与较低等级的道路(如主干路、集散道路、低速道路)之间发生的交换。系统的交换往往存在于两个或多个道路或严格控制出入的道路之间。

一、立体交叉中服务的交换

服务交换的最典型代表是菱形立体交叉及其各种变形型式。

(一)传统菱形立体交叉

　　菱形立体交叉是由两条道路十字交叉,主要道路以分离型式穿越次要道路,在以相交道路为轴线的四个象限内,从主要道路两侧斜向引出单向进出匝道至次要道路平面交叉口,总体布置成菱形结构。

图 2-1　美国明尼苏达州的 35E 州际公路和 E 县道的传统菱形立体交叉

传统菱形立体交叉的特点是仅主线上需建造相关构筑物工程，不需要为转向车流修建专用转向匝道，所有转向车流需在次要道路平面交叉口内通过，因而能保证主线交通的通畅，并且造价低，占地面积小，一般在道路红线内即能满足，是一种十分常见的立体交叉型式，广泛应用于城市

图 2-2 乐西高速公路上的传统菱形立体交叉

快速路、高速公路与一般道路相交交叉口。但是如果交通组织不当，其局限性也非常明显，概括来说主要是短间距交叉口的有限空间与交叉口大量转向需求的矛盾，将其细化包括以下几个方面：①受主线构筑物结构的影响，地面交叉口形成两个短距交叉口，交叉口内部及地面道路桥下空间有限，交通组织型式受限，道路断面需同时满足机动车、非机动车、行人的交通需求，且必须保证其安全性、有序性。②交叉口交通流除直行交通外，转向车流需求大，为避免冲突最少要设置三个信号相位，且需根据各流向流量大小进行信号相位搭接。③对于次要道路与上下匝道在地面形成的两个短距离交叉口，必须有信号协调控制。

(二)紧凑型菱形立体交叉

图 2-3 美国明尼苏达州 36 号高速公路和英吉利大街的紧凑型菱形立体交叉

图 2-4　使用环形交叉口实现方向转换的交叉口控制处理

　　紧凑型菱形立体交叉的外观型式与传统菱形立体交叉在型式上基本相同,但是顾名思义,紧凑型菱形立体交叉匝道设计的间距更小,两个平交路口(引导车辆进出主路的路口)之间的间距通常为 80~150 米。

(三)单点式菱形立体交叉

图 2-5　明尼苏达州布莱恩的 65 号主干公路和 242 号主干公路是单点城市立体交叉

　　除了一般菱形立体交叉所具有的特点之外,单点菱形立体交叉具有更多的交通特征,较低的造价和较高的通行能力。其突出的潜能在于路口交通简化、信号相位的减少与车流速度的加快等各方面。

　　传统菱形立体交叉通常包含两个间距较近的平交路口,单点菱形立体交叉左转车道呈放射状向交叉中心汇集布置,所有左转车流紧缩至一个路口集中通过,显然路口的减少能有效降低交叉口绿时损失,提高路口通行能力。传统菱形立体交叉对向左转靠右行驶,四个左转两两均有冲突点或交织点,在两个路口共形成 6 个冲突点和 2 个交织点;而单点菱形立体交叉的左转集中在一个路口,对向左转双双靠左行驶互不干扰,左转流向之间冲突点减至 4 个,如图 2-6 所示。

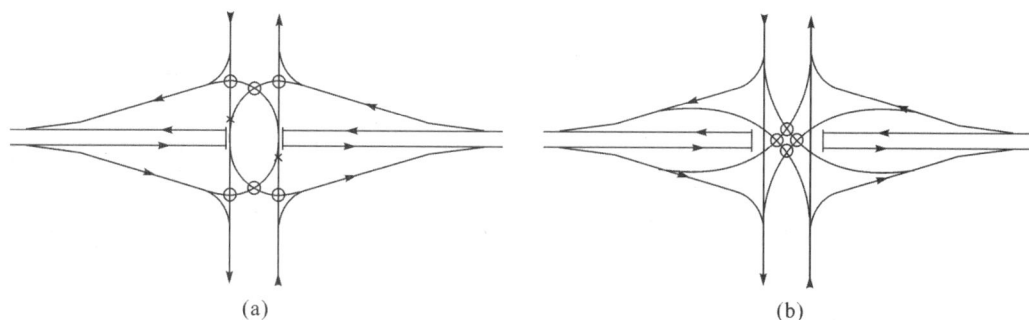

(a)   (b)

图 2-6 传统菱形立体交叉与单点式菱形立体交叉的冲突点与交织点

单点菱形立体交叉放射状左转车道的曲线半径通常为交叉口左转半径的 2～3 倍,路口行车条件几乎接近直行车道,左转车流能以较高的车速行驶,也使得交叉口的通行能力进一步提高(转弯半径对车道饱和通行流率的影响为 0%～15%,半径愈大影响愈小)。

传统菱形立体交叉型式为避开上述这些冲突、交织点,必须设置四个交通相位方能让全部交通流通过。而单点菱形立体交叉的对向左转无冲突点,可在一个相位内同时通过,一般仅需三个相位就能让所有交通流通过交叉口。在同样的车道数量及通过交通量条件下,如四相位信号周期控制需 120 秒,三相位控制仅需 90 秒,少用约 30% 左右的绿灯时间,并使绿时损失减少。由此,菱形立体交叉通行能力有大幅提高,地面平交口通行能力提高约 30%,立体交叉总通行能力可提高约 15%。

传统菱形立体交叉,常需控制两平交道口的最小间距。道口距离愈大,需占用的土地就愈多。单点菱形立体交叉集中的交叉口中央范围,紧缩布置使得其对土地的征用要求降至最低限度。在城市区域征用土地的减少对工程总造价的降低至关重要。

单个平面交叉路口易于进行交通渠化,车流向清晰,交通组织明确,尤其当主流向采用跨线桥跨越相交道路时,交叉中央范围不设桥梁墩柱,使交叉口具有更广的行车视距空间,转向车流轨迹附近无刚性障碍物等潜在不安全因素,能够很大程度地降低交叉口交通事故的发生。

(四)分散式菱形立体交叉

双交叉菱形立体交叉(DCD)或分散式菱形立体交叉(DDI)最初在法国应用,并于2002 年左右引入北美,这是过去 30 年来在传统菱形立体交叉基础上开发的最新立体交叉型式。正因如此,它需要驾驶者有一定的接受过程。这种设置型式在一开始会造成一些混乱,因为随着道路分岔,驾驶员不得不在道路的另一侧驾驶。但是当地驾驶者一旦熟悉型式线路及轨迹设置,这种设计可以为驾驶员和行人带来显著的安全性。

图 2-7　美国明尼苏达州 35W 州际公路和 96 号县道之间的分散式菱形立体交叉

二、立体交叉中系统的交换

系统交换控制着两条高速公路或两条高等级城市道路相交处的交通,与服务的交换点不同,系统的交换发生在高速公路、大流量城市快速路与不太繁忙、交通流量较低的道路交汇处。

第二节　城市道路立体交叉的分类

一、以交叉口类型及功能特征为主的分类划分

根据《城市道路交叉口设计规程(CJJ 152—2010)》,城市道路立体交叉的类型选择直接影响立体交叉设计的技术标准、规模和工程造价。以往的立体交叉修建、使用中出现少数因规模、标准欠妥而致占地、投资过大,或难以适应规划年限内交通需求增长而出现过早饱和、发生交通堵塞等问题。为此,该规程依据相交道路等级、主线直行车流及左转车流运行特征和非机动车流对机动车交通干扰的程度等,将立体交叉划分为三大类四小类。

　　城市道路立体交叉口根据相交道路等级、直行及转向(主要是左转)车流行驶特征、非机动车对机动车干扰等分类,主要类型划分及功能特征符合表 2-1 的规定。

　　A 类:枢纽立体交叉。立 A_1 类:主要型式为全定向、喇叭形、组合式全互通立体交叉,宜在城市外围区域采用。立 A_2 类:主要型式为喇叭形、苜蓿叶形、半定向、定向一半定向组合的全互通立体交叉,宜在城市外围与中心区之间区域采用。

　　枢纽立体交叉中的 A_1 类系机非分行全互通式立体交叉,它主要指位于城市外围区域的重要交通枢纽节点。这类立体交叉既要保证相交道路主线直行车流连续性快速行驶,又要保证转向车流的较高车速畅行。枢纽立体交叉中的 A_2 类也系机非分行全互通式立体交叉,它主要指位于城市外围与城市中心区域之间的重要枢纽节点。这类立体交叉要保证相交主线直行车流连续快速行驶,由于受用地条件限制,部分匝道转向车流减速行驶。

　　B 类:一般立体交叉。立 B 类:主要型式为喇叭形、苜蓿叶形、环形、菱形、迂回式、组合式全互通或半互通立体交叉,宜在城市中心区域采用。

　　一般立体交叉主要指机非分行互通式立体交叉,有的为机非混行。其一般用于城市中心区域,用地条件受到较大的限制。这类立体交叉主要道路主线直行车流快速、连续行驶,次要道路主线直行车流受转向车流的交织干扰或受平面交叉口左转车冲突影响,为间断流。转向车流减速交织行驶,或受平面交叉口影响,为间断流。

　　C 类:分离式立体交叉。立 C 类:分离式立体交叉。

　　分离式立体交叉用于确保快速路以上等级道路车流不受次干路以下的低等级道路影响的情况。

表 2-1　交叉口类型划分及功能特征

立体交叉型式	主线直行车流行驶特征	转向(主要指左转)车流行驶特征	非机动车及行人干扰情况
立 A_1	快速或按设计速度连续行驶	经定向匝道或经集散、变速车道行驶	机非分行,无干扰;车辆与行人无干扰
立 A_2	快速或按设计速度连续行驶	一般经定向匝道或经集散、变速车道行驶,或部分左转车减速行驶	机非分行,无干扰;车辆与行人无干扰
立 B	快速或按设计速度连续行驶,次要主线受转向车流交织干扰或受平面交叉口左转车冲突影响,为间断流	减速交织行驶或受平面交叉口影响减速交织行驶,为间断流	机非分行或混行,有干扰;主线车辆与行人无干扰
立 C	快速或按设计速度连续行驶	——	——

二、以交叉系统的功能为主的分类

任何立体交叉在城市和交通路网中的作用,在交通系统中的重要性,都有其特定的地位。相交道路等级高,则立体交叉的重要性也高,反之则功能重要性定位较低。城市立体交叉在路网系统中的功能定位可归结为以下三种。

1. 枢纽型

枢纽型立体交叉是中长距离,大交通量高等级道路之间的立体交叉,如高速公路之间,城市快速路之间,高速公路和城市快速路相互之间以及与重要汽车专用道之间。此类交叉口,除了直行交通量大外,相交道路间的转向交通也较大,其作用是实现中长距离、大交通量在高等级道路之间的交通转换,故可称之为枢纽型立体交叉。

枢纽立体交叉匝道应具有良好自由流的线形,匝道上不设置收费站,匝道端部不出现穿越交通冲突,交叉区域具有良好的通视条件。枢纽立体交叉间距一般较大,与交通规划适应性好。技术指标的选取一般采用上限,互通范围内的主线平纵面指标应不低于一般值。枢纽型立体交叉通行能力大,能适应大容量交通的便捷转换,匝道一般采用直连式或半直连式,技术指标高,造价相应较高,因此枢纽立体交叉的选型成了项目是否经济合理的关键因素之一。枢纽型立体交叉因为具有良好的平纵面线形,一般占地较大,建设时附带造成的迁改工程也较多,且施工工期较长,社会影响相对较为复杂。

互通式立体交叉是高等级道路上不可缺少的组成部分,尤其是枢纽型互通更是在高速公路、城市快速路中占有相当重要的位置。立体交叉型式的选择合理与否关系着立体交叉本身及整条高等级道路的通行能力是否能够达到要求。因此,立体交叉型式的选择需要慎重考虑。然而,一座立体交叉型式的确定,是一个渐进的过程,它同时要涉及许多制约因素,且需要协调这些因素的相互关系。如首先应明确左转交通的主流方向,以确定车道数和匝道类型(直连还是半直连型),再根据所在位置的各种控制条件,灵活布置主线和匝道平纵线形。

影响枢纽型互通式立体交叉选型的因素有以下几个方面。

(1)立体交叉的设计交通量。道路立体交叉的主要目的是为了提高交叉路口的通行能力,减少交叉时交通的干扰,相交道路的交通流量以及转向交通量成为立体交叉规模选择的最重要指标。

(2)立体交叉设计车速。立体交叉设计车速包括直行车速和转弯车速,设计车速的确定,关系到立体交叉的几何形状,各组成部分的尺寸以及视距、超高等因素。合理地确定匝道设计车速是充分发挥匝道功能的关键因素之一,应根据主线设计车速以及出入口处的瞬时半径,合理设置加减速车道,减少对主线通行能力的干扰。

(3)相交道路等级及立体交叉等级。相交道路的等级和立体交叉设计交通量决定了立体交叉的等级。对于互通式立体交叉的等级划分,国内外遵循原则有所不同,但都要考虑连接道路的设计车速及交通量等因素。

(4)立体交叉的服务水平。立体交叉的服务水平是描述交通流之间的运行条件及其对汽车驾驶者和旅客感觉的一种质量测定标准,其反映的要素是速度、行驶时间、驾驶自由度、交通间断、舒适性、方便性以及安全性等,是立体交叉选型的又一重要因素。

(5)地理区位。立体交叉布设在郊外、城郊接合部、城区等不同的位置,往往对立体交叉的交通功能有着不同的定位,不宜一概采用高标准进行设计,如在城郊接合部受立体交叉前后出入口的限制,容量有限,可以结合规划对交通量进行截留、引导,匝道的布设就应该体现这些要求。

其中,最有代表性的是上海莘庄立体交叉。

图 2-8 莘庄立体交叉

莘庄立体交叉是上海城市外环线西南隅的交通枢纽,由外环线、南北快速干道、莘松高速公路以及沪闵路(东段规划为高架道路)等四条高等级道路相交形成的六岔路口,其交通流向有 30 个,同时立体交叉区域内还有沪杭铁路(一股)、沪杭铁路复线(一股)。因此,该立体交叉是集高速公路、城市快速路、高架道路、地道(现沪闵路地道)、铁路、地铁航道等多种交通立体交叉的大型交通枢纽。该立体交叉设计采用四层苜蓿叶与定向相结合的组合型立体交叉,桥梁面积 8.4 万平方米,占地 45.8 万平方米,立体交叉高度 22米。该立体交叉工程由天津市市政工程设计研究院设计,宏润集团、铁三局华海公司、上海市隧道公司、上海市政一公司等单位施工,1998 年建成通车。

该立体交叉工程所处路口的特点是相交道路多、交通复杂、流向多、流量大、地形复杂;而且相交道路的等级标准要求高:车速快、通行能力大、服务水平高。

针对上述如此复杂而重要的交叉路口,力求设计出适用、经济、技术先进、交通功能齐全的立体交叉型式。该立体交叉设计构思原则是在满足交通功能的前提下采用以解决主要流向交通为主,次要流向交通为辅,立体交叉与路网相结合解决路口全部交通;结合地形特征,因地制宜合理布局,采取主流向选用定向匝道,次要流向采用环形或半定向匝道相结合的方式;技术采用"需高则高,能低则低"的标准,力求少拆迁,少占地,以最小投资获取最大经济效益。按照以上原则进行多方案比选和优化设计,从而确定最佳立体交叉方案。

莘庄立体交叉交通量预测和分析采用了定性与定量相结合的方法,即以宏观交通规划、道路性质及周边路网关系进行定性分析,按现状值与预测值进行定量分析,以确定主流向和次要流向。

(1)定性分析交通主流向。

根据城市总体规划布局,外环线、南北快速干道、莘松高速公路以及沪闵路东段的高架道路,均为总体规划中的快速干道系统的主要组成部分。因此,定性分析(编号含义如图 2-9 所示)①⇄③、①⇄④、①⇄⑥、③⇄⑥四对均为主流向。

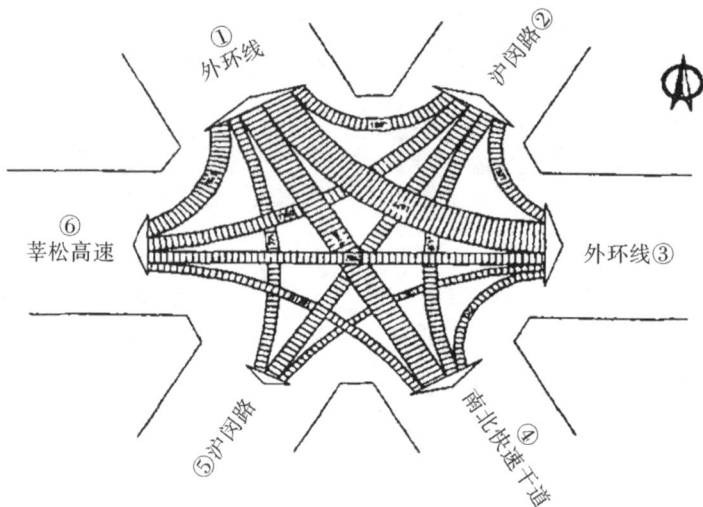

图 2-9 2020 年预测机动车流量趋势图

沪杭高速公路"OD"调查资料表明:浙江与上海的交通联系,以通往市区联系为主,占 83%,其中⑥⇄②路途最短,因此⑥⇄②亦为交通主流。除此以外,⑤⇄②作为现状流向也应予以保留。另据奉浦大桥引路"OD"调查,南北快速干道建成后,经奉浦大桥、曹泾东部等区域交通去莘松高速公路的交通占闵行南部地区高速总流量的 95% 以上,因此④⇄⑥也作为主要流向考虑。

闵行区及南部地区与市区联系,除通过②⇄⑤联系外,②⇄④也是一个主要流向。

随着沪闵路高架的修建,外环线与沪闵路高架联系,并作为沪闵路虹梅路立体交叉的交通补充,②⇄③、②⇄①也将作为主要流向加以考虑。

(2)立体交叉匝道布局与型式选择。

立体交叉型式的不同在于立体交叉匝道的变化,根据交通分析结果,结合路口地形特征,在匝道的布设上,对车速高、流量大、车道多的主流向采用以定向匝道为主,而相对车速低、流量小、车道少的次要流向则采用环形或半定向匝道;在立体交叉层次布局上,将交通量大、车道较多的安排在下层,交通量少的安排在上层,充分利用展线优势,互相穿插,同时对不同跨径的结构高度与层次配备应有机结合,以降低总体高度,节省工程投资。

立体交叉共分了四层(原沪闵路地道与地面层统称一层)。

第一层保留现有的四个流向,即②→⑥、⑥→②、②→⑤、⑤→②,另设外环线北口至莘松高速公路①→⑥、沪闵路东口至外环线北口②→①两条匝道;第二层设九条匝道,分别为外环线主线两条匝道①→③、③→①,沪闵路东口与南北快速干道两条匝道②→④、④→②,外环线东口与沪闵路东口两条匝道②→③、③→②,外环线东口至莘松高速公路③→⑥,南北快速干道至莘松高速公路④→⑥,外环线北口至沪闵路东口的①→②;第三层设三条匝道,即莘松高速公路至南北快速干道的⑥→④,至外环线东口的⑥→③以及外环线北口至南北快速干道的①→④;第四层(即最高层)设两条匝道,即莘松高速公路至外环线北口的⑥→①,南北快速干道至外环线北口的④→①,总计20条匝道。整个立体交叉南北长1 570米,东西长1 520米,西南至东北长900米,立体交叉最大距地高度22米。立体交叉布局如图2-10所示。

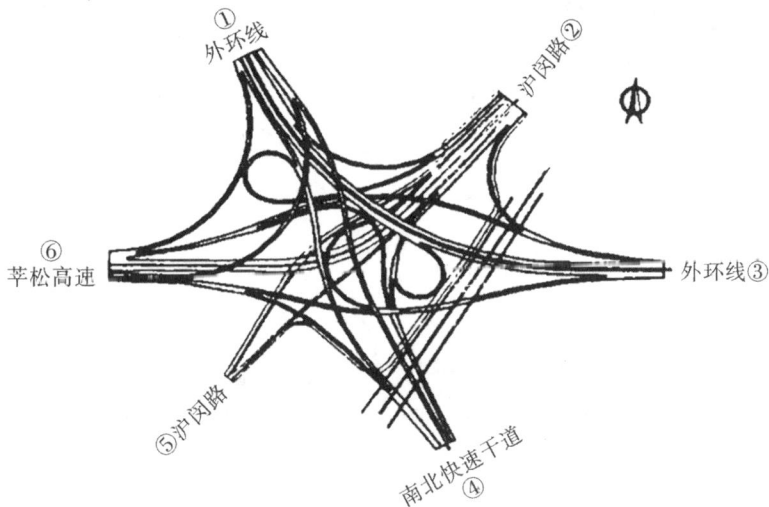

图2-10　莘庄立体交叉平面图

(3)总体方案设计特点。

适度运用标准,降低立体交叉高度,显著节省投资。按照"需高则高,能低则低"的原则,立体交叉在原初步设计基础上进行了不断优化,将控制立体交叉层次的关键④→⑥匝道的设计车速由原来的60千米/小时调整为40千米/小时,穿插于⑥→③和⑤→②之间,使立体交叉层次由五层降至四层,距地面高度由25米降为22米,占地由50万平方米降为45.8万平方米,节省桥梁面积近1万平方米,减少投资约1.2亿元。

车速高、流量大的主流交通行驶的匝道为右进右出型式,避免了分流、合流对主线的干扰,使交通更加安全可靠。

各匝道线型注重了对称性、平行性、均衡性,使立体交叉总体线型更加舒展、美观、紧凑,充分体现了现代桥梁建筑风格。

(4)立体交叉型结构的选择。

结合莘庄立体交叉地形条件和立体交叉线型、施工条件等情况,综合考虑采用等跨布置,以选用20~30米经济跨度为主,同时注意跨径与桥下净高的比例协调关系。层次高的选取较大跨径,层次低的则取较小跨径,大小跨由高至低逐渐过渡,防止梁高差异过大。同时,在布孔时还注意了地下管线拆迁的可能性以及施工对管线的影响程度等。

该立体交叉最突出的特点是立体交叉规模大,匝道相互交叉多。能否有效地降低桥梁结构高度,最大限度地压缩桥梁面积,对控制工程造价至关重要。因此,桥梁上部结构选用板梁、箱梁结构,下部采用柱式墩台结构,直线桥和平曲线半径(R)≥400米的曲线桥均采用了20~25米预制先张预应力混凝土空心板梁。平曲线半径(R)<400米的曲线桥和跨度较大的桥孔以及分合流异型段采用了后张预应力混凝土连续箱梁或普通混凝土连续箱梁,在⑥→③线跨越的路处,采用了40米钢与混凝土叠合梁结构。20米板高95厘米,25米板高105厘米,30米板高135厘米,箱梁高为120~160厘米。在整座立体交叉梁结构中,预制预应力混凝土空心板梁结构占60%,预应力混凝土连续箱梁占20%,普通混凝土连续箱梁占20%。

桥梁外形处理及景观设计除注意了结构的安全合理外,还在外形处理上注意了线条的整齐舒展与美观,保证了立体交叉建筑外形线条匀称协调;板梁与箱梁外侧均设有"挂檐",一来解决滴水问题,二来增加立面效果,保证桥梁结构外边线的一致性,使线条整齐美观,给人以美的感受。

2. 服务型

服务型立体交叉是高等级道路与低级或次级道路之间的立体交叉。例如,高速公路与其沿线城市出入干道或次要汽车专用道之间,城市快速路或重要汽车专用道与其沿线城市主干路或次级道路之间,以及为地区服务的城市主干路与城市主干路之间等。此类交叉口分布于主要道路沿线,为出入两侧地区或重要服务对象的进出交通而设,故可称之为服务型立体交叉,又称之为一般型立体交叉。

三路立体交叉的所有型式都可直接作为收费立体交叉即服务型互通式立体交叉,主要有喇叭形、子叶形、"Y"形、"T"形、环形、菱形等。这类立体交叉只需要在匝道或连接线上设置一个收费站,就能实现所有进出高速公路的收费管理。国内常用的设两处收费站的部分苜蓿叶形也属于服务型互通式立体交叉。

(1)喇叭形。喇叭形服务型立体交叉,两左转弯匝道分别为半直连式和环形,适用于主线与地方道路相交,其特点是只需一座双层式跨线构造物,占地少,投资少,主要道路车辆驶出顺畅,使用频率最高,但在次要道路上存在平面交叉。

(2)"T"形。当各转弯交通量都较小或无交叉公路侧用地受限时,两左转弯匝道均可采用半直连式三路交叉。

(3)子叶形。子叶形互通式立体交叉,因为采用了环圈式匝道,适应车速不高,当各左转匝道交通量均较小、被交叉公路远期将被延长成四肢交叉且规划为苜蓿叶形时可采用该种型式的立体交叉。该立体交叉型式需要修建两座双层式跨线构造物,造价高,占地较大。

图2-11　北京晋元桥立体交叉(已改造)

(4)"Y"形。道路外侧有河流、铁路以及建筑等障碍物等的限制时可采用这种立体交叉型式,其特点是各转弯方向都是半定向式的,适合车速高,通行能力大的路段。其特点是车辆进出方便顺畅,标志简单,但主要道路外侧用地较窄,需要建一座三层式或三座双层式跨线构造物,造价高。

(5)菱形。菱形服务型立体交叉,适用于转弯交通量不大的主线与地方道路相交路段,特别是道路外侧有河流、铁路以及建筑等障碍物时更为适用。其特点是除正线跨线桥以外只需设一座双层式跨线构造物,造价最低,车辆进出主线顺畅,单一的出入口简化了交通标志,外侧占地少,只在被交公路和菱形立体交叉上存在平面交叉。

(6)环形。环形服务型立体交叉适用于转弯交通量不大的主线与地方道路相交路段,也适用于道路外侧有障碍物的限制而不能布设其他匝道的情况。其特点是需要设置两座双层式跨线构造物,车辆进出主线顺畅,转弯方向明确,标志简单,道路外侧占地少,但次要道路上存在平面交叉,且环形立体交叉上存在交织运行。

(7)部分苜蓿叶形。部分苜蓿叶形立体交叉是在部分象限内采用与苜蓿叶形匝道类似的匝道,被交叉公路采用平面交叉的四岔交叉型式,选择时应注意:当各个转弯交通量相当时,出口匝道均采用半直连式的A形;当各转弯交通量相差较大,如果能使平面交叉区域的交叉冲突总交通量最小时,可选用主线出口匝道均为环形的B形。

(8)组合式。由不同类型的匝道组合而成的交叉型式,一般情况下不宜采用,仅用于匝道布局受现场地形、地物条件的限制时。

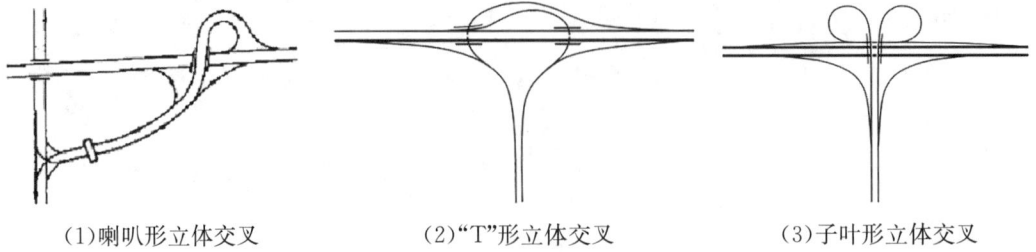

(1)喇叭形立体交叉　　(2)"T"形立体交叉　　(3)子叶形立体交叉

图 2-12

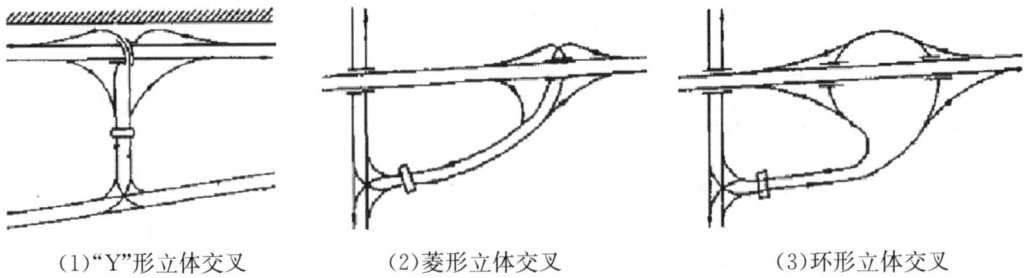

(1)"Y"形立体交叉　　(2)菱形立体交叉　　(3)环形立体交叉

图 2-13

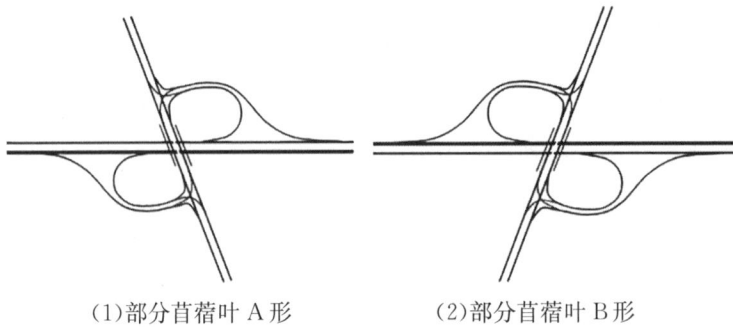

(1)部分苜蓿叶 A 形　　(2)部分苜蓿叶 B 形

图 2-14

3.疏导型

疏导型立体交叉仅限于地区次要道路上的交叉口,不包括与高速公路和城市快速路相交叉。其在相交道路之间主次关系不甚明确或并非主要,功能用上述"枢纽""服务"等词也较难概括,但交叉口交通量已使相交道路交通不畅,行车安全受到影响。平面交叉口出现阻塞现象时,从提高交叉口通行能力出发,对交叉口临界交通流向进行立体化疏导,以改善交叉口交通状态,提高服务水平,这类立体交叉称之为疏导型立体交叉。

疏导型立体交叉一般宜采用部分互通立体交叉型式,不宜采用完全互通立体交叉。由于是为疏导繁忙交通、提高交叉口通行能力而设置,故应以简易互通立体交叉为主。

该立体交叉第一层为信号灯控制的地面辅路,第二层为山东路跨线桥,第三层为杭鞍高架路主线。两个跨线桥分别解决了山东路和鞍山路直行交通，其他方向的交通通过地面辅路解决；山东路西侧设一对杭鞍高架路上下桥匝道，以解决鞍山路高架和地面各方向的交通。

图 2-15　青岛杭鞍高架路与山东路分离式立体交叉

三、以交叉系统互通性为主的分类

立体交叉的功能定位是决定立体交叉规模的重要因素。除此之外，立体交叉互通程序也是影响最终工程规模的主要因素。按交通流向立体化互通的程序，所有立体交叉可归结为完全互通、部分互通、简单互通以及不互通（即分离式立体交叉）。

（1）完全互通：顾名思义，所有交通流向上均有立体专用匝道。

（2）部分互通：可以定义为除个别交通流向不具有专用或没有通行匝道外，多半或大部分交通流向具有专用匝道。

（3）简单互通：相比部分互通而言，除个别交通流向具有专用或共用匝道外，多半或大部分交通流向上不具有专用或干脆没有通行匝道。

（4）不互通（分离式立体交叉）：相交道路立体跨越，互不干扰。相交道路间无匝道连接，左转流向上没有匝道。

四、以交叉系统的交通特性为主的分类

立体交叉的功能定位一旦确定，仅以立体交叉的互通程度来衡量立体交叉的功能水平是不够的，根据道路交通本身的运行特征，立体交叉类型还可以按立体交叉的交通组织特性进行划分。

（1）无交织型：所有交通流向除了具有专用匝道之处，不会因为进出相交道路相互之间产生交织运行，即进入车辆与驶出车辆发生交织或合流后再通过交织分流。交通流全部呈连接、层流状，四路交叉设置8条独立转向使用匝道、三路交叉设置4条堵路转向匝

道均属于无交织类型。在用地条件、地形地貌、经济条件等都不受限制的情况下,无交织型匝道是首选型式。

图 2-16　成渝与遂资眉高速互通枢纽

(2)有交织型:相对无交织型而言,各交通流向即便具有专用匝道,也会因某些外部条件的限制造成道路转向车流先进后出从而产生交织。

图 2-17　上海中横通道北虹路全互通立体交叉

图 2-18 郑州金水路立体交叉

图 2-19 青岛金水路立体交叉

当两个以上交通流向合用一段匝道合流后再分流时也会以交织状态运行。该种立体交叉部分交通流表现为连续,但呈"紊流"状态。

(3)有平交型:有平交型是针对部分互通及简单互通立体交叉而言的,在受投资规模限制、转向交通流向不能全部设置专用匝道的情况下,将一些次要交通流向集中于平面交叉口,以交通管理组织交通,将有限的资金用于集中解决主要交通矛盾。

这种交叉口部分交通流表现为间断流,但还是能保证次要交通的一般需要。从实际意义上讲,有平交型立体交叉与部分互通立体交叉在车流特征上相似。

图 2-20　有地面信号控制的平交型立体交叉

五、以交叉系统衔接型式为主的分类

以交叉系统衔接型式为主的分类,主要侧重对交叉线路条数的衔接而形成的立体交叉外在型式的分类,这些立体交叉往往受交通衔接功能的需求,又受到周边地形地势及现有建构筑的制约,从而形成外观型式复杂、新颖、独特的构造特点。

根据相交道路衔接线路数的不同,可分为三路交叉("T"形交叉)、四路交叉("十"字形交叉)以及多路交叉。

1. 三路交叉

三路交叉多表现为喇叭形、"Y"形、全定向匝道的外在型式。

图 2-21　典型的三路交叉的三种立体交叉型式

2.四路交叉

四路交叉的外在型式是在典型的苜蓿叶的基础上,因匝道的功能需求而变化出多种复杂的结构型式。根据调查,早期建设的四路交叉多以典型苜蓿叶立体交叉为主,随着城市交通功能需求的增长,在用地条件不受限制的情况下,21 世纪后建设的四路交叉中以涡轮型立体交叉为多。

作为四路交叉的最基础型式,基本的苜蓿叶立体交叉的演化型式随着环形匝道的减少,可依次分为单环混合苜蓿叶型立体交叉、双环混合苜蓿叶型立体交叉、三环混合苜蓿叶型立体交叉以及涡轮型立体交叉、X 型立体交叉。

(1)基本苜蓿叶立体交叉。此种立体交叉是四路交叉的最基本型式,由于主线两侧都有交织段,因而降低了立体交叉的疏散能力。该立体交叉的相关主线两侧均是双出口,在主线上行使的车辆会受到干扰。由于单侧设两个出口,流出车辆需二次判断,且出口一般较近,流出车辆有误行可能,需提前设置指路标志。

这种型式的立体交叉交通运行连续而自然,占地面积大,左转绕行距离较长,环圈式匝道适应车速较低的情况,且桥上、桥下存在交织;是多用于高速道路之间的立体交叉,在城市内因受用地限制很难采用。基于其可分期建设,所需的构筑物较少,城市建设的早期土地相对不紧张,早期交通量小等特点及因素,基本苜蓿叶立体交叉多出现在城市建设的早期或者城市的外围区域。

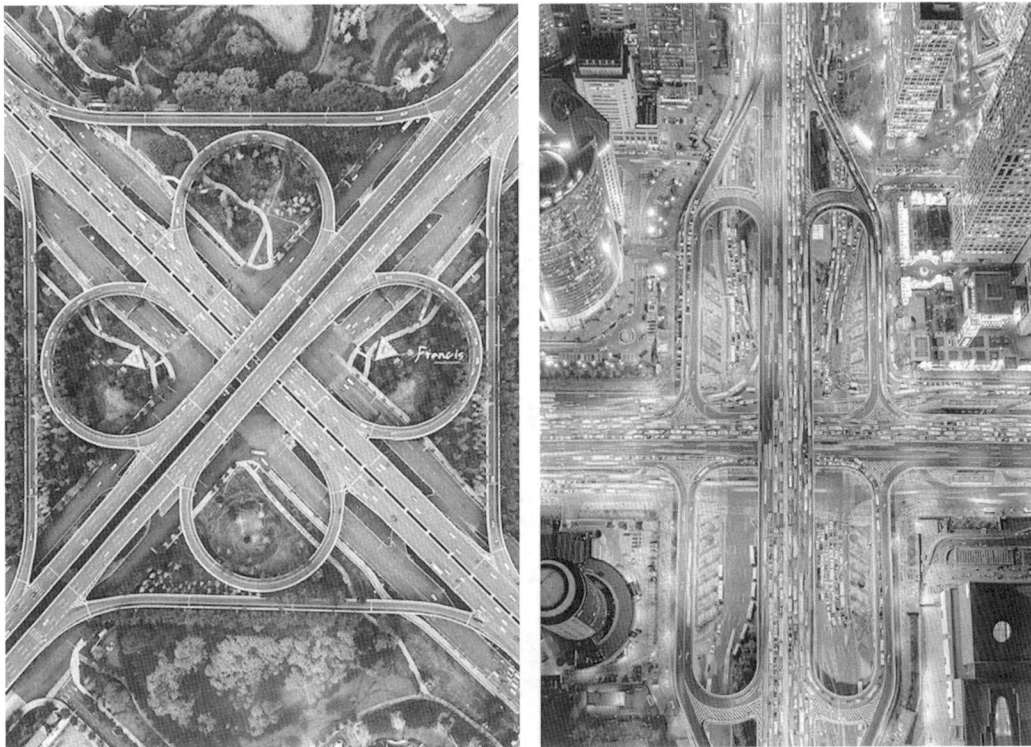

图 2-22　成都天府立体交叉和北京国贸立体交叉

基本苜蓿叶立体交叉根据处理左转匝道进出主线的交织又可分为普通苜蓿叶立体交叉和带集散车道苜蓿叶立体交叉。带集散车道苜蓿叶立体交叉通过4个对称的环圈式匝道来实现左转弯车辆的运行，不同的是其在主线上设置了集散车道，将上下高速的车辆与直行车辆提前分离，而由主线减速进入匝道的车辆和由匝道加速进入主线的车辆之间的交织运行，则在集散车道上完成。

（2）单环混合苜蓿叶型立体交叉。单环型立体交叉是在苜蓿叶立体交叉的基础上，仅某一象限的左转匝道采用环形匝道的建设型式，其余左转匝道均采用定向匝道的立体交叉型式。

图2-23　上海中环路—共和新路立体交叉

这种立体交叉环形匝道可根据所承担的交通量决定是否调整为半定向匝道，该立体交叉为单环枢纽立体交叉，由于相关环形匝道调整为半定向匝道或定向匝道，避免了在主线两侧设置辅助车道，消除了交织干扰，因此，立体交叉的疏散能力比基本型有较大提高，各匝道的平面线型与其承担的交通量相符。

图2-24　南京邕武立体交叉改造工程远期方案

（3）双环混合苜蓿叶型立体交叉。在基本苜蓿叶立体交叉的基础上，存在两个象限的左转采用环形匝道，另外两个象限的左转采用定向匝道的建设型式，即为双环混合苜蓿叶型立体交叉。根据环形匝道的布置位置所带来的交织，该立体交叉型式又可细分为相邻象限有交织、相邻象限无交织、对角象限布置双环形匝道混合苜蓿叶型立体交叉。

有交织的双环形匝道混合苜蓿叶型立体交叉为相邻象限双环枢纽立体交叉，因为一侧存在交织，对相关匝道的通行能力有影响，说明该立体交叉两环所承担的交通量应该都较小，由于其他两条环形匝道被调整为半定向匝道，该型立体交叉的疏散能力比基本型有较大提高。

图 2-25　西安北二环未央路立体交叉

图 2-26　岳阳皇姑塘立体交叉

由于对相关匝道的出入口进行了优化，使它们启闭与相关匝道，大幅度降低对立体交叉区主线行驶车辆的影响，进出主线的车辆比基本型顺畅。因出入口的减少，提高了立体交叉的使用安全性和疏散能力。由于匝道的出口由直接变成了间接,需要转向的车辆虽需二次判断,但两次判断是间接相继关系,因而使安全性得以提高。

相邻象限无交织的双环形匝道混合苜蓿叶型立体交叉虽然是相邻象限环形立体交叉,但其中一个环通过巧妙调整达到了消除交织段的目的,立体交叉疏散能力得以大幅度提高。

对角象限布置双环形匝道混合苜蓿叶型立体交叉因为不存在交织,立体交叉疏散能力高于相邻象限有交织段和环形匝道立体交叉,环形匝道所承担的交通量也较小。

图 2-27 株洲西环线与株洲大道立体交叉(株洲市第一座大型城市立体交叉)

结合地形地势、周边用地条件等具体情况,定向左转匝道与环形左转匝道之间的位置型式可以使半定向匝道与同向右转匝道分开设置,减小左转匝道的绕行距离,这种型式由于占用土地资源更少,因而在城市立体交叉中具有较强的适宜性,如株洲市大道立体交叉、天津民权门立体交叉、南宁竹溪立体交叉等均采用这种型式;也可以做成半定向匝道与同向右转匝道先从主线同时流出,再进行分流,从而使左转半定向匝道对称包围环形匝道或与环形匝道独立层面进行设置,如杭州石桥立体交叉、天津中石油桥等均采用这种型式。

图 2-28 天津民权门立体交叉和南宁竹溪立体交叉

图 2-29　天津中石油立体交叉和广东顺德立体交叉

图 2-30　杭州石桥立体交叉

经调研,我国早期修建的立体交叉中,在部分对象象限环形匝道对称布置的立体交叉中,为了减少立体交叉的层数及桥梁的高度,左转匝道采用定向匝道型式进行左出左进,如济南腊山立体交叉、广州机场路立体交叉、唐山新华道立体交叉等。但左出的定向匝道与我国右侧行驶的驾驶习惯存在一定的不适应性,在后期设计的立体交叉中,左出的定向匝道相对较少。

图 2-31　唐山新华道立体交叉

该类型立体交叉一般将位于交叉口范围内存在冲突的流向,如左转采用立体交叉的方式进行解决,且巧妙地利用对称布置的左转定向匝道型式左出,与环形匝道在外在关系上形成层层包裹的紧密空间结构,而右转匝道则保留地面的交通组织型式,大大减少了构筑物的体量及建设成本。

图 2-32　深圳宝安区创业立体交叉

图 2-33 广州机场路立体交叉

图 2-34 深圳深南皇岗立体交叉

图 2-35 济南腊山立体交叉

(4)三环混合苜蓿叶型立体交叉。该类型立体交叉为三环枢纽立体交叉,通过主线右侧分离的车道实现了交织车道和匝道出入口与主线的分离,避免了交织和流出、流入车辆对主线的干扰。但这只是一种转嫁,并没有从根本上解决因交织段的存在而导致立体交叉疏散能力降低的问题,只是有所提高而已,如连霍高速公路枢纽立体交叉。

图 2-36　连霍高速公路枢纽立体交叉

(5)涡轮型互通式立体交叉。在这种立体交叉型式中,左转弯匝道均采用外转弯右出右进式,构成形似涡轮的四岔互通式立体交叉。涡轮形互通式立体交叉适用于各方向转弯交通量相对较小、大小相当的两条高速公路相互交叉的四岔枢纽互通式立体交叉。根据匝道特点,左转弯匝道设计速度一般在 40～60 千米/小时。

图 2-37　昆明南绕城高速昆磨高速枢纽

该种立体交叉是苜蓿叶型立体交叉变种的次高级型式,也是立体交叉疏散能力次强的,但其匝道最长、占地最多、桥梁规模最大、造价最高。如果各向交通量并不是非常均衡且较大时，一般很少采用。进入 21 世纪，随着城市交通增长的需求，这种立体交叉型式也越来越多地出现在我国城市内部。如昆明南绕城高速昆磨高速枢纽、成都十陵立体交叉、杭州石德立体交叉、石家庄北二环中华北大街立体交叉、成都三环路航天立体交叉、邯郸人民路—东环路互通立体交叉、南沙大桥互通立体交叉等均采用涡轮型立体交叉型式。

图 2-38　杭州石德立体交叉

图 2-39　石家庄市北二环中华北大街立体交叉和成都三环路航天立体交叉

图 2-40　成都十陵立体交叉和杭州小林立体交叉

图 2-41　美国佛罗里达州杰克逊维尔的涡轮状立体交叉

图 2-42　邯郸人民路—东环路互通立体交叉

图 2-43　南沙大桥互通立体交叉

（6）X 型立体交叉。该立体交叉是涡轮形立体交叉的更高级型式，桥梁规模大，造价高。X 型立体交叉的优点是各方向运行都有专用匝道、自由流畅、转向明确，无冲突点、无交织，通行能力大，适应车速高。其缺点是占地面积大、层多桥长、造价高。其最为典型的代表是上海延安东路立体交叉、南京的赛虹桥、双桥门立体交叉，青岛的重庆路立体交叉也是采用 X 型立体交叉的建设型式。

图 2-44　凯蒂高速公路交叉口

图 2-45　上海延安东路立体交叉

延安路立体交叉是上海南北高架路与延安高架路高架交汇处的立体交叉。关于立体交叉型式的选择，设计单位曾先后研究了环形方案、定向式方案、组合式方案、部分苜蓿叶方案等。组合式方案与部分苜蓿叶方案因占地大、拆迁数量多而未被采纳。在对环形与定向式立体交叉方案进一步的比较中，认为五层定向式立体交叉在占地面积、拆迁数量、工程量等方面较环形方案稍大，且施工技术较复杂、工期较长。但环形立体交叉的左转车辆通过能力较定向式低，难以适应远期交通量的发展需求，而定向式立体交叉对交通量发展的适应性好、交通流向明确、交通功能好，经反复比较后选用定向互通立体交叉方案。

图 2-46   南京赛虹桥立体交叉和双桥门立体交叉

图 2-47   青岛重庆路立体交叉

3. 多路交叉

多路交叉是指五路或五路以上的交叉型式,在多路交叉的立体交叉中往往会产生大型枢纽型立体交叉。多路立体交叉类型的选择不仅影响相交道路及立体交叉本身的功能,而且与地区的规划、路网交通功能的发挥、城市和区域经济的发展以及环境等都有十分密切的关系。

由于相交道路条数多,行车路线十分复杂,匝道布设困难。同时,五路立体交叉构造物庞大,占地面积宽,设计与施工难度较大。从理论上讲,要实现五路及五路以上交叉全互通、全立体交叉,就必须设置至少 20 个独立匝道,并且可能分布在五个以上不同层次的高度,这种复杂和庞大的结构会产生多种结构类型。

随着经济的快速发展,道路之间的相交更加频繁,需要修建的立体交叉越来越多。一般而言,一条道路上的立体交叉除了需要考虑立体交叉型式的统一与道路的连续要求以外,还需考虑道路之间的连接以及立体交叉之间的间距要求。如果两座互通式立体交叉不能满足立体交叉的最小间距要求,就需要考虑修建多路互通式立体交叉。我国诸多大中城市由于高速公路、城市放射干道、城市环线的修建,所构筑的城市交通的网络结构不可避免地形成了多路交叉和多元交通方式的交叉,而且很多是五路或多路的畸形交叉。这些多路交叉处于公路或城市的交通中心节点,在公路或城市交通网络中具有举足轻重的地位。由于多路交叉造成的线路多、交通组织复杂、占地规模庞大等,多路立体交叉的类型选择设计更为困难。

多路立体交叉具有以下明显的特征:①多路立体交叉由多条道路相交,立体交叉路口数量多,其结构型式必然比三路、四路立体交叉复杂,布设困难,交通线形关系复杂。②多路立体交叉较三路、四路立体交叉弯坡、斜桥多,一般都受到地形条件制约,在平面布置上具有很大的局限性。③多路立体交叉的交通功能完善、规模宏大,各相交路口的转弯方向都有专用匝道相连或平面连接,各条匝道能够尽量为自由流提供条件。④立体交叉冲突点、交织段较少,行车安全,通行能力大,车辆在同一位置可以选择多个行驶方向,方便快捷。⑤立体交叉构造物由于匝道的增加而复杂,层次多,桥跨量大,占地面积大,设计与施工难度大,技术复杂,工程造价高,很容易导致错路运行。⑥多路立体交叉能够有效地减少道路上的立体交叉个数,减少主线上交通标志的数量,减少主线上车辆的交织次数,从而提高主线的行车速度和通行能力,提高驾驶员的行车舒适度和安全度。

根据重庆交通大学石颖《多路立体交叉类型体系及评价的研究》的相关结论,多路立体交叉体系可以分为以下体系。

(1)集中组合式立体交叉。根据立体交叉转向匝道的设置,又可分为集中定向半定向式立体交叉、集中组合式立体交叉两种类型。

集中定向半定向式立体交叉在每一个转弯方向均设有独立匝道,车辆直接转向,路线短捷,行车功能好,占地少,能使所有方向车辆安全、无阻地运行,尤其当各个方向交通量都较大且相互接近时非常适用。但是,其空间层次多,立体交叉结构复杂。同时,立体交叉的纵向起伏大,桥跨结构物多,造价昂贵,在工程中很少采用,以苏州尹山湖立体交叉为典型。

图 2-48 苏州尹山湖立体交叉(五路交叉涡轮立体交叉)

集中组合式立体交叉由不同匝道型式组合成集中组合式立体交叉,有定向、半定向、环道组合,环道、小环行匝道组合,以及定向、半定向、小环行匝道组合等型式。

图 2-49　北京四惠立体交叉

该立体交叉类型利用了各个匝道的特点,结合了立体交叉区的条件和设计要求,是结构新颖、功能齐全、经济合理的立体交叉。集中组合式立体交叉结构紧凑、适合地形较为复杂的地区,路线短捷,行车功能较好,占地广,能使所有方向车辆安全、无阻地运行。但是,其立体交叉结构复杂,同时,立体交叉的纵向起伏不大,桥跨结构物较多,造价较高。在工程中遇见多路立体交叉,很多时候会采用这种立体交叉型式,以北京四惠立体交叉、合肥五里飞虹立体交叉最为典型。

图 2-50　合肥五里飞虹立体交叉

图 2-51　西宁园树立体交叉

　　（2）集中环形立体交叉。将所有转弯车辆集中于环道实现转向，直行车辆由匝道上跨或下穿环道通过立体交叉，保证主要道路车辆不受干扰，即构成多路集中环形立体交叉。该立体交叉根据直行匝道数量分为二层式、三层式和四层式立体交叉。公路立体交叉多采用二层式，城市立体交叉当机动车与非机动车分离行驶时宜采用三层或四层式。这类立体交叉结构简单、占地少、桥跨少、造价低，是一种较实用的立体交叉型式。由于有交织路段代替了平面冲突点，转弯行驶方向明确，交通组织简单，通行能力低，车速较低，其在城市立体交叉中采用较多，以郑州紫荆山立体交叉、重庆大公馆立体交叉最为典型。

图 2-52　郑州紫荆山立体交叉

图 2-53　重庆大公馆立体交叉

　　（3）分置复合式立体交叉。若相交叉道路等级和流量均相差不大，相交点并未汇合为一集中点，相邻的立体交叉间距较近且不适宜设计成为独立的互通立体交叉时，应采用分置复合式立体交叉的型式将其在空间上进行一定程度的分离，按照功能互补设计各个相邻立体交叉。如一分为二，将五路立体交叉分离为一个四路和一个三路交叉（或三个三路交叉），分别按两个（或三个）立体交叉设计，即构成复合式五路立体交叉。

图 2-54　董梁高速东平湖枢纽互通立体交叉设计方案效果图

六、以衔接功能为特征的新分类

在前文立体交叉的服务交换型式中,服务的交换通常存在于在高速公路、快速路或严格控制出入的道路(以高速公路、大流量道路等为代表)与较低等级的道路(如主干路、集散道路、低速道路)之间发生的交换。因此,根据衔接功能转换的特征,立体交叉又可分为公路与城市道路(地方道路)的衔接转换、城市交通枢纽的交通转换服务所需的立体交叉。

1. 公路与城市道路的衔接转换

公路与城市道路的衔接转换主要体现在所服务的对象的不同、服务对象所处的运营环境的不同上。城市道路主要包括快速路、主干路、次干路及支路四种类型。快速路主要铺设在特大城市或大城市,供汽车专用,并大多担当联系市区各主要地区、市区和主要的近郊区、卫星城镇的主要对外通道,负担城市的主要客货运交通,可承载相对较高的车速和巨大的通行能力。作为城市道路网的支撑框架,主干路联系城市的主要工业区、住宅区、港口、机场和车站等客货运服务中心,承担着城市关键且主要的交通任务。因此,公路与城市道路的立体交叉的衔接转换主要集中在高速公路与城市快速路、高速公路与城市主干路、一级公路与城市快速路、主干路的交通衔接转换上,而前两者所带来的服务的最大差别是收费的差别。以下是典型的高速公路与城市道路衔接转换的案例。

(1)南沙大桥海鸥立体交叉。2019 年 4 月 26 日,南沙大桥唯一一个出入口——海鸥岛站正式投入使用,意味着南沙大桥实现了全面通车。为了节约用地,打造人与自然和谐共生的品质工程,设计者为海鸥岛互通立体交叉设计了环形立体交叉整体式螺旋匝道方案,上行、下行需要绕行三圈。从高空俯瞰,海鸥岛互通立体交叉就像一个巨大的音符,与两座超千米长的跨江特大桥交相辉映。

海鸥岛互通立体交叉匝道桥处于虎门二桥项目中大沙水道特大桥与坭洲水道特大桥中间,位于番禺区石楼镇海鸥岛境内,为虎门二桥主线与省道 S296(岛内海鸥公路)连通的一般互通立体交叉,立体交叉型式为环形立体交叉。海鸥岛是一座极具旅游潜力的绿色生态岛屿,属于内河岛,面积仅为 36 平方千米,整个项目建成后,对海鸥岛内的交通、经济、文化等方面的发展起到了极大的促进作用。也正因为如此,海鸥岛立体交叉的设计受到了岛内众多条件的限制。

根据海鸥岛立体交叉址处的实际地形情况,在主线与地面高差较大,用地面积也受到很大限制的情况下,考虑环形立体交叉方案,俯瞰整个立体交叉,最下层匝道与海鸥公路连接,匝道线经变形调整,立体交叉内所有匝道均不重叠,下部结构不再使用框架墩的设计。海鸥岛立体交叉的匝道桥梁受力明确,抗震性能好,施工难度降低,造价合理,景观与周边环境协调,行车视野开阔,安全舒适。

图 2-55　南沙大桥海鸥立体交叉

（2）深圳清湖立体交叉。深圳清湖立体交叉属于典型的涡轮式立体交叉高速公路衔接地方公路的案例。沈海高速上跨 G94，通过直径 500 米的圆形涡轮匝道立体交叉，设置匝道收费站实现转换衔接需求。

图 2-56　深圳清湖立体交叉

2.城市交通枢纽型的衔接转换

1)高铁站交通枢纽

高铁枢纽的交通组织设计可分为外部交通组织、内外交通组织和内部交通组织三个层次。

外部交通组织：主要是城市综合交通网络通过配套集疏运路网与枢纽的联系。外部交通组织的分析应包括以下内容：①在功能上实现枢纽到发交通与过境交通的相互分离。②在结构上利用周边高速公路、快速路等高等级道路保障集疏运路网的快捷性，利用次干路、支路提升枢纽地块的可达性。③在规模上注意集疏运路网的设计标准、通行能力与枢纽规模相匹配。外部交通注重强调与城市对外交通系统中公路、铁路、航空、港口的快速衔接。

内外交通组织：主要解决配套集疏运路网上的衔接节点以及内外交通流衔接转化的集散道路和集散匝道的设置问题。内外交通组织的最终目的是将枢纽集散交通转移至城市路网，从而缓解枢纽内部的交通压力。交通组织的分析是其重点考虑的内容，必须防止出入口设置的不合理，交织段的不足，导致交通无序和堵塞。内外交通组织注重与城市交通系统、对外交通系统的集散、转换与衔接。

内部交通组织：重点是对枢纽核心内部道路、专用通道、站场出入口等进行交通组织。内部交通组织的设计应尽量做到人车分流、各机动车车流流线相对分离、枢纽换乘客流与商业开发吸引客流的适度分离。高铁客运枢纽内的基本流线主要有旅客、机动车以及非机动车三种，流线设计要求在进出站顺序的基础上，做到简洁、通顺，避免相互干扰、交叉和迂回，力求缩短旅客的行程。

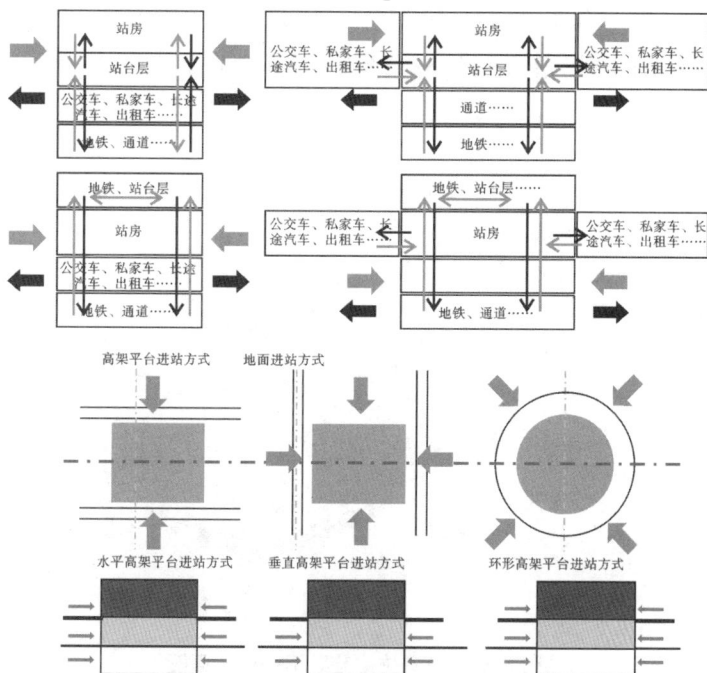

图 2-57　铁路客运枢纽内部组织与进展方式基本交通流线图

案例一：拉德芳斯交通枢纽（法国巴黎）

拉德芳斯交通枢纽位于法国巴黎市的西北部，巴黎城市主轴线的西端，于 20 世纪 50 年代开始建设开发，全区规划用地 750 公顷，先期开发 250 公顷，其中商务区 160 公顷，公园区（以住宅区为主）90 公顷，规划建设写字楼占地面积 250 万平方米。该区域是集交通、商业、办公、展览、居住、娱乐等为一体的综合 CBD，是巴黎市中心东西干道向西的延续，采用了人流和车辆、铁路完全分开的立体垂直布局，人行广场、公路、地铁和铁路，三种交通互不干扰，是世界上首个城市综合体，与曼哈顿、东京银座并称为世界三大顶级 CBD。

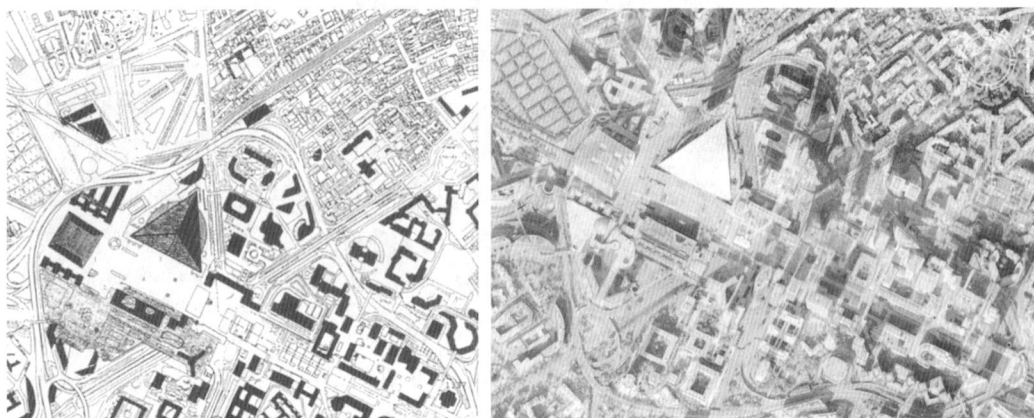

图 2-58　巴黎拉德芳斯交通枢纽

拉德芳斯乘枢纽，是集轨道交通（高速铁路、地铁线路）、高速公路、城市道路于一体的综合交通枢纽。地下有地铁 1 号线、有轨电车 T2 线、区域快速铁 RER—A 线和郊区铁路线，将拉德芳斯区与巴黎市中心区紧密连接起来；地面 1～3 层是车行快速干道、立体交叉和停车场，其中地下停车位共有 2.6 万余个；地面 3～5 层的平台上建有人行道，步

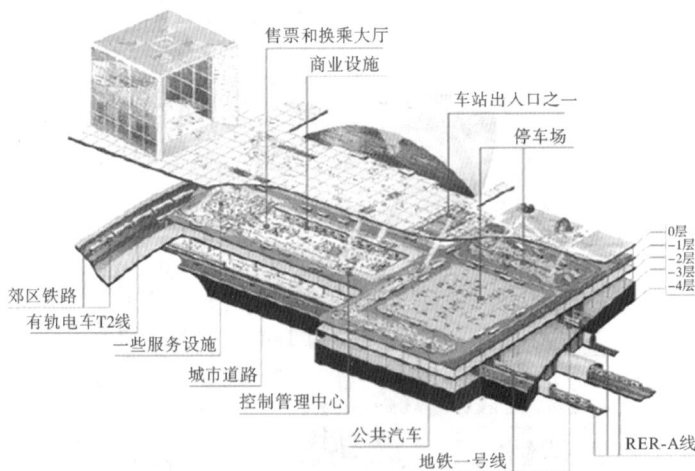

图 2-59　巴黎拉德芳斯枢纽站剖面图

图 2-60　巴黎拉德芳斯交通枢纽全貌

行系统总面积达 67 公顷。该地区人车分离的交通系统使车辆、行人互不干扰,保证了交通的通畅,形成了欧洲最大的公交换乘中心。

拉德芳斯是欧洲最大的公交换乘中心,RER、高速地铁、轨道交通、高速公路等都在此交汇。其卜有 18 线公交车、两条铁路、1 号地铁的终点站、电车;四周是一条高高架起的环行高速路,裙楼中间是一个巨大的广场,上面有花坛、小品、雕塑等,但没有任何车辆行驶,因为该广场也建在空中,底下是公路、停车场和公共汽车站。

案例二:旧金山的港湾枢纽

美国旧金山的港湾枢纽是 21 世纪现代化的集轨道交通(高速铁路、普通铁路、通勤铁路)以及长途汽车客运、城市道路交通于一体的综合交通枢纽,于 2003 年开工建设,该枢纽建筑面积 76 645 平方米。其中,55 742 平方米用作各种交通之间的换乘空间,20 903 平方米用作综合开发空间,含各类住宅、宾馆、办公、零售用房约 3 000 间,预计远期轨道交通与道路公交之间的换乘能力达到 30 万人次/日。

(1)平面布局。

港湾枢纽是纽约城市的门户,与旧金山货运枢纽以及海运枢纽相毗邻,位于米娜(Minna)大街和纳托马(Natoma)大街之间,从比尔(Beale)大街延伸到第一和第二大街的中央位置。

比尔大街和佛利蒙(Fremont)大街中间预留街车、无轨电车等的停车位;出租车、街车、无轨电车以及金门交通巴士在米慎(Mission)、纳托马、比尔以及佛利蒙大街运行。在米慎和米娜大街以及第一和佛利蒙大街之间建立一大型购物中心,内有楼梯可直通地上两层换乘大厅,以及购物中心地下一、二层小型汽车停车场。一条狭长的公交坡道将枢纽连接到港湾大桥。公共汽车以及长途汽车可以通过海湾大桥的专用斜坡通道进入港湾站,分别停靠在公交层和长途汽车层。乘客走到中央换乘大厅,可以看见所有设施并很方便地找到出路。同时,在地下轨道层,通勤铁路、常规铁路和高速列车三条线路平行布置,这些车站站台的宽出口可以加速旅客进出站台和客流集散地的速度;乘客在不同站台之间的流动通过轨道层之间的换乘厅来实现;设置地下人行通道连接到 BART 海湾区快速有轨交通轨道线路。乘客可以乘坐出租车或者步行走到目的地或者沿着商场大街乘坐各种交通工具。其他交通使用者可以到福利蒙和比尔大街之间的地面线乘坐街车、无轨电车和金门交通巴士到达城市和郊区站点。

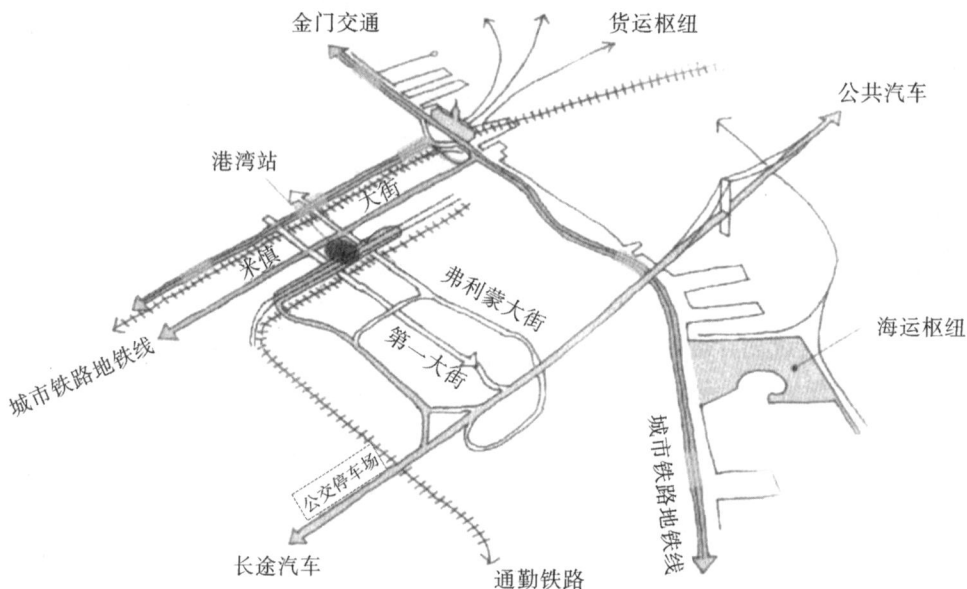

图 2-61 旧金山港湾枢纽平面布局

(2)立面布局。

该枢纽分为 6 层。其中,地下有两层,地面及其以上有 4 层。①地下两层:轨道交通站台层,有 3 个岛式站台及 6 条直通式的铁路股道,分别用于通勤铁路、常规铁路和高速列车。②地下一层:地下换乘大厅。通过此换乘厅,可以实现各个不同轨道交通列车之间的便捷换乘,也可实现与其他交通方式之间的便捷换乘。③地面层:有轨电车、城区内有轨交通(MUNI,类似有轨电车)、出租车层。有轨电车、城区有轨交通、出租车以及金门运输专车在此层运行,通过设置的通道和楼梯可以便捷地搭乘各种交通方式。地面层设置了售票厅、候车区、货物寄存处以及休息室 2 处。④地上一层:地上换乘大厅。通过此换乘大厅,可以实现地面以上各个不同方式之间的连接;由不同地点的楼梯、电梯、自动扶梯,可以进入地上二层和三层的公交层。⑤地上二层:公交层,能够同时容纳 26 辆铰接式公共汽车以及4辆标准公交车;通过自动扶梯以及升降机来进行上下层之间的联系,能够同时容纳高峰小时2.5万的乘客。公交层包括乘客候车区以及与地面三层之间的联系流动区域。⑥地上三层:长途公交层,有24辆长途汽车的车位。该层与地上二层的公交层一起共用海湾大桥出口坡道。

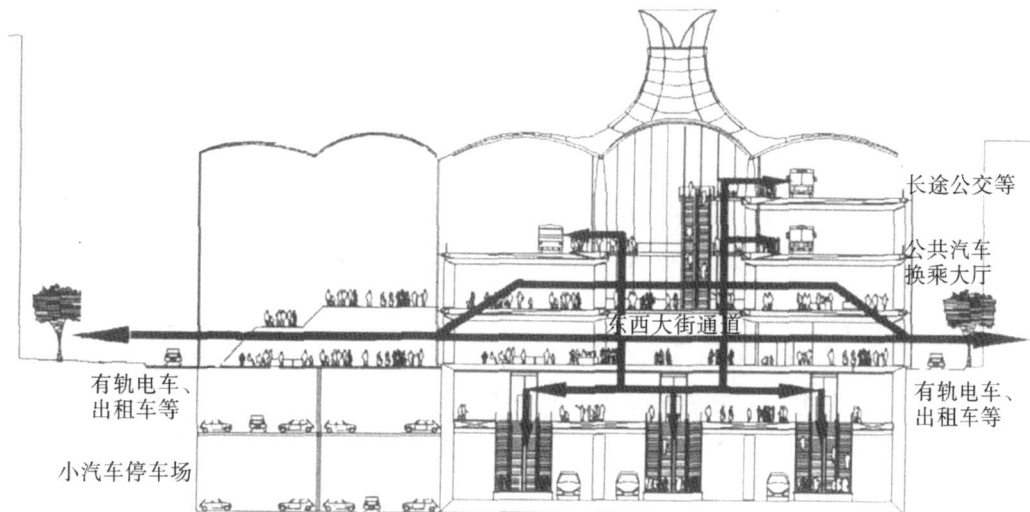

图2-62 旧金山港湾枢纽立面布局

我国铁路客站起步于19世纪晚期,迄今已有130多年的发展历程,其发展可以大致划分为五个阶段。

(1)第一阶段:站房的线侧式布局,简单站场。

(2)第二阶段:站房、站场、广场平面式布局,单一的铁路作业场所。

(3)第三阶段:站房、站场、广场局部立体化布局,城市的门户。

从改革开放到20世纪末,我国为了适应市场和经济发展的需要,大力推动铁路建设。这一时期铁路客站建设在吸收了国外先进的设计理念后发生了很大的变化,主要的特征是客站布局由平面的线侧式向局部立体化发展,同时,参考西方和日本等发达国家商业车站的经验,客站内涵由单一的客运功能向多元综合的方向转变,出现了商业综合型铁路客站,体现出市场经济的特征。但由于这种型式和当时我国的铁路运输特点不适应,并未达到预期的效果。最典型的是1988年建成的上海站,采用了"高架候车、南北开口"的全新布局方式,还设置了饭店、宾馆、商业网点、邮政等服务设施。这个时期的铁路客站体量巨大,体现了现代化建设。这一阶段出现了通过式的特征,站房架空在铁路线上,形成上进下出的流线模式。这一时期的典型客站有上海站、北京西站等。

(4)第四阶段:站房、站场、广场一体化的立体布局,与城市融合。

由于经济的高速发展,客站也得到了长足发展。客站成了城市的综合交通枢纽,对多种城市交通工具进行一体化整合，并尝试从城市角度来解决客站的问题，杭州站是这一阶段最有代表性的客站。杭州站设计者程泰宁院士认为："设计之所以摆脱不了旧的模式，不能满足功能需求，追根究源，往往是受了旧观念的束缚。"因此，杭州站设计从站城关系出发，对铁路与城市交通的连接与转换进行综合研究，将站房、广场和站场作为一个有机整体，立体集散人流，通过这种一体化设计，实现了"客流来如风去无踪"。这一时期高架候车室和商业车站的模式得到广泛使用，在空间利用上，突破平面化的布局，开始向地面、地下和空中三维发展，将站房、站场和广场作为一个整体，立体组织车流和人流，综合解决客站与城市的问题；在功能上，向满足旅客多种需要的多功能综合方向发展，具有一定的市场经济特征。

（5）第五阶段：高铁时代的大型综合交通枢纽，引导新城发展。

这一时期，客站在定位、内涵和功能特征等方面发生了较大改变。在设计上，客站普遍体量庞大，提出了"零换乘"的设计理念，立体化组织交通，注重客站与城市内外交通联系的便捷，形成了一体化联运以及内部各种交通方式的高效换乘；在布局上，强调整体最优，立体化布局和"上进下出"成为普遍采用的型式；在城市层面，客站成为促进城市空间结构调整的重要触媒，多定位于城市新区和副中心，带动客站及其周边区域快速发展；在站域层面，客站带动周边土地的升值和快速发展，土地利用呈现出高密度、高强度的发展态势，产业业态日趋高端化，站域空间形象得到有效改善，形成了良好的城市门户特色空间。这一时期的典型客站有北京南站、上海南站、南京南站、杭州东站、上海虹桥站等。总之，这一时期铁路客站不仅仅是交通枢纽，还是城市发展的引擎，城市属性更为鲜明。

图 2-63　北京南站高铁枢纽图

图 2-64 南京南站高铁枢纽图

图 2-65 合肥南站高铁枢纽图

2)机场综合交通枢纽

机场综合交通枢纽主要具有以下几方面的特征:①空间立体化。机场综合交通枢纽由于汇集了轨道交通、常规公交、长途客车、机场大巴、小汽车等多种交通方式,不可避免地造成空间上的复杂化,因此,若像以往一样采用线性布局的型式,不利于资源的整合和有效利用,同时存在换乘距离过长等缺点。如今,机场综合交通枢纽逐渐向立体化发展,使其在水平和垂直空间上都得到充分的利用,采用立体化多层次的结构,一方面充分地集约土地资源,另一方面也缩短了各种交通方式之间的换乘距离。②交通组织复杂。机场综合交通枢纽的交通组织更为复杂。一方面,机场综合交通枢纽不同于一般枢纽,不仅汇集了多种交通方式,而且作为城市的交通网络与城市对外交通网络的节点,对外交通与内部交通均在此集结;另一方面,机场枢纽的交通组织不仅要考虑枢纽内部的人流、货流组织,还要兼顾枢纽与各航站楼之间的联系,这无疑增加了机场综合交通枢纽交通组织设计的难度。③功能多样化。机场综合交通枢纽不仅具备可以进行内外交通转换以及多种交通方式的换乘这种交通服务功能,还可将商业、服务、娱乐等城市化的功能引入枢纽内部,给航空旅客提供更多样化的服务。这种在机场枢纽处汇集多种商务功能的模式,不仅给航空旅客带来了便利,同时还能创造可观的经济效益。

随着轨道交通逐渐成为大型机场的主要接驳方式之一,机场的陆侧交通系统变得更加复杂和多样化。为了最大限度地提升陆侧交通系统的运行效率和旅客服务品质,各地机场改扩建工程及新建机场均在着手规划设计集各类地面运输方式为一体的综合交通中心,简称"GTC"。根据航站楼与综合交通中心的平面位置关系,可分为一体式、前列式、共享式、衔接式四种布局模式。

一体式布局模式是指综合交通中心直接设置在航站楼内部,通过垂直交通相互连接的方式。此种布局模式,轨道车站与航站楼一体化布局,能够最大程度地降低旅客换乘时间,无需出航站楼即可完成多种换乘,换乘衔接度好。但由于多种交通方式汇集在航站楼内,其交通流线复杂。这种模式对规划的前瞻性要求较高,适用于航站楼与轨道交通同步规划建设的机场或在机场规划之初预留轨道线路接入的空间和接口。以北京大兴国际机场及青岛胶东国际机场为例,在策划初期,就需要考虑综合交通系统的引入,结合机场建设规划条件和城市综合交通网络,以航站楼为中心进行一体化布局。北京大兴机场航站楼是世界首个实现高铁下穿的航站楼,同时实现机场与高铁、城际、快轨的"零距离换乘",在交通组织、土地使用效率等方面更具优势。

图 2-66　北京大兴国际机场　　　　图 2-67　青岛胶东国际机场

前列式布局模式是指在航站楼前方布置交通中心,整合高速铁路、地铁、公共汽车等不同的运输方式,然后再通过步行系统与航站楼相连。在这种布局模式下,旅客换乘距离适中,航站楼的候机功能与交通中心的换乘功能分开设置,相互协同,有利于交通运输

的组织,且交通设施布局紧凑,用地限制较小。相对于一体式布局,前列式布局模式中航站楼与交通中心平面布局,换乘便捷性略差。

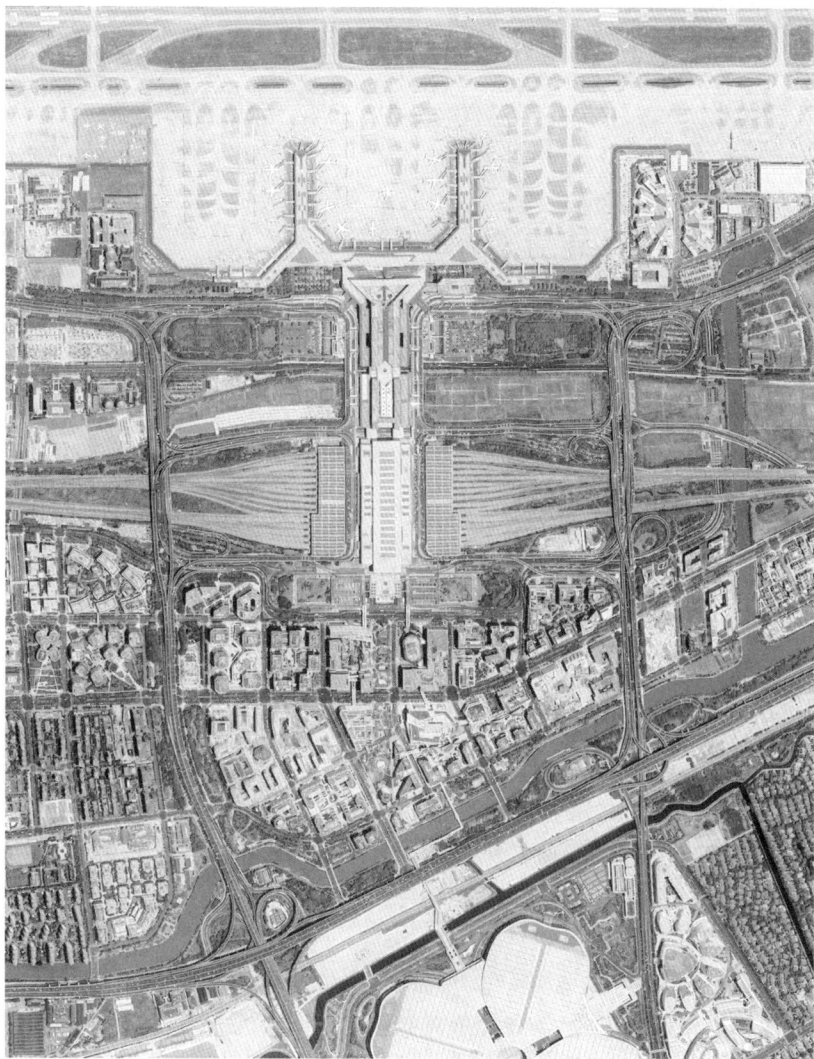

图 2-68 虹桥综合交通枢纽平面布置图

这种布局模式适用于在机场建设之初没有规划交通中心,在后期改扩建时引入的机场,是目前我国机场综合交通枢纽建设普遍采用的方式。例如,上海虹桥综合交通枢纽围绕运行多年的虹桥机场建设,整合既有交通方式,融入城市交通网络,建成功能完善、运行高效的机场综合交通枢纽,实现了机场的可持续发展。

共享式布局模式,对于机场航站区内拥有两个或两个以上的航站楼,可以结合航站区内的空间布局规划一个交通中心,为多个航站楼提供服务。在这种布局模式下,旅客通过交通中心前往各航站楼的步行距离都比较短,可充分发挥交通中心的集散功能。同时,多个航站楼共享的交通中心设施设备集中,土地集约化程度高,可大大提高各种交通设施的利用率。但是,由于交通中心同时为多个航站楼提供服务,人流混杂,管理难度相对增大,且当机场内人流处于高峰时段,易发生拥堵现象。

图 2-69　巴黎戴高乐国际机场

　　这种模式适合多航站楼机场且航站区用地紧张的情况。例如,巴黎戴高乐机场 T2 航站区就采用该布局模式,交通中心建在 A、B、C、D 候机楼和 F 候机楼之间,位于公路、铁路和机场内部道路的交汇处,与各个航站楼都有着较为紧密的联系。交通中心引入巴黎 RER 快速列车、欧洲 TGV 高速列车、地铁快线等,并在站厅之上设置商务中心、商业和高端酒店,这些元素的引入使交通中心成为机场内部的活力点和旅客进出机场的中心。在我国,上海浦东机场、西安咸阳机场等由于机场的改扩建均采用这种新老航站楼共享交通中心的模式。

　　衔接式布局模式是指交通中心设立在距离航站楼较远的位置,通过机场专线将交通中心与航站楼连接起来。这种布局模式受机场用地的限制较小,同时因为大量的陆侧换乘设置在远离航站楼的交通中心,有助于缓解机场内部的交通压力,确保主体航空运输功能的高效运行。但是,对于旅客而言,需要二次换乘,换乘便捷度较差。机场还需要建设额外的捷运系统与之相连,增加了运营成本以及交通中心的管理难度。

图 2-70 纽约肯尼迪国际机场

当机场航站区土地使用受限且规划前期没有把轨道线路并入设计考虑时,后期可采用此类布局。这种布局多在美国出现。由于成熟完善的道路体系及国民交通习惯,旅客多数习惯以小汽车作为往返机场的交通工具,随着航空旅客量增加,机场陆侧承载能力无法负荷庞大的汽车运载量,才重新规划调整航站区的布局和旅客进出航站区的模式。以肯尼迪机场为例,轨道线路没有穿过机场航站区,为了使机场与纽约地铁和区域铁路产生联系,在靠近航站区的位置建设交通中心,设置地铁及铁路站台,通过旅客捷运系统与机场航站区连接。

第三章

◆ 城市立体交叉的选型与适应性分析

随着我国城市化进程的加快,城市人口的快速膨胀,以及交通个体化、机动化的加剧,城市交通基础设施建设滞后于城市发展及机动车的增长速度,城市交通(特别是大城市中心城区)拥堵日益严重,而立体交叉是解决城市交叉口拥堵的最直接手段。因此,近年来立体交叉在我国各大城市如"雨后春笋"般相继快速建成,立体交叉特别是大型立体交叉在缓解城市交通矛盾的同时,其弊端和劣势也逐渐被人们所认识,这种弊端在中心城区表现得更加明显。人们不得不面对一个问题:中心城区立体交叉该如何设计?

第一节 21 世纪我国城市大型立体交叉的代表案例

一、重庆黄桷湾立体交叉

重庆是我国著名的山城,城市地形十分复杂。2009 年中国最大、最复杂的立体交叉——黄桷湾立体交叉,正式开工,2016 年 3 月 10 日立体交叉匝道沥青铺设全部完成,进入最后的收尾阶段。

作为重庆主城最大、最复杂的立体交叉,黄桷湾立体交叉是连接朝天门大桥、慈母山隧道、内环高速、机场专用快速路的重要节点。黄桷湾立体交叉位于南岸区盘龙,是对盘龙立体交叉的改造、提升。按照设计,该立体交叉共 5 层,主线设计为双向四车道,主线车行为 60 千米/小时、匝道为 40 千米/小时。该立体交叉从上到下,第一层是连接朝天门大桥与慈母山隧道的"三横线"快速干道,第二层是机场专用高速匝道,第三、四层分布着各条匝道,最底层是弹子石至广阳岛道路。因此,黄桷湾立体交叉也被喻为重庆主城最大、最复杂、功能最强大的枢纽型立体交叉。

黄桷湾立体交叉东部新城(鱼嘴、复盛)由于南北向被慈母山脉阻隔,与主城的连接通道少,交通不便,黄桷湾立体交叉将成为两个区域连接的动脉。同时,黄桷湾立体交叉将成为重庆南部片区(南岸弹子石、鸡冠石、涂山片区)向外联系的主要出口。具体来说,黄桷湾立体交叉可把朝天门长江大桥、慈母山隧道两大交通工程连在一起，从茶园到江北，可直接从慈母山隧道经黄桷湾立体交叉上大佛寺大桥，抵达江北，车行只需 10 多分钟。相比需要从五童立体交叉上内环，绕行江南立体交叉下茶园，可节省 25 分钟的路程。另外，机场专用快速路，起于江北国际机场第三航站楼，往南经回兴与金兴大道相接，在跑马坪与渝长高速连接，新建寸滩大桥跨长江，与黄桷湾立体交叉相接。黄桷湾立体交叉为内环快速、三横线和机场专用快速相交所形成的五路交叉、枢纽型立体交叉，同时也是 CBD 南区向外联系的主要出口，也就是说，这座立体交叉今后可接通 8 个方向的车流。

图 3-1　重庆黄桷湾立体交叉现状

黄桷湾立体交叉完全建成后，往来茶园、江北国际机场、朝天门长江大桥、大佛寺长江大桥等方向的车辆，通过黄桷湾立体交叉将快捷省时，同时该立体交叉还将解放碑、江北和弹子石三个 CBD 和茶园新区等四个经济组团连为一体。由于黄桷湾立体交叉涉及面广，工程分两期实施。一期实施朝天门大桥—慈母山隧道主线与内环高速连接密切相关的项目，二期实施与机场专用高速相关的项目，被喻为重庆主城最复杂的立体交叉，将改善弹子石片区的交通。

二、贵州贵阳黔春立体交叉

黔春立体交叉位于贵阳市北京西路黔春隧道和海马冲隧道之间，设置为 5 层立体交叉，共 8 个出入口，11 条匝道。虽然匝道数量不及重庆黄桷湾立体交叉，但该立体交叉的最大垂直落差为 56 米，远超重庆黄桷湾立体交叉的 37 米。

图 3-2　贵阳黔春立体交叉全景

这座立体交叉因地制宜设计，气势恢宏，纵横交错。在贵阳市黔灵山背面的一条峡谷中，北京西路通往观山湖区，新建的高铁桥梁横跨山脊，而这两条大路的夹缝中，一条黔春路从二桥通往黔灵湖。高铁下方几米，就是普铁黔渝铁路，如今它已隐藏在一座复杂的城市立体交叉——黔春立体交叉之下。

黔春立体交叉是贵阳构建现代综合交通体系的重大项目，北承贵阳北站立体交叉，南接延安南路匝道、贵阳街立体交叉，并直接与东西向主干道北京西路相交，可服务和尚坡、头桥、二桥、花果园片区，快捷到达长岭南路、火车北站、高新区等目的地。2016 年底通车以来，有效地转移和分流老城区车流，缓解交通压力，并通过通道相连，拉近一环和二环之间、老城和新城之间的距离，推动贵阳实现"疏老城、建新城"的目标。

黔春立体交叉的桥比较高，桥下空间充足、采光良好。如今这块高耸林立的立体交叉下的闲置用地，已被全新的黔灵山体育公园取而代之，成为贵阳市区第一个生态体育公园。体育公园紧邻黔灵山公园后门，总面积 25 万平方米。公园内配置有篮球场、网球场、健身房、游泳池等体育设施。

第二节　城市中心区大型立体交叉的
建设问题与适应性分析

一、城市中心区大型立体交叉的建设问题

由于中心城区土地开发强度大，交通需求量巨大，以及土地商业价值高或早期规划

预留不足等,交通土地供应有限,交通供给不足,大城市中心区(特别是交叉口)交通拥堵日益严重,而立体交叉是解决城市节点交通堵塞最直接有效的办法。但是,由于中心城区特殊的城市生态环境,在中心城区修建大型立体交叉所引起的弊端早已被许多发达国家城市所认识;另外,从近年来国内各大城市的经验教训来看,大城市中心城区修建大型立体交叉存在诸多的不适宜。

(1)通行能力盈余,造成交通投资的浪费,引起区域交通网络的不平衡。一般大型立体交叉的高峰小时通行能力都能达到 10 000 辆以上,甚至 20 000 辆以上,建设初期由于对城市交通网络认识的不足,往往是交叉口交通量需要估计很大。其实,一方面一个城市道路交叉口的远景交通量发展是有限的,它不可能超过相交道路路段通行能力之和,同时受到交叉口周围各节点通行能力受限制的影响,其远景交通量会更低。另一方面,修建大型立体交叉在区域路网中产生"交通虹吸"现象,即由于该节点服务水平得到了极大的提高,对区域交通流产生较大的吸引力,造成该节点交通流主观上的增加,同时给相邻其他节点带来巨大的压力,甚至是把交通堵塞转移到了下一个交叉口。

(2)大型立体交叉对城市景观、建筑格局、历史人文景观以及居住生态环境造成很大的破坏。中心城区土地开发利用强度大,交叉口周围建筑密集,交叉口预留用地有限,大型立体交叉的修建必然对原交叉口周围城市空间布局产生消极影响,高高的天桥或匝道对周围建筑产生压迫感,进而给城市景观、居住环境、建筑商业环境以及历史人文景观造成破坏。

(3)大型立体交叉破坏城市整体性尺度,降低周围土地商业价值。一个城市的整体及构成应有宜人的城市空间尺度,大型立体交叉无疑将破坏这种尺度感,给居民带来压迫感,进而降低周围土地商业价值。例如,深圳雅园宾馆片区原来是很繁华的商业区,在建成一座大型立体交叉之后,商业全面萧条,社会生活环境受损。

(4)大型立体交叉是典型的"汽车优先"的城市交通理念。大型立体交叉"以车为本",在方便小汽车交通的同时,却造成了行人、非机动车与公交换乘的不便,这与城市交通发展政策和"以人为本""公交优先"的交通理念是相违背的。

(5)大型立体交叉还有占地大、造价高,改建、拆迁余地小,以及维护费用高等诸多弊端。

二、城市大型立体交叉的建设发展趋势

(1)建设方向由新建向改造、城市中心区向外围延伸的发展趋势。由于城市的对外发展,对外交通体系连接、转换及衔接的需求,城市立体交叉的建设趋势逐渐呈现出三大区域性的建设特点,一是城市中心区域的建设以新建向现有立体交叉的完善、改造方向转变;二是城市中心区域立体交叉的新建工程逐渐呈现出地形及地质条件复杂、周边建构筑物复杂、施工期间交通影响及调流复杂等特点;三是建设区域由城市中心区域向城

市外围重要节点转移,而且这些重要的节点往往承担着城市门户枢纽的作用,其建设条件、交叉路数等均对立体交叉总体方案的设计具有较大的制约或影响。

(2)城市立体交叉由解决单一交点的问题逐渐向多个单体立体交叉节点组成的立体交叉群的建设发展转变。城市路网密集,同一区域会出现多条主要道路相互交叉的情况,因此多个单体立体交叉节点组成的立体交叉群在城市中越来越普遍。立体交叉群中各立体交叉间距小,功能重叠,如何合理分配各立体交叉的功能,并根据各自的功能进行设计至关重要。立体交叉群中各节点的设计应综合考虑路网功能及立体交叉群内的交通组织和分配。各立体交叉的标准、类型均应以交通功能为依据,保证立体交叉群内各方向的通行能力。

三、多路立体交叉的类型及适用条件

1)多路全互通立体交叉的类型及使用条件

多路全互通立体交叉的型式多样且复杂,其具有完善的交通运行功能,但规模庞大、结构复杂,跨线构造物多、占地多及造价高,易导致车辆的错路运行。因此布设时应尽量使其结构紧凑,使占地面积减少,必要时应当向空间发展。选择立体交叉的型式时,要结合具体地形地物和交通条件,采用三路四路常用的基本型式进行有机组合并做适当调整。若在正线上有多个连续的出入口时,应在主线的一侧或两侧设集散车道,降低对直行车辆的干扰。

多路完全互通式立体交叉适用于不收费的高速公路间或高速公路与环城快速干道间的相交。

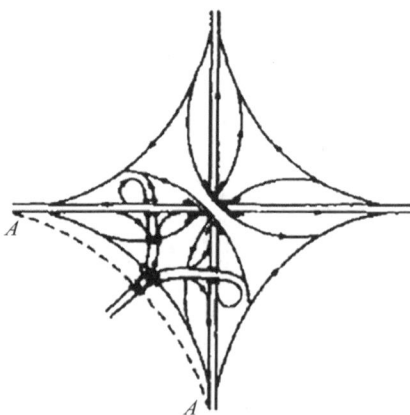

图3-3 "X"形加双喇叭五路立体交叉   图3-4 苜蓿叶形加单喇叭五路立体交叉

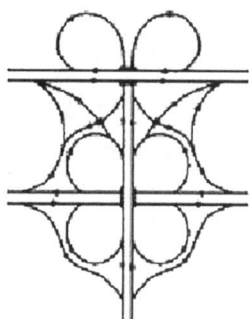

图 3-5　苜蓿叶形加子叶五路
　　　　立体交叉

图 3-6　定向形五路
　　　　立体交叉

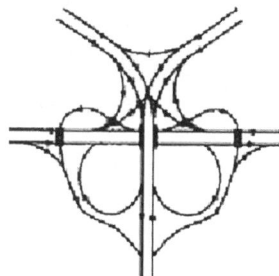

图 3-7　部分苜蓿叶形五路
　　　　立体交叉

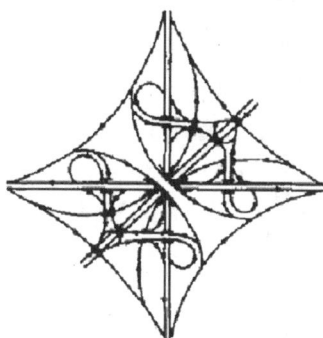

图 3-8　"X"形加四喇叭六路立体交叉

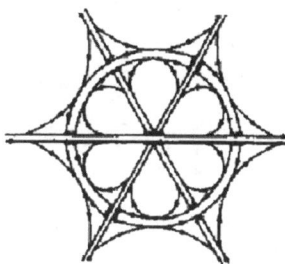

图 3-9　舵盘式六路立体交叉

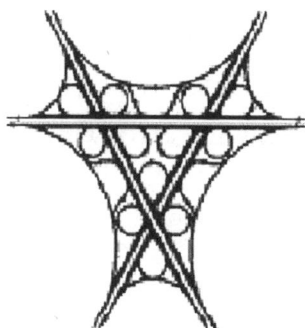

图 3-10　苜蓿叶形组合六路立体交叉

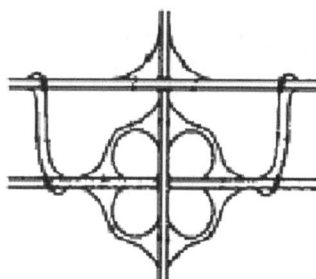

图 3-11　苜蓿叶形加半定向六路立体交叉

　　"X"形和喇叭形组合的五路、六路立体交叉的特点:除环形匝道外,其他匝道都能提供速度较高的半定向运行,跨线构造物高度在六路中比在四路中高一层,占地面积小,无交织,无冲突,行车安全,立体交叉结构对称,但正线上较多的出入口,使得行车方向复杂,须设较多的标志。当正线上出入口较多,尤其是在主要道路上时,宜在正线外侧设集散车道,从而使正线上的出入口单一化,使交通标志的设置得以简化。苜蓿叶加单喇叭的五路立体交叉交通运行连续自然,无冲突点,无须设信号控制,但环形匝道行车速度低,上下线左转匝道间存在交织运行,降低了通行能力,适用于高速公路与一般道路或等级较高道路之间相互交叉的立体交叉。舵盘形六路立体交叉,除环形匝道外,匝道运行速度较高,跨线构造物较多,但只有两层,占地面积相对较小,交通运行自然,无冲突点,由于存在交织运行,限制了立体交叉的通行能力且标志多,适用于高速公路间的交叉。苜蓿叶式组合六路立体交叉,占地面积大,跨线构造物少,因用地的限制,环形匝道半径不能太大,否则左转的行车速度和通行能力较小且跨线桥上下存在交织运行,多用于高速公路与一般道路或者等级较高道路间相互相交的立体交叉。

以上多路互通式立体交叉的类型为集中于一点的立体交叉和集中组合式立体交叉。集中于一点的立体交叉形势复杂,空间层次及跨线构造物较多,占地及造价较大。集中组合式立体交叉即多条道路集中交叉的立体交叉型式,各转弯方向均设有独立的匝道,其匝道的数量与转弯数量相同,可以根据不同的匝道及立体交叉型式进行组合,有较强的灵活性,具有齐全的功能且设计新颖;立体交叉型式为全互通,有较大的通行能力、较高的服务水平,能够有效地疏导相交道路交汇处的交通流,提高道路的运行质量,改善拥挤的区域交通,完善路网的规划,促进当地经济的发展。集中于一点及组合式多路立体交叉由于有较多的匝道,使得车辆行驶茫然,须完善立体交叉道路标志设施,以避免错路运行。立体交叉的型式复杂,空间层次及跨线构造物较多,占地及造价大。集中组合式多路立体交叉适用于交通量较小的、不收费的高速公路间及具有干线功能的一级公路间的交通流转换。在某转弯方向的交通量很小时可设置环形匝道,应根据地形及道路条件选择不同型式的匝道进行组合而设置适宜的立体交叉型式。

2)多路部分互通立体交叉的类型及使用条件

交通量小的某些转弯方向不设转弯匝道或在次要道路上存在平面冲突点时形成多路部分互通式立体交叉。与多路全互通立体交叉比较,其减少了构造物和占地面积,降低了工程造价,但存在不完善的互通功能,尤其是冲突点存在于次要道路上,影响行车速度和安全,易导致错路运行和行车茫然。多路部分互通立体交叉适用于高速公路与次要道路的相交,以及个别方向交通量很小或者分期修建时,或者用地和地形条件等受限时。

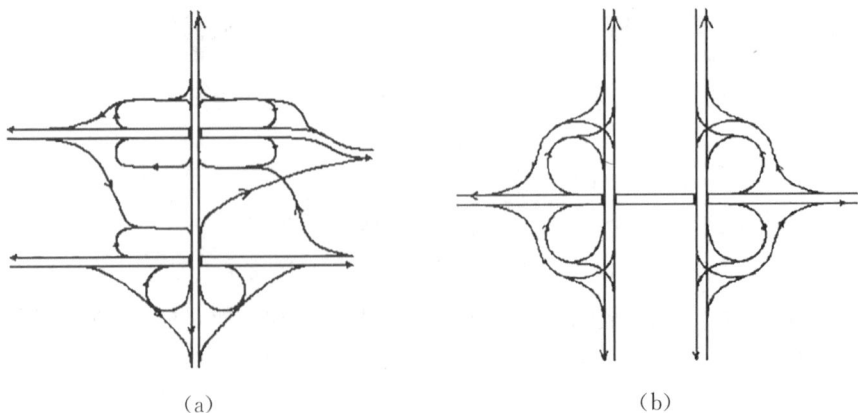

(a)   (b)

图 3-12　多路部分互通立体交叉

图 3-12(a)主要适用于多路相交时,某些转弯交通量很小或因交通组织需要而限制车辆通行的情况,此类型的立体交叉在布设时应注意结构的紧凑性和立体交叉型式的简单性,此型式也可用于主要道路间的相交,但宜在主要道路上设置集散车道以降低交织车辆对正线车流的干扰。图 3-12(b)主要适用于受地形地物严格限制的主要道路与次要道路相交的多路交叉的情况,应将冲突点布设在次要道路上,应有比较完善的交通引导设施,用以防止和减少错路运行及行车茫然。

在多路全互通立体交叉型式中交通量很小的方向采用平面交叉,就可以形成不同型式的多路部分互通立体交叉。

多路部分互通立体交叉包括匝道平交型和主线平交型。匝道平交型是指将交通量很小的左转匝道间相交的部位做成平面交叉,其特点是能够使主线上的直行车流运行畅快,某些转弯车流运行时绕行距离短,主线两侧占地较少,从而使立体交叉的占地减少;但是,匝道间的平面交叉将影响车辆运行的视认性及安全性,因此,此种立体交叉适用于主要道路与次要道路间相交且某些转弯交通量比较小的情况。主线平交型是指将主线与某一左转方向相交叉的部位做成平面交叉,其特点是主要行车方向有较好的线形,能够适应较高的车速,车流运行畅通,但是当主线与左转匝道处的平面交叉布置不当时会使行车有较差的视认性而影响其安全,因此。此种型式一般用于城市道路立体交叉有较大的拆迁量,在用地允许的情况下应尽量避免使用。

3)多路交织型立体交叉的类型及使用条件

为保证主要道路直行车辆不受干扰,主要道路采用下穿或上跨的型式直接通过交叉路口,其余相交道路的车辆由环道组织单向运行时形成多路交织型立体交叉,是常用的多路交叉型式。多路交织型立体交叉能保证主要道路直行车辆快速顺畅,通过交织运行代替了平面冲突点,转弯行驶方向明确,交通组织简单,与多路完全互通立体交叉和多路部分互通立体交叉相比较,立体交叉型式简单,工程简易,占地减少,投资降低;不足之处在于环道上存在交织运行,影响了行车速度和通行能力,左转车辆绕行距离长。

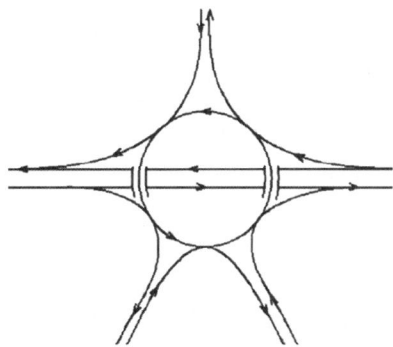

图 3-13 两层环形互通式立体交叉　　　图 3-14 三层环形互通式立体交叉

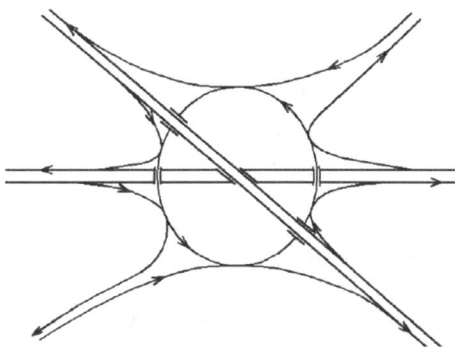

多路交织型立体交叉一般采用相对简单的环形立体交叉,如图 3-13、3-14 所示。在相交道路交叉点设置环岛并形成环道,将所有转弯车辆集中于环道实现转向,即构成多环形立体交叉。这类立体交叉结构简单、桥跨少,是一种较实用的立体交叉型式,适用于一级公路与几条支线相交的情况。但由于有交织路段,通行能力低,车速较低,在城市立体交叉中采用较多。

我国较少采用大半径的环形立体交叉,绝大部分环形立体交叉属于小环交。小半径的环形立体交叉的特点是占地面积小,在有限的环道半径上布设多个交织段,使得交织段的长度有限,环道上个转弯方向的车辆连续出入,曲线超高无法设置,使舒适性较差。因此环道的通行能力和行车速度都较小,仅适用于转弯交通尤其是左转弯交通量较小的交叉口及中小城市。

由于环道存在多个交织段,环道半径的加大使其交织长度的增加极其有限,不能根本性地改变其通行能力和行车状况,反而大大增加了占地面积。在占地面积相同的情况下,应采用其他型式的互通立体交叉代替环形立体交叉,使其通行能力和行车状况得以改善。此外,环道上各转弯方向的车辆反复交织运行,要使其在环道内处于交织运行状态,必须限制环道最大宽度。

环形立体交叉布设时可根据相交道路的等级、非机动车及行人交通流的大小,采用二层式、三层式或四层式。环形立体交叉占地面积小,投资省,有以下三种设置情况。

(1)当一条道路直行交通量较大且相交道路的直通及各左转交通量均很小时,可设置为二层环形立体交叉。在设置时,环道一般设于地面,较大交通量的直通道路高架于环道通过,相交道路的直通及各转弯均绕地面环道行驶,各右转车辆根据其交通量的大小通过环道或者在环道外侧设置右转车道。当相交道路的直通交通量远期较大时,可分期修建且预留其远期高架条件,将二层环形立体交叉作为三层环形立体交叉的过渡型式。

(2)相交道路的直行交通量都较大且各左转交通量均很小时,可采用三层环形立体交叉。在设置时环道应设于地面,两个直通道路分别下穿和高架于环道通过,各左转车辆均通过地面环道行驶,各右转车辆根据其交通量的大小通过环道或者在环道外侧设置右转车道。若非机动车道及人行道须在地面设置,其可并行设置于环道外侧,当环道交通量、非机动车道及人行道交通量均较小时,可将环道出入口的匝道进行平交处理,仍然是三层环形立体交叉;当环道交通量、非机动车道及人行道交通量均都较大时,应将非机动车道及人行道下穿环道出入口匝道,上跨下穿两条直行通道,形成四层环形立体交叉。

三层或四层环形立体交叉设置时,由于地形及地质等因素而不能设置地下直行通道或者非机动车道和人行道不能设在地下半层且上跨地下直通道时,必须在地面设一层且设二层高架或地面设一层且设三层高架,此设置经济性较差或很差。特别是环道采用高架桥时,投资大且行车性能及服务水平低,使交通流仍然存在瓶颈且后期无法进行改造,因此应尽量避免使用。即使大型及特大型城市且左转交通量大的交叉口受建筑物的限制,也应尽量避免采用此种型式。为符合城市道路以"通"为主的原则,可采用定向、部分定向或者小半径迂回型的立体交叉设置,虽然左转的小半径迂回匝道半径小,速度低,但对通行无干扰,此种设置型式行车性能及服务水平均较高且较三四层环形立体交叉投资低。

(3)相交道路个别左转方向的交通量较大时,在二层及三层环形立体交叉的基础上,可以将该方向采用半定向匝道分离,从而消除该转弯方向的交织运行,使通行能力有所提高。

交织型立体交叉适用于地形平坦,左转弯交通量小,相交道路条数多且交角相差较大的城市近郊地区或者不收费的公路立体交叉,环道适宜于入口交通量总和为中等交通量的情况。当多路相交中有两条直行的主要道路时,应将主要道路以跨线桥或深路堑的型式直通,所有转弯车辆环岛而行。但是,由于多路环形立体交叉适应的交通量中等,目前城市道路中的采用也在减少,过去修建的也在逐步改建。

四、城市立体交叉建设的综合影响因素

城市道路立体交叉作为解决城市交通节点问题的重要措施,在各个城市,特别是大型城市得到了广泛的应用。确定立体交叉的型式是城市道路立体交叉设计与建设前期最重要的环节。立体交叉的选型受到多种不同因素的影响,从根本上来说,是个多指标的决策问题。现行的城市道路立体交叉选型方法多是交通工程设计人员根据经验的判断确定若干可行的立体交叉方案,然后通过立体交叉的通行能力计算及方案的比选来最终确定的。实际上,由于传统的立体交叉桥型分类方法大多且过于粗略,备选方案的可靠性在很大程度上依赖于设计人员的个人经验及自身水平,缺乏必要的理论依据,由于设计人员对影响城市道路立体交叉选型的因素考虑不充分,城市道路立体交叉在投入使用之后的效果往往并不理想。

五、城市立体交叉美学

城市立体交叉美学涉及建筑美学、道路美学、桥梁美学和环境美学的相关内容。为了使立体交叉能给观察者留下一个好的感受,所以美学问题的考虑是城市立体交叉设计中应注意的一个重点。美学可以分为两大部分:立体交叉主体在型式上符合美学要求以及立体交叉主体与周围景物的协调。

美学问题可以提升到数学的层面上来,既讲求立体交叉构成合乎美学要求,如比例、对称、连续、周期性重复、体量、视觉诱导力线等基本原理,又讲求与周围环境的协调,而不是片面强调像中国古典建筑似的雕梁画栋般的局部装饰。作为跨线立体交叉,要尽量减少横向墩的数量,加强下部空间的通透性,合理考虑桥下的采光,增加桥墩的纤细感;尽量采用较小的建筑高度,减小高跨比,注意竖曲线的设置,给人一种轻巧、连续、跨越的

感觉。立体交叉所在的城市通常有一定的历史文化传承,立体交叉的建设要注意与这种传承的衔接。

1. 城市立体交叉美学的基本特征

(1)观赏的多方位性。

在平面上,立体交叉为多条道路相交的节点,道路使用者可从不同的方向和角度来观赏立体交叉;在立面上,由于立体交叉的多层次性,道路使用者可从下向上仰视,也可以从上向立体交叉两侧的下方俯视。另外,道路使用者在观赏立体交叉时,眼前往往呈现的是动态景观,无论下穿或上跨,人们总是由远及近,从远视观赏立体交叉的整体造型,从中视观赏立体交叉的局部形象,从近视观赏立体交叉的细部构造,等等。

图 3-15 南京赛虹桥立体交叉及双桥门立体交叉

(2)整体造型的重要性。

立体交叉在体系上的庞大、结构上的复杂以及观赏的多方位性,使其整体造型显得格外重要。由于城市立体交叉设置的位置多处于城市干道或快速路的交叉点,路幅组成复杂,路基宽,且不少立体交叉处于城市环线与放射线相交的城市进出口处,这就要求立体交叉全景的宏观印象要好,即要在总体轮廓的构思、类型选择、环境协调等方面下功夫。

图 3-16　上海延安东路立体交叉

(3)造型要素的多样性。

立体交叉结构组成复杂,给立体交叉的造型要素带来了多样性的特征。立体交叉造型要素主要包括点、线、面、空间等多个方面,这就要求在线条设计、线形组合、平面轮廓、空间形态以及细部装饰和景点的布置等方面都要周密研究、认真设计,才能获得立体交叉整体造型的完美效果。另外,在比例、尺度、韵律、风格、色彩等方面要协调统一,不能喧宾夺主,顾此失彼。

图 3-17　南京新庄立体交叉、合肥五里墩立体交叉

(4)环境协调的复杂性。

城市立体交叉多位于交通繁忙的枢纽地带或城市中心区,商业繁华,建筑林立,人口密集。在复杂的环境条件下,立体交叉作为大型构造物,要与周围环境融合,其难度很大。这就要求在立体交叉设计中对立体交叉所处的环境做充分细致的调查,设计出各种可能的比选方案,通过比较论证来确定能与环境融合的方案。通常,立体交叉的整体造型以及与环境的协调是立体交叉美学设计的两个关键。

图 3-18 上海南浦大桥

（5）立体交叉美学内容丰富，交叉性强。

立体交叉美学的内容主要包括立体交叉造型美学、立体交叉线形美学、立体交叉跨美学、立体交叉环境美学等。此外，从视觉角度分析，反映立体交叉美学的景观有动态和静态两类，即驾驶员和乘客在行车过程中获得的流动美感和远处眺望立体交叉所获得的静态美感。动态景观强调线形流畅，要求立体交叉具有良好的视线诱导功能；静态景观则强调立体交叉及其附属设施与周边环境的协调。

图 3-19 济南二环南路英雄山路立体交叉

2. 城市立体交叉美学的影响因素

1）造型因素

造型属于美学范畴，它反映人的视觉对形体的感受。立体交叉整体造型是指立体交叉线条设计、线形组合、平面轮廓、空间形态以及细部装饰和景点布置的组合，主要包括立体交叉整体轮廓的构思、立体交叉类型的选择等。城市立体交叉整体造型的特点有以下几个方面。

（1）造型组合的综合性。由立体交叉各组成部分构成一个立体交叉的整体造型，但这种组合绝不是简单的叠加,而是各组成要素的有机结合。要使立体交叉的整体造型良好,必须要求立体交叉的各组成部分符合美学规律。从这一观点出发,整体造型应符合"整体—局部—整体"的方法。

(2)空间视觉的流动性。人们观赏立体交叉时,多数是从动态角度去发现立体交叉的美。因此,在立体交叉整体造型设计时,要充分考虑处于运动中的观察者(驾驶员、乘客、行人等)是从不同方位对立体交叉进行观赏这一特点,以获得立体交叉造型动态美的效果。

(3)整体造型的简洁性与完整性。立体交叉组成复杂,涵盖内容较多,其基本功能仍是供交通运行和转换使用,因此要求立体交叉整体造型简洁明了。完整性是要求立体交叉轮廓线在视觉反映上自动补足缺口或凹陷、自动构筑连续完整的形体。例如,将环形立体交叉视为椭圆或圆形等,以完整的几何形态反映在视觉上,满足人们视觉审美的要求。

2)线形因素

立体交叉线形是构成立体交叉的骨架,线形的连续、顺适、协调、流畅直接影响立体交叉的功能、安全和景观。事实上,立体交叉的动态美在很大程度是由动态的线形组合来体现的。立体交叉一般由 2 条相交主线加若干条匝道形成,这些空间曲线在立体交叉区形成复杂的空间线形群体。结合立体交叉线形特点研究这个群体的视觉诱导、视线连续、线形要素的协调等问题,是立体交叉线形美学的主要内容。与单条道路线形相比较,城市立体交叉线形具有以下特点。

(1)立体交叉线形不是单条线形的延伸,而是在一个有限范围内若干条空间线形的有机组合。一般单条道路的线形设计,仅仅是线形要素的组合延伸。而立体交叉是由若干条线路组成的,各线路之间互相关联、互相影响,任何一条线形都不是孤立存在的,平面线位布置及纵面层次安排都要考虑与相关线形的关系。因此,立体交叉线形设计实际上是一组空间线形的设计。

(2)立体交叉线形设计实际上是匝道线形设计。匝道是供车辆转向行驶并连接上下主线的车道,立体交叉区平面线形以曲线为主。立体交叉区纵面线形互相跨越,又互相连接,构成立体交叉的层次性。因此,互通式立体交叉平、纵面线形设计的关键是匝道与主线、匝道与匝道的线形组合设计。

(3)立体交叉的平面线形和纵面线形都是以曲线为主,因此立体交叉线形设计方法应在传统的直线形设计方法上进行较大改进,也就是说应采用曲线形设计方法处理以曲线为主体的立体交叉线形。

3)桥跨因素

桥跨结构是立体交叉的主要组成部分,是立体交叉工程的主体,在立体交叉工程中占有重要地位。立体交叉跨是线路之间的互相跨越,往往因服从线形纵面坡度要求而跨越较多障碍物,致使桥跨结构型式多样。同时,立体交叉主线和匝道平面、纵面线形组合复杂,桥跨结构弯、坡、斜、竖的曲线桥以及异形桥极为常见,设计难度较大。立体交叉跨的重要地位及其构造上的特点,表明桥跨在立体交叉美学中的重要作用及其与一般桥梁美学的区别。立体交叉跨除具有一般桥梁的美学特征外,还有其自身的特点,主要体现在以下几个方面。

(1)立体交叉跨一般不是独立的桥梁,而是在有限的空间内若干桥梁与线路构成的一个集合体。因此,每条线路桥跨之间的相互关系包括形状、位置、层次安排、桥型布置等都是相互影响的。立体交叉跨的美学效果除了与单座线路桥跨相关外,还与立体交叉范围内所有桥跨的协调统一相关。

图 3-20　重庆苏家坝立体交叉

(2)立体交叉跨空间造型的美学要求较高。一般桥梁多为其两岸的正视或侧视以及路外的远视,强调的是桥梁整体结构、造型给人的美学印象。而立体交叉跨是线路间的相互跨越,人们要从各个视角对桥跨做全方位的动态观察,这就对桥跨的空间造型提出了更高的美学要求。

(3)立体交叉跨美学制约因素较多。桥跨高度、墩台布置除受下线宽度和构造的制约外,还受立体交叉所处地形及周围环境的制约。例如,桥下净高既不能小于下线行车净高,也不能过高而增加匝道(或主线)长度,凹形地带桥跨布置宜集中多层,使立体交叉结构紧凑,节约用地;平坦开阔地带桥跨布置宜相对分散,使立体交叉显得气势宏伟。

4)环境因素

城市立体交叉与周边环境的协调是立体交叉美学研究的又一个重要内容。立体交叉与环境的融合不能脱离立体交叉本身应具备的交通功能。研究和分析立体交叉环境美学,是在立体交叉满足交通功能的前提下对立体交叉及其所处环境做充分细致的调查,设计各种可行的方案,并进行环境影响评价,从而确定最优方案。实现立体交叉与环境之间的协调统一,需满足以下要求。

(1)以立体交叉总体构思为主线,注重立体交叉与环境的相容性,使立体交叉与环境的性质协调一致。造型艺术的关键是"重在构思,贵在协调"。以环境景观构成要素为辅线,弥补因立体交叉的存在而给环境造成的冲击。认真考虑立体交叉的色彩、材质、风格、体量、尺度等因素,尽量使立体交叉与环境在这几方面具有一致性、对比性和衬托性,减少立体交叉对景观产生的不良影响,以达到两者之间的融合。

(2)立体交叉应与其所处的地形相适应。地形是构成环境和确定立体交叉造型的一个重要因素。地形对立体交叉美学的影响主要体现在3个方面:①地形决定了视觉空间的型式,同时也决定了立体交叉的节奏、韵律和比例关系。②高低参差的地表,形成不同的空间视点位置,产生不同的视觉效果,从而形成尺度、深度和层次不同的近景、远景。③具有独特风格的地形及其与之相配合的构造物,形成了每座立体交叉自身独有的特征。

(3)强调立体交叉与环境的协调,不能淡化每座立体交叉自身造型的艺术个性。立体交叉是重要的景观资源之一,是城市的重要建筑物,代表各个城市独特的风格和气质。尽管造型设计在立体交叉功能上应强调一致性,但型式上仍要坚持多样而又统一的原则。应结合城市具体人文、地理环境布置一些造型独特的立体交叉,使立体交叉型式千姿百态,成为城市特有的人文景观。

第四章

◇ 城市既有立体交叉的改造设计分析

随着城市的不断发展和规模的扩大,原有道路的使用功能已不满足日益发展的城市和交通需求,现有的城市路网尤其是交通节点往往不能满足交通需求,各大城市正致力于城市道路的使用功能升级改造。如何在利用现有资源的基础上,改造立体交叉功能,满足交通需求,对原有道路及立体交叉进行升级改造是现代城市全面提升道路使用功能的有效措施。立体交叉改造既要利用现有构筑物,节约资源,又要在节省造价的基础上满足交通需求,立体交叉的改造不仅涉及工程层面,也涉及规划层面、管理层面,需从整个系统考虑,工程设计也需要从大局着眼,注重细部,坚持节点疏解与外围疏解相结合的原则。

第一节 立体交叉改建的功能需求分析

除了立体交叉节点本身承担的交通功能的变化导致的既有立体交叉功能的转变,从而引起立体交叉既有型式、条件无法适应进而需要改造外,立体交叉本身所处的自然地理条件、周边的用地现状以及建设条件等都会影响既有立体交叉改建方案的选择。

一、通行能力饱和——以北京西直门立体交叉改造为例

通行能力饱和是指通过立体交叉的交通量大于立体交叉的通行能力,使得交通流的通行受阻,大量车辆排队,出现了交通拥挤和阻塞现象。

(1)西直门立体交叉的"前生今世"。

西直门可谓古今闻名。元代时,这里是大都城和义门所在地;明清时,这里是京师内城九门之一,除正阳门外西直门称得上是规模最大的一个城门。由于西直门还是明清两代自玉泉山向皇宫送水的水车必经之门,因此又叫"水门"。

西直门桥的建设是随着地铁 1、2 号线的建设而来的。特别是随着地铁 2 号线建成后,形成了现在的二环路。也就是从那时起,北京开始引入一种新的交通组织方

式——立体交叉。

1974 年,北京第一座立体交叉——复兴门立体交叉建成通车。随后,西二环路向北延伸的阜成门桥、官园桥陆续建成。1980 年,西直门立体交叉也拔地而起,这座由内环主路桥、外环主路桥和外环辅路桥 3 座桥梁组成的立体交叉体系,位于北二环路与西二环路转弯处,与学院路形成交叉,成为城区通往西北郊的必经之路。

西直门桥是北京第一座 3 层立体交叉,其设计融入了先进的理念,设计师将两层立体交叉"人车分流"的思路进行了细化,专门为自行车、非机动车增加了一层行驶道路,使机动车和非机动车可以各行其道,这在当时还是十分先进的。远远看去,西直门立体交叉雄伟壮观,线条明快,桥下空间宽敞,又有绿地相衬,成为北京街头的一景。

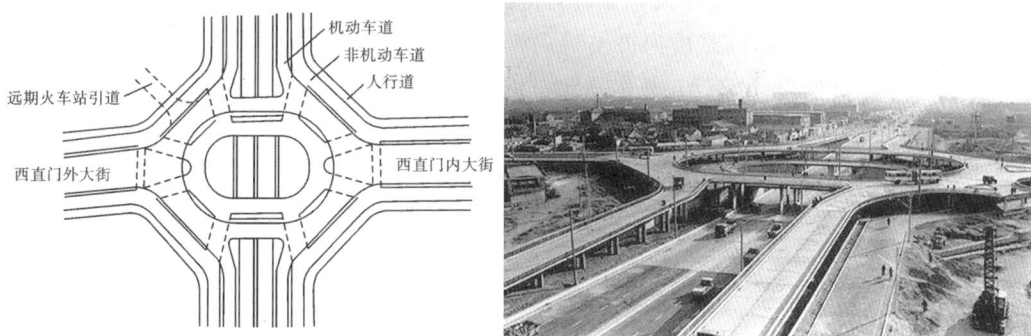

图 4-1　20 世纪 80 年代的西直门立体交叉

(2)西直门立体交叉的地理位置。

西直门立体交叉位于二环路西北角,系二环路、西直门内外大街及学院路的交汇处,在市区路网规划中起到连接两条快速路(二环路和京包快速路)与一条城市主干路(西直门内外大街)的作用。同时,这一地区又是客流的集散枢纽,地铁西直门车站规划是环线地铁和地铁 3 号线的换乘站,地铁 9 号线也要延伸到西直门。紧临西直门立体交叉西北侧的西直门火车站,是市区规划的四个铁路客运站之一(北京北站),远期规划日到发旅客列车 40 对。

(3)改造前存在的问题。

自二环路形成快速路以来,在不到两年的时间里,二环路的交通负荷增长了一倍,现有立体交叉的负荷度(即饱和度)已经大于 1.0,成为二环路充分发挥快速路作用的一个制约点。

由于历史的原因,西直门立体交叉建设时,还没有明确提出二环路作为城市快速路的标准,因此西北角小立体交叉在二环路和学院路的衔接关系上选型不合理,使二环路处于次要地位。

西直门的规划设计主要是路和桥的通行能力不匹配,进口的通行能力高,出口的通行能力低,车全挤在这里了。设计时,路桥通行能力的匹配是关键的数据,进出合理,才能路畅车通。现在的情况是大大超出设计流量的车辆从北京的西北方向汇聚到西直门，路网结构是造成这里堵车的一个主要原因。

学院路与二环路交汇处的交织长度不够，车道数不匹配。西直门立体交叉下双向只有六条机动车道，而二环路和学院路分别为双向六车道和四车道，车辆合流与分流时，不仅交织段长度不足，而且车道数明显不匹配，影响了学院路的正常通行。

（4）立体交叉的改扩建。

20世纪80年代修建西直门立体交叉时，北京只有30万辆机动车，几乎不存在交通堵塞的问题。几十年过去，作为西二环路连接北二环路的重要通道，西直门立体交叉承担的交通流量快速增长。截至2006年7月，北京机动车保有量已达275万辆。目前，承担着双向交通的西直门北立体交叉，其内环主路桥现况交通量为每小时2788辆，外环主路桥为每小时3616辆，辅路桥为每小时723辆。

从1994年开始设计，至1999年经北京市委、市政府反复研究，最终决定投资2亿多元在当年国庆节前完成西直门立体交叉改扩建工程，作为二环、三环改建工程的组成部分。1999年9月17日，西直门立体交叉改扩建完工。

图4-2　改造后的西直门立体交叉

2001年西外大街修通后，西直门立体交叉西与西外大街快速路相通，北有北二环到北四环的城市快速路。整个立体交叉上层为定向匝道，转弯车辆在上层行驶，中层为东西向跨线桥车道，与西内、外大街相通，下层为10车道的二环路主行车道，加上桥下还有地铁2号线通过，形成了全立体的交通枢纽。

西直门立体交叉上层的环岛半径较小（$R=35$米），车流量大，现有环岛的通行能力已不能满足交通增长的要求。同时，立体交叉东西两端现有道路标准低，平交路口距立体交叉太近（如高梁桥路口），车辆受阻排队，导致立体交叉环岛常常"锁死"。

二、交通功能叠加重合、转向交通功能交织——以重庆四公里立体交叉至江南立体交叉改造为例

重庆是典型的多中心组团式的山地城市空间结构,各组团间既相互独立又紧密联系。受地形条件限制,次支路网规模小、连通性差,难以分流干路交通,组团间的联系通道承担了繁重的区域对外及跨组团间出行需求,通道上的立体交叉节点极易成为交通拥堵的重灾区。早期的立体交叉选型设计,主要是在传统非饱和交通状态下,只考虑满足各流向的转向功能和效率。由于重庆城市建设的不断推进,现状城市组团间交通干道的节点拥堵已呈常态化,高峰期交通运行处于饱和流状态。

图 4-3　重庆苏家坝、菜园坝立体交叉

江南立体交叉位于重庆市东西快速干道与城市快速干道南七路,城市次干道烟雨路交会处——重庆南岸四公里,为一五路交叉路口,是重庆市重要的南大门。其西往鹅公岩大桥,东接渝黔高速公路,北通南坪,南往巴南区,东北连接通往海棠溪的烟雨路。江南立体交叉东西长约 1 120 米,南北宽约 960 米。随着城市建设的不断发展,路网和人口密度的不断增大,江南立体交叉交通量已经进入了饱和状态,由于存在多处交织段,高峰时间段拥堵现象明显,对其进行改造势在必行。

四公里立体交叉至江南立体交叉段位于重庆南坪组团南部,其中四公里立体交叉是快速路四横线与快速路五纵线的相交节点;江南立体交叉是快速路四横线与内环快速路相交节点,两节点相距约 1.5 千米。该两处节点是南坪组团向西与茶园组团以及与内环快速路直接联系的最便捷通道。改造前交通压力巨大,早晚高峰呈现常态化拥堵,工作日全天拥堵时长超过 3 小时。由于四公里立体交叉与江南立体交叉相距较近,运行状态相互影响,拥堵路段绵延相连,因此将两个立体交叉作为整体进行研究。

(1)改造前交通运行特征。

四公里立体交叉为六路相交立体交叉,江南立体交叉为四路相交立体交叉。通过收集改造前 OD 调查、RFID、综合交通枢纽运营数据等数据,获得改造前立体交叉范围内交通流量数据,如表 4-1 所示。

图 4-4　改造前的四公里立体交叉与江南立体交叉

表 4-1　改造前立体交叉范围内交通流量

道路名称	道路等级	车道数	方向	早高峰(当量小汽车/小时)	饱和度	晚高峰(当量小汽车/小时)	饱和度
海峡路西段	快速路	双向6车道	进入立体交叉	2 396	0.59	2 156	0.53
			离开公交	2 516	0.62	3 236	0.8
海峡路东段	快速路	双向6车道	进入立体交叉	3 369	0.83	4 233	1.05
			离开公交	4 534	1.12	3 804	0.94
江南大道	快速路	双向6车道	进入立体交叉	2 320	0.64	2 926	0.81
			离开公交	2 167	0.6	2 563	0.71
学府大道	快速路	双向6车道	进入立体交叉	2 334	0.65	3 155	0.88
			离开公交	1 964	0.55	2 938	0.82
烟雨路	主干路	双向4车道	进入立体交叉	692	0.35	752	0.38
			离开公交	667	0.34	861	0.44
回龙路	次干路	双向4车道	进入立体交叉	760	0.39	330	0.17
			离开公交	24	0.01	151	0.08

（2）多重交通功能的叠加转换造成节点交通压力大。

首先，四公里立体交叉至江南立体交叉段是快速路四横线的重要组成部分，承担着主城区跨片区出行需求以及南坪片区对外出行需求，同时也承担了南坪组团与邻近的茶园组团的联系交通，三重交通出行需求均需通过该区域进行转换。其次，受路网条件制约，立体交叉周边次支路网不完善，导致向黄隧道与内环江北方向联系的交通需绕行江南立体交叉和四公里立体交叉，绕行距离约 3 千米。此外，四公里综合换乘枢纽有大量的社会及公共运营车辆进出，同样需通过四公里立体交叉转换。多重交通出行需求在狭小区域内叠加转换，交通压力巨大。

重庆四公里交通换乘枢纽位于南岸区江南立体交叉东北侧，西临四海大道，用地东侧及东南侧与轨道车辆段和渝黔高速相邻，总用地面积约 9.8 公顷。该换乘枢纽是以长途客运为主，集长途客运、轨道交通、公交、出租、社会车辆多种交通方式于一体的大型立体化综合客运枢纽。具有城市换乘枢纽功能和城市配套服务功能。

目前存在的主要问题：公交车通过高架匝道进枢纽站，由于转弯呈 90 度，公交车在转弯时车身尾部将占用对向车道，影响道路通行能力，也存在安全隐患。公交车、长途汽车进入海峡路后与内环快速路下道往四海大道车辆交织距离很短，存在安全隐患。换乘枢纽进出车辆均需要通过江南立体交叉与四海大道进行转换，进出不便，增加了本已饱和的江南立体交叉的压力。进出四公里枢纽站的车行标识不明确，缺少必要的交通诱导设施。

（3）合流段车道数不匹配，形成交通瓶颈。

海峡路东段位于四公里立体交叉和江南立体交叉之间，为重要的交通分合流区域，但海峡路东段仅为双向 6 车道。在四公里立体交叉往内环方向，有 3 个方向车流共 7 个车道汇入，而合流段车道数仅为 5 个车道；在江南立体交叉往四公里方向，内环下道及向黄隧道有 3 个方向车流共 6 个车道汇入，而合流段仅为 3 个车道，车道数不匹配。早晚高峰拥堵最为严重区域均出现在车道数不匹配路段，形成交通瓶颈。

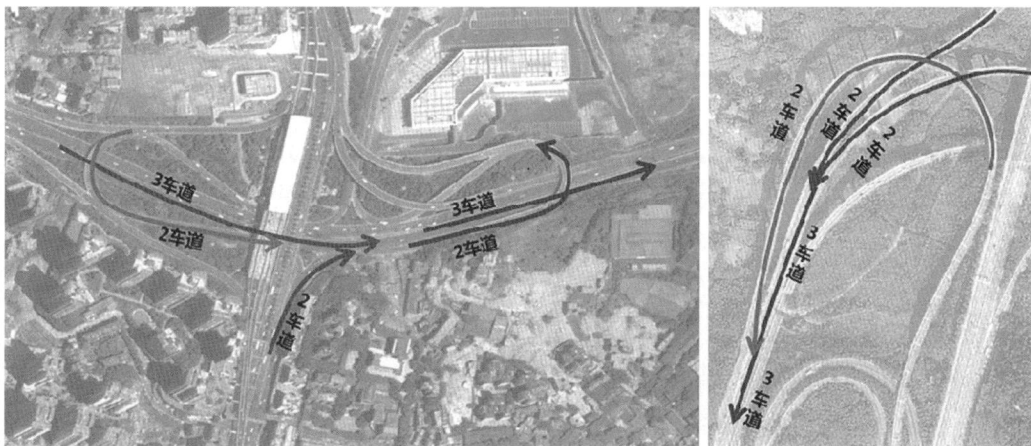

图 4-5　四公里立体交叉（左）和江南立体交叉（右）合流段车道数不匹配示意图

（4）大流向交通流交织严重加剧拥堵。

早期四公里立体交叉设计时，仅通过东西两个掉头匝道组织转向交通，在剔除直行交通后，四公里立体交叉可形象地理解为变形的"大转盘"。受立体交叉匝道设置以及烟雨路直接接入立体交叉等影响，现状四公里立体交叉范围内存在 6 个呈"X"形的交织区，其中 2 个交织区位于匝道上，4 个交织区位于主线上，且交织区长度普遍过短，最长的仅140 米。产生交织的车流流向大多为流量较大的流向，进一步加剧了交织区域内的交通拥堵。

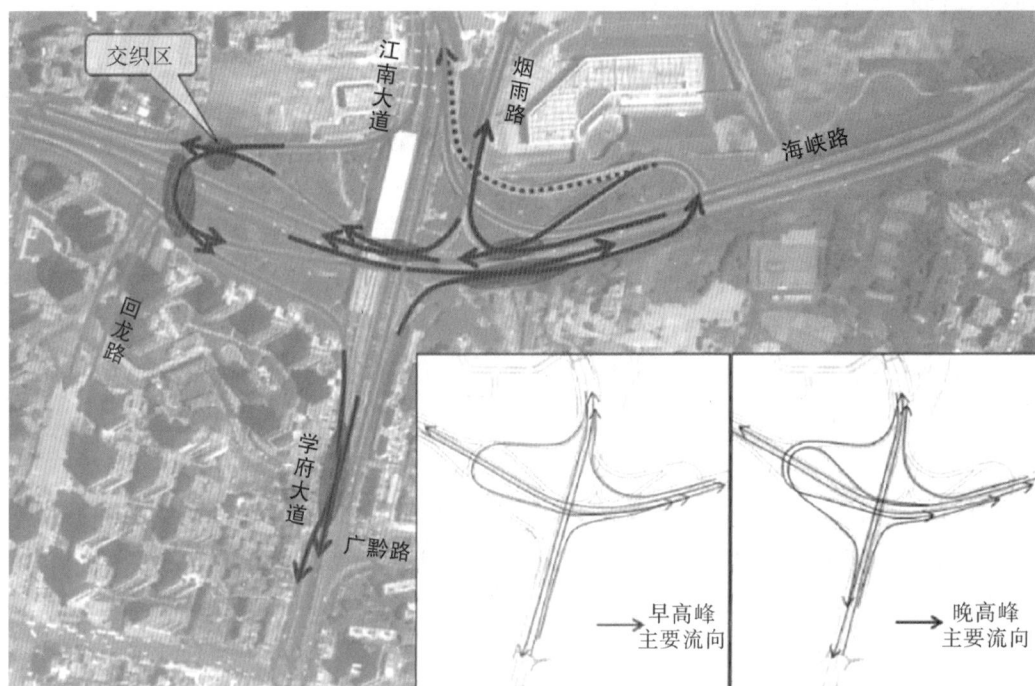

图 4-6　四公里立体交叉交织区分布示意图

（5）项目周边地块开发急需道路配套改造。

江南立体交叉东南侧城中村的改造工程、东北侧和记黄浦地块的开发、高发司办公楼、加油站的建设亟待改变周边及对外的交通出行环境，目前这几处地块均缺乏较为顺畅的进出口通道，并且地块开发后会增加大量的驻留交通，使该片区的交通组织更加复杂，在此背景下也要求该片区的道路以及交通节点尽快升级改造。

（6）立体交叉改造方案设计。

2019 年 3 月 20 日江南立体交叉改造工程正式启动。

方案设计遵循以下基本原则：在尊重控规的前提下，充分考虑现状地形，结合道路沿线地块的开发利用，保护原有生态，避免大填大挖和与自然地形不协调的大型人工构造物。平面线形美观、流畅、视觉自然、视野开阔，保证行车安全、舒适；合理设置直线、曲线、超高以及相互之间的衔接关系。断面布局应综合考虑道路等级、要求的行车道数、设计行车速度、地形等相关因素。合理安排机动车辆、非机动车辆、行人的通行,最大限度地提高道路交通的通行能力。充分考虑先进的交通工程设施对于交通流的渠化引导和疏散,以及各类交通工程设施的设置,如安全岛、渠化岛、分流岛、公交停车港等。在路线选择时,尽量利用现有道路进行改造,如途径较陡峭的地形,尽量避开高差较大处,对部分线形进行比选,做到尽量少开挖,不破坏原有的植被景观。道路排水、市政配套管线等附属工程各项技术指标满足国家、重庆市的相关标准和规范要求,合理利用资源,保护环境,与周边已建道路、设施统一协调。通过对交通源、交通管理特性的分析,与周边已有的交通管理系统合理衔接,形成完善的、技术先进的、系统的交通管理体系。交通流线清晰,可快速疏通车流、人流;连接方便,避免交通阻隔和绕行。充分考虑道路横断面上的各类道路景观设施,尽可能地考虑垂直绿化景观和立体空间绿化景观。投资控制,进行合理的技术经济比选。

方案构思主要是在对现状交通问题分析的基础上,提出符合规划的切实可行的方案设计,其方案构思特点如下:一是将江南立体交叉东侧的海峡路段作为内环快速路的一部分,但并没有按照快速路标准进行设计,造成该路段车辆交织频繁,没有发挥快速路应有的作用,因此本次方案中对该路段引入快速路主辅路设计理念,并在适当位置设置出入口,使主线车流不受干扰,可快速通过,而需要并道的车辆,则完全通过辅道交织完成,不干扰主线车辆行驶。二是通过分流匝道来分流从内环快速路下道往烟雨路的车辆,这样既解决现状烟雨路与海峡路路口交织距离短的问题,同时为杨家山地块提供了又一进出通道,缓解了烟雨路的交通压力。三是通过在海峡路上新增一回头匝道,分流现状江南立体交叉东侧回头匝道压力,同时为城中村地块和高法司地块提供出行通道。四是针对现状换乘枢纽与内环快速路不能直接联系的问题,新建一条下穿通道将两者联系起来,使换乘枢纽出行往内环快速路车辆不再绕行江南立体交叉西侧调头匝道,缓解该匝道交通压力。五是通过改造江南立体交叉南侧部分匝道,在不影响现状构筑物的前提下解决该段交织问题,将该段交织纳入海峡路辅道范围,对主线车流不造成影响。六是由于该工程为改造工程,方案构思中尽量利用现状通道和构筑物,尽量少地破坏现状构筑物,减少拆迁量。七是在海峡路上设置主辅路以及调头匝道的方式,使工程改造对现状周边地块开发不造成影响。八是针对现状人行设施、公交设施比较混乱的问题,设计方案中尽量利用现有设施,充分发挥换乘枢纽的作用,将该区比较大的公交车站都并入换乘枢纽,同时在杨家山地块、城中村地块、高法司地块等处新设置一些停车港,以供这些地块开发后使用。同时利用轨道站的人行通道,对现状人行设施进行局部改造后,使该区域的人流能够在轨道站、换乘枢纽、城市道路人行系统三者之间无缝对接。

改造工程主要内容:一是新增江南大道、学府大道往海峡路的定向匝道,缓解立体交叉交织现状;二是新增下穿内环快速路的隧道,解决四公里换乘枢纽的长途汽车进出内环问题；三是新增内环至海峡路辅道，增设内环经纵一路、连接烟雨路交通通道，将内环快速路进入烟雨路的交通进行隔离分流，避免与海峡路的交通相互干扰；四是新增学府大道进入内环快速路的辅道，避免与海峡路的车辆交织；五是新增内环连接向黄路定向匝道，分流内环与南山方向上下交通流，不再进入江南立体交叉转换；六是在内环快速路上新增一条调头匝道，解决红子邦地块向海峡路方向的交通流。

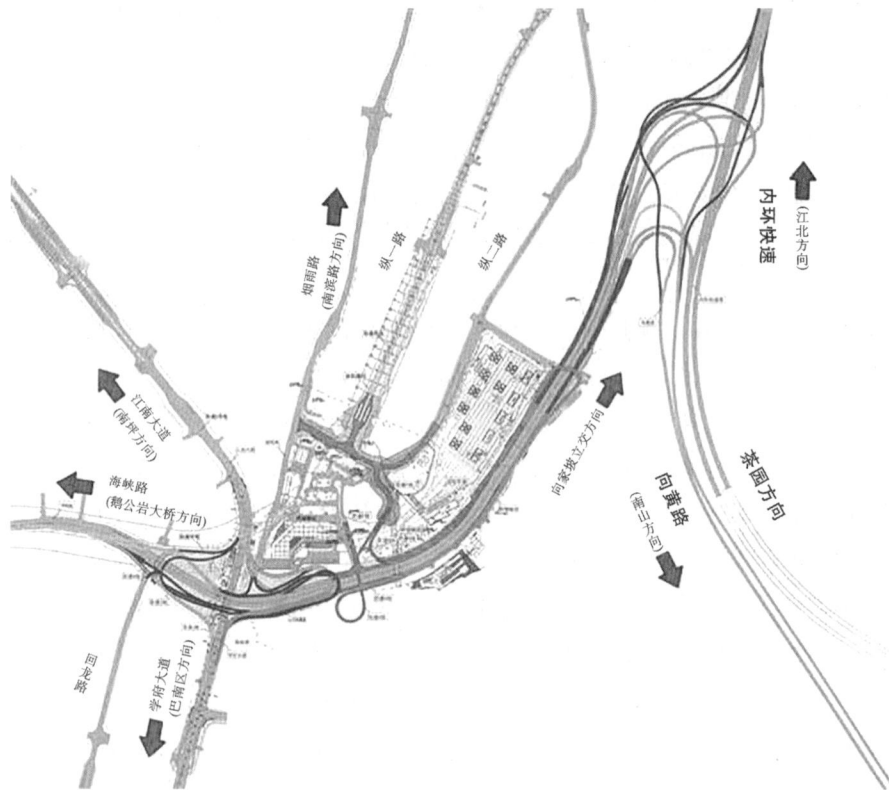

图 4-7　江南立体交叉改造

三、既有设计功能的缺陷——以青岛双元路双积路立体交叉改造为例

双埠立体交叉与双元路—双积路节点是环湾路与双积路、双元路交通转换的重要节点，是环湾路免费进出高新区、红岛经济区的最方便节点；受双流高架城阳区段货运限行、安顺路尚未贯通、仙山路局部路段狭窄及规划路网尚不完善等因素影响，货运通过环湾路、双流高架集中于该节点，对该节点的依赖性及冲击性大。

改造前现状双积路是东岸城区与高新区之间区域交通衔接的主通道，节点现状通行量 5~6 万辆/天，高峰小时 5 000~6 000 当量小汽车/小时；整体运行量较大，以南向北下桥负荷最为严重，达到饱和；其中，南北直行流量占路口总量 40%，东西直行流量占路口总量 15%，南向西转向流量占路口总量 30%。双元路是双流高架以西区域及老港区南北疏解的唯一通道,南北直行交通量大,货运比例高,过境交通占比高。

从实际观测来看,高峰时段路口整体饱和度较高,各进口方向饱和度均较高,其中以环湾路南进口方向交通量最大。根据道路现状条件及信号配时情况,现状节点设计通行能力为 5 525 当量小汽车/小时,高峰小时路口通行车辆为 6 150 当量小汽车/小时。

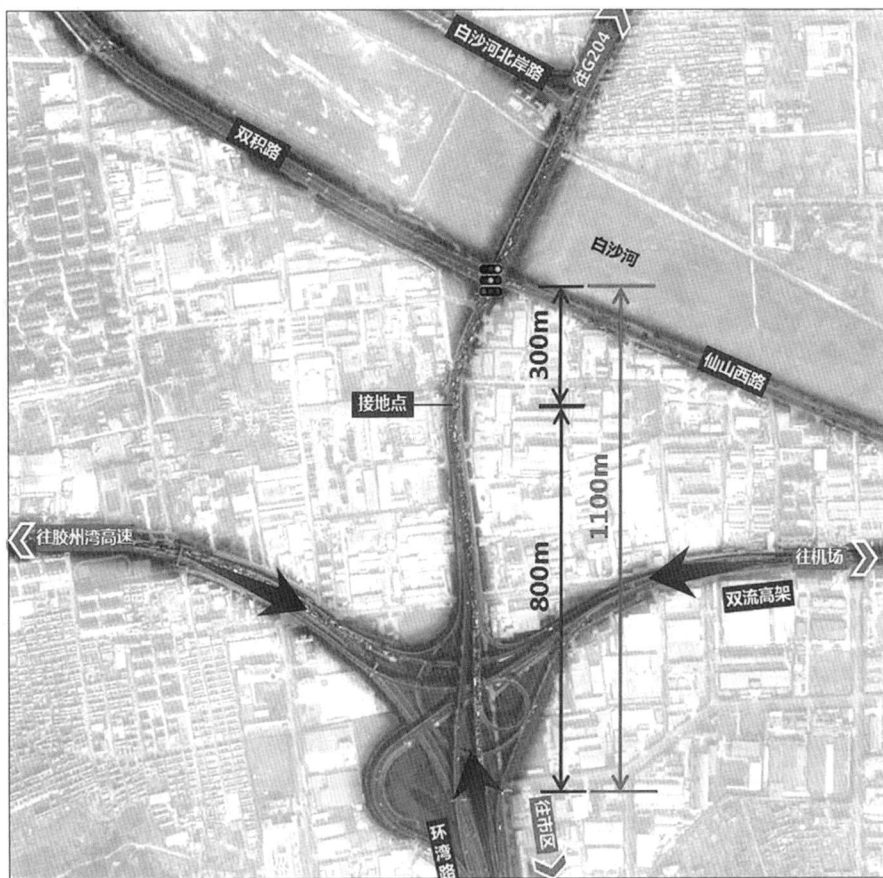

图 4-8　双埠立体交叉与北端信号灯控制节点示意图

双埠立体交叉改造于 2010 年随着胶州湾高速公路市区段的拓宽改造同步完成,立体交叉在原喇叭形立体交叉的基础上通过增设南北主线、增设转向匝道形成全互通立体交叉。现状南北直行方向设计规模为双向六车道,东西直行方向设计为双向四车道;南与西方向为环湾路—胶州湾高速公路方向,设计为双向四车道,其余转向匝道均为单车道匝道。

双元路—双积路节点交叉口中心点距离双埠立体交叉北端下桥点距离仅约 300 米,由于距离短、车流量大,现状信号灯控制路口造成南向北交通、南向西交通的排队车辆已经影响到双埠立体交叉。

四、道路功能的转变导致服务功能的需求变化——以重庆东环立体交叉为例

重庆市东环立体交叉是内环快速、机场快速、沪渝高速公路三条道路的交叉点。立体交叉建设时三条道路的性质：内环快速公路及沪渝高速公路为高速公路，重庆机场路为城市道路。但是，2010年随着重庆市城市的发展和扩大以及重庆绕城高速公路的建成通车，内环高速公路改为城市快速道路，承担了主城区大部分出城和入城交通流量，道路的性质和所属权限发生了改变。重庆市内环高速公路的性质由公路转变为城市快速道路。

东环立体交叉西北侧为民心佳园，是内环快速路转换交通流的重要节点。内环快速道路改为城市道路后，机场路出城方向、人和立体交叉至东环立体交叉交通流量不断增大。东环立体交叉型式为全苜蓿叶形，随着重庆市城市的发展和扩大，重庆绕城高速公路的建成通车，内环高速改为城市快速路，东环立体交叉出现了以下不足：在交通转换的高峰期机场路出城方向某个匝道一旦出现车辆擦剐事故，交通就会瘫痪，并影响到渝中、江北的交通，也会给新牌坊、民安大道、红旗河沟、观音桥环道等路段带来很大的交通压力。从南坪往人和立体交叉方向，车流量大，且交通组成中大车比例较高。车辆在此方向排队有百米长，这对往机场方向的车流有极大的阻碍。内环快速路的车辆可以经过东环立体交叉进入民心佳园，可是由民心佳园上内环快速却没有直接上道的匝道，只有通过两种绕行方式进入东环立体交叉，一是通过奥园至金渝进行绕行，二是通过金开大道至人和立体交叉绕行，民心佳园进内环很不方便。

五、早期设计指标低引起的改造需求——以重庆人和立体交叉为例

由于立体交叉早期建设时考虑到投资立体交叉的标准较低，汽车在通行时不够顺畅，且留有安全隐患。久而久之立体交叉通行由通而不畅变为拥堵不堪。提高立体交叉的指标，如匝道半径、匝道宽度、出入口交织长度等，将有效缓解交通压力和提高安全系数。

人和立体交叉为机场快速、人和大道、内环快速、民安大道、红棉大道交叉行程的节点，为重庆市内环快速路北半环的一座七路交叉枢纽立体交叉，是沪渝高速、机场快速进入中心城区的重要节点，于2000年4月随渝涪高速路建成通车，当时为收费立体交叉。2010年初，随着重庆绕城高速公路的建成通车，内环高速公路改为内环快速路，人和立体交叉取消收费。同时，随着立体交叉周边地块的不断开发建设和两江新区的经济发展，该节点的交通压力日益增大，部分匝道严重饱和，高峰时间段拥堵现象严重，现有的立体交叉匝道已难以满足交通转换的需求。

图 4-9　改造前的人和立体交叉

　　该立体交叉建设时匝道采用的指标较低,匝道交织长度不足,车流在交织段干扰严重。在早高峰期间人和立体交叉的通行压力巨大,通行显得十分拥堵。

　　根据现场调查,人和立体交叉发生拥堵的四个主要交织区段,高峰时速度均小于30千米/小时,服务水平为最低级(强制流)。造成其拥堵的原因主要是部分匝道以及交织段承担的转换功能过多,造成交通压力过大;部分匝道技术指标与交通量不匹配,通行能力较低;部分交织段长度不够,不能满足交织要求;部分匝道出入口处有城市道路接入;立体交叉范围内人行系统不独立,行人穿越道路现象严重,对交通干扰大。

　　该立体交叉的改造分两期进行,主要通过增加半定向分流匝道,剥离交织较多方向的车流,消除或缓解堵点;改造标准较低的环圈匝道,提高立体交叉通行能力;设置集散车道,增加交织段长度,保证行车安全;改造城市道路出入口,减少对主流交通的干扰;结合火车北站、天宫殿片区与快速路系统转换方案,统筹考虑立体交叉功能;完善立体交叉区域人行系统,避免行人穿越道路对交通的影响等。人和立体交叉原有匝道15条,通过改造和新建之后,匝道将达到20条。两期改造完成后,沿线道路的通行能力将大大提高,人和片区的交通压力也将得到缓解。

第二节　既有立体交叉改建策略研究

相对于道路的改扩建,立体交叉的改扩建方式相对比较复杂,不但需要在综合考虑路线走向、路网规划、周边经济发展等基础之上拟定出合理的总体改扩建方案,而且也需要考虑具体的细部设计及其对总体方案的影响,如匝道、跨线桥等设施的改扩建方案及其对总体方案的影响。同时,这些需要被考虑的因素有可能互相冲突,出现"鱼与熊掌不可皆得"之状况,使得方案拟定难度很大。

城市立体交叉因为承担着较大的转向交通量,要求各向交通流均能自由顺畅地运行。因此,一般来说,枢纽互通主线段及匝道的各项设计指标要求较一般互通要高。同时,高线形标准往往带来较大的工程规模和较高的工程造价。某些枢纽互通甚至完全由桥梁组成,又称不接地互通。我国虽然幅员辽阔,物产丰富,但是人口基数大,人均资源占有量少,充分利用现有工程设施进行改扩建,发挥现有设施潜力,减少土地和资源的损耗,对于我国经济的可持续发展具有重要的战略意义。因此,对于枢纽型立体交叉的改扩建设计研究势在必行。

目前,立体交叉改扩建中存在的问题大致有以下几点:如何判定现有立体交叉是否能够满足远期交通量的需求,是否需要改造;如何判定现有立体交叉是否具有改扩建潜力,如具有改扩建潜力,原有工程如何利用;立体交叉在改扩建中,废弃重建、改建、扩建均有可取之处时,对于现有工程如何在废弃重建、半利用改建及全利用扩建之间找到一个最合理的平衡点;在改扩建项目中,在综合考虑原有互通的利用及施工期保持交通流畅通等的基础上,如果当经济效益与社会影响间存在矛盾时,如何平衡社会影响和经济效益之间的关系。

一、立体交叉改扩建现状评估及原则

1. 道路现状资料调查

立体交叉的新建和改扩建设计,均以掌握精确的原地面资料为基础。而相对于新建工程,互通式立体交叉改扩建设计不但需要考虑地形地物因素,还需要考虑原有工程的充分利用以节约工程成本。若不能精确掌握原有道路各项数据,改扩建工程新建部分和原有工程就很难顺利地衔接起来,而互通式立体交叉范围内的道路、桥梁等原设计数据资料往往可能因为多年的运营,产生沉降等而发生变化,特别是地基承载力较小的地区,若无视这些变化,可能会造成新旧工程衔接不顺等问题。所以,对现有互通式立体交叉范围内的现有地形、地物、构造物等进行实测是有必要的。

1）工程现状资料调查

工程现状资料调查应该包括原有工程构造资料和运营安全状况两个方面。

收集立体交叉区域内交通事故数据、事故形态及事故成因等资料，有助于在改建工程设计时提出针对性解决方案，必要时，可以对交通事故频发地点进行现场实测并取得相关实测资料。改扩建工程一般以在满足需求的情况下最大限度地利用原有工程为原则，因而收集原有工程构造资料，是进行下一步改扩建方案设计的基础。

调查原有工程构造资料除了包括原有工程勘察设计、竣工和养护方面的资料外，同时应额外收集以下三个方面的资料：通过现场实测，拟合出改建工程平、纵、横几何现状资料，以及路基、路面、桥涵、隧道等构造物现状资料，若有病害，必要时需要检测并出具相关资料；互通式立体交叉区域内现有其他道路的相关资料。

2）交通量及运行情况的调查

做好交通调查，收集互通式立体交叉区域内各道路的交通量，无论对新建工程还是改扩建工程都具有极其重要的意义。

交通条件调查应包括交通量现状调查、起讫点调查、公路交通量调查等方面。准确合理的交通调查可以为准确预测出精确的远景交通量提供原始实测资料，这些资料经过整理分析，可以作为决定互通式立体交叉的位置、型式的主要依据。

（1）交通现状调查。交通现状调查应该着眼于互通式立体交叉及其连接的道路所在地区的整个运输系统，由于其他运输方式及各种交通工具保有量和发展趋势等诸类重要资料均与公路交通有密切关系，因此，在拟定互通式立体交叉改扩建方案之前对于其他运输系统的调查很重要。

（2）交通起讫点调查。起讫点调查就是从某一出行点到吸引点之间对交通单元（车辆、货物）的流量流向，及其通过的线路和起止地点等资料的调查。起讫点调查对于交通规划和可行性研究都具有相当重要的意义。

起讫点调查的目的在于收集出行的交通类型和数量方面的相关资料，明确"源"与"流"之间的关系，并且以此求出远景交通量，为下一步方案的拟定提供基础数据资料。通常，起讫点调查分两类：客流起讫点调查和货流起讫点调查。

交通起讫点调查前的准备工作：一是确定划线分区（交通核查线）。在调查区域境界线确定后，为了研究分析大量的交通源及其空间分布情况，结合调查区域内行政区划和地形、地物、构造物分布，将调查区域分成若干个小区。小区划分的数目、规模视交通复杂程度与人口密度而定。一般来说，交通矛盾突出地区划分区域应当小一些，互通式立体交叉附近为了确定各转向交通流发生源，应划分较小的区域。二是确定抽样率和抽样方法。如果调查范围和对象不是很大，可采用全样调查。但是，在大多数情况下，需要按照一定的比例抽取样本来进行调查。一般来说抽样率大小与抽样母体、调查对象、调查分析目标和精度有关。交通起讫点调查方法有很多种，根据调查内容、要求的不同可以采用不同的方法，常用的是家访调查法、表格调查法、路边询问法等。

（3）道路交通量调查。道路交通量调查应收集立体交叉所处地区周围道路网的现状及其交通量数据，包括路网内各路线的年平均日交通量、高峰小时交通量、交通类型和组成、流向、流量、各年交通量增长率、交通量不均匀系数、车流平均速度及交叉口的交通状况等资料。若立体交叉为城市立体交叉，还必须收集非机动车和行人流量数据。

收集到交通量的基本数据后，根据交通调查所得资料，应对目标互通各向交通量进行预测，求出设计年末远景交通量。

交通预测的一般步骤：确定预测目标；选择预测影响因素；收集、整理资料；数学模型的选择与建立；数学模型的检验；进行预测；分析和确定预测结果。

2.立体交叉现状评估

拟改扩建工程本身已是某些方面不能满足现有交通需求，因此，对拟改扩建工程现状进行分析，找出现有工程存在的不足，提出具有针对性的改建目标和改建重点，挖掘现有工程可以利用的部分，作为改扩建工程后续方案拟定的重要依据。

1）立体交叉现状服务状态评估

服务状态评估，即对立体交叉整体及各部分服务水平进行综合评估。交通检测参数为在交通工程技术中用来表征道路交通状态的标量。传统的交通检测参数一般来说相对抽象，如交通流量、占有率、车头时距等，仅仅观察交通参数不容易建立起交通参数和交通参与者的感受之间的关系，难以让人产生较为直观的理解，特别是对交通参与者更是如此。交通服务水平可以有效地对这个情况进行直观的描述。交通服务水平定义为衡量交通流运行条件以及驾驶员和乘客所感受的服务质量的一项指标，通常根据交通量、速度、行驶时间、驾驶自由度、交通间断、舒适和方便等指标来确定，并将服务水平分为 A 至 F 六级。

通过对资料收集，分析现交叉各道路和匝道设计速度与实际运行速度的适应性、运行速度的连续性以及连接方式与驾驶员期望的一致性等，对现有各交叉道路、匝道及匝道连接部的技术指标进行分析，评估现有工程服务状态。

2）立体交叉安全状态评估

传统的安全状态评估往往是通过当地有关部门对各路段的交通事故资料进行收集分析，找出各路段中的事故黑点地段，并对事故黑点成因进行相关分析。

通过对事故黑点分析研究，找出影响互通式立体交叉安全的主要因素有以下几点。

（1）视距不足。例如，凸形竖曲线顶部设置出口时容易产生流出点视距不足的问题，设置如跨线桥后的分流点视距同样也是难以保证。

（2）有效减速长度不足。在主线分流点之后，匝道曲率半径逐渐减小，如果主线与匝道圆曲线之间前后半径变化过大，而相互衔接部分的曲线长度过短，就可能会造成匝道上行驶的车辆有效减速长度不足。当大型车辆欲进入匝道时，往往需要在主线上就开始减速，轻则造成交通延误、影响主线的正常通行，重则引起交通事故的发生。

（3）连续出口。多个连续出现的出口必然导致驾驶员接收到的信息相当繁杂，需要分出精力在能看清主线交通状况的情况下,对各个出口传递的信息进行筛选、分析、判断,选择出口时极易出错,容易造成误行现象。

(4)左侧出、入口。在我国的行驶规则之下,在左侧分合流既不符合驾驶人的操作习惯,而且因为能见范围小,将对正常的交通运行造成一定的负面影响,不但影响正常的通行,严重时可能会造成交通事故。在我国早期修建的互通立体交叉中,其中一些为了减少桥梁长度、降低工程造价,采用了在左侧分合流的出入口设置型式,因为该种设置造成交通事故高发,其中的一部分已经进行了改造。

(5)超高设置机械化。尽管半径相同,但在不同行驶方向、不同的纵坡等因素影响之下,车辆运行速度也会出现相当大的差异,设计者如果仅仅简单地套用规范中对应平曲线半径规定的超高值,没有对实际情况进行具体分析,将容易造成"欠超"或"过超"的现象。

因此,需要对立体交叉的位置、间距、型式、速度协调性、匝道及其出入口、视距、标志、标线等进行全面分析,判断其可能存在的安全隐患。对事故多发部位,应根据事故调查资料分析事故成因,提出相应的改建对策。

3.立体交叉改扩建的原则

从改扩建原则上来讲,在方案设计上无论改扩建工程还是新建工程,均需能以满足设计年末预测为方案设计基本原则。在能满足枢纽立体交叉功能需求的前提下,新建枢纽注重整体美观和线形指标,保证行车舒适和安全及立体交叉整体形象;改扩建工程则应考虑尽可能多地利用原有工程,在不牺牲行车安全的前提下,以节约造价方案为宜,同时改扩建工程方案需保证原有交通的连续运行。

在线形设计上,新建工程与改扩建工程均需保证线形连续变化,不得有突变点。新建工程线形设计为线形优先,地形服从线形;改扩建工程为地形优先,线形服从地形。

在连接部设计上,新建工程与改扩建工程均以保证连接部通行能力和安全为首要原则,需保证视距,车道连续、平衡,出入口识别良好。其不同之处在于,新建工程连接部设计需以引导驾驶员按设计速度行驶为原则,改扩建工程连接部设计则需以满足现有驾驶员实际运行速度为原则。

根据国内外已改扩建或正在改扩建枢纽型立体交叉工程经验,总结出枢纽型互通式立体交叉改扩建时应遵循以下几点原则。

(1)灵活运用技术标准。城市立体交叉范围内分、合流点很多,相对于道路主线,交通流比较复杂。原则上立体交叉范围内的主线、匝道和出入口线形指标在已满足现行规范的前提下应尽可能提高。一般来说,改扩建完成之后,立体交叉的各项技术指标原则上不宜低于原有立体交叉的各项技术指标。

但是,当条件限制比较严时,若经过技术论证和交通预测,既能保证互通式立体交叉范围内的行车安全、舒适,又可以满足远景交通量需求,那么适当降低指标以节省工程造价也是合理的改扩建方案。若改建后技术指标低于现行规范的方案,应当建立相关仿真模型做详细的安全评价论证,并辅以相关交通安全设施以保证行车安全。鉴于城市立体交叉为区域交通核心节点,若交通事故频发将会造成恶劣的社会影响。因此,立体交叉改扩建工程不推荐突破规范标准的方案,不宜采用降低标准改扩建方案。

(2)满足远景交通量增长要求。设计改扩建方案时,不但应考虑现有交通量的重分布状况,还应结合近年该地区交通量变化特征对该区域远景交通量进行合理预测,从而确定立体交叉改扩建型式和规模,以避免后续因交通量预测不准而导致的频繁的改扩建。

(3)最大限度利用原有工程。在改扩建工程中,若能利用原有工程,较之拆除重建新增用地和新增拆迁均会极大减少,不但节约资源、节省造价,还能获得较好社会效益。所以,对于改扩建工程盲目提高线形指标并不可取。在满足远景交通量需求的情况下,当优先考虑充分利用原有工程,局部调整原匝道线形,对原有工程进行加宽的方案。

(4)改扩建工程施工期间保证交通顺畅。枢纽互通所连接道路为高速公路或者具有干线功能的高等级道路,交通量大,于道路网中位置重要。一旦枢纽互通区域交通中断,极可能引发附近区域交通瘫痪,不但经济损失巨大,还会造成恶劣的社会影响。因此,改扩建工程实施期间有必要做好相应的交通组织措施以保障互通原有功能受较小影响或者不受影响,使原有交通能够顺畅进行。

(5)合理绿化、注重环保。环境保护是我国的一项长期的基本国策,在道路工程修建中,边坡开挖等爆破挖掘作业均会对环境造成不可逆转的伤害。因此,在改扩建工程中,应当注意尽量避免对环境造成太大的扰动。同时,对于原有的绿化服务设施,在一定程度上若可保留,就可以保留,这样不但可以减少后期绿化的投资,同时也能减少改扩建中对现有环境的破坏。

城市立体交叉同时也是所在地区的大型人工构造物,不但具有交通功能,同时也具有景观功能。造型美观大方的枢纽互通不但可以给人良好的视觉享受,还可以提升当地城市形象。

在实际工程应用中,各条原则间可能出现互相冲突的情况,这时需要设计人员在具体情况下,具体问题具体分析,体现灵活性设计原则,对其进行取舍。

因此,在具体设计中应当体现灵活性设计的原则,例如,在某改扩建工程中,拟改扩建工程需拆除原工程中一座大型桥梁,桥梁运营状态良好,没有任何问题,应以最大限度利用原有工程原则,当以利用为宜。但是若如此则可能某些地方标准降低,甚至于不满足规范的要求等。当遇到此种情况,则需要对该项目进行详细分析,在分析出足够多的方案的前提下,对各方案进行综合评估,遴选出最优的方案。

二、立体交叉改扩建的方案设计

1. 改扩建方案影响因素

影响立体交叉改建的因素众多,主要包括通行能力饱和、路网改造因素、立体交叉功能受限等。其中,通行能力饱和是指通过立体交叉的交通量超过了立体交叉的通行能力,立体交叉的服务水平不能满足交通量增长的需求,致使在立体交叉区出现了较为严重的交通阻塞现象。

1)远景交通量对改扩建方案起到直接的决定性作用

对于在改扩建工程中的方案设计而言,影响最大的因素即为远景交通量。远景交通量对于改扩建方案有着直接的决定性作用,不同的交通量将会直接导致不同的枢纽立体交叉的设计方案,而能否满足远景交通量需求则是关系到设计能否满足其功能需求的重要问题,因此,在设计工作中,远景交通量是需要首先考虑的问题。远景交通量即是对未来交通量的预测值。

远景交通量主要由下列三部分组成。

(1)趋势交通量。对于已有的路网,可以通过交通调查,得出所建道路的现状流量。然后再通过对当地经济条件、往年交通量增长率进行调查,以预测年流量增长率,推算出规划年的趋势交通量。

(2)转移交通量。除了趋势交通量之外,因道路改造或新建之后,在该道路运输可能在时间上和经济上产生了一定的优势,使原来由铁路、水运或邻近道路运载的客货运输转向,这就是转移交通量。

(3)新增交通量。因为道路交通条件改善,诱发了该地区原来潜在的交通量,这部分交通量是原来想出行,但是由于道路条件的限制而未出行的。

枢纽互通型式改变与否首先取决于现有工程是否能够满足设计年限末年的交通量需求。当仅加宽匝道就可以满足交通量需求时,可以选择维持枢纽互通型式不变,仅对匝道及连接部进行局部改造即可;反之,则应根据具体交通量情况,重新构型出能满足远景交通量的枢纽互通型式,并根据现有工程情况,拟定出可行的改扩建方案。

2)现状工程的型式及规模

现状工程即原拟改扩建立体交叉的旧路,包括旧主线、旧匝道、旧桥涵等。不同于一般喇叭式立体交叉,仅有主匝道与正线间一座跨线桥。在枢纽互通之中,除了苜蓿叶型枢纽互通,左转匝道都采用了数量不等的半定向或者定向匝道。因此,除了主线跨线桥以外,各匝道间往往也存在跨线桥,跨线桥较一般喇叭式互通跨线桥数量多,桥长也较长。如果将之废弃重建不但成本较高,而且拆除桥梁重建的过程对于枢纽互通的交通顺畅运行也会产生极大的负面影响。而若利用原有工程进行局部改造或者加宽,工程费用将会大为降低,所以,对原有工程的利用将会对互通式立体交叉改扩建方案产生相当大的影响。

3)相交道路主线的加宽方式

拟改扩建道路主线的加宽方式将会对枢纽互通式立体交叉的改扩建产生直接的影响。然而,枢纽互通式立体交叉因为是区域道路交通上的关键节点,一般来说规模通常都会比较大,并且在涉及的互通式立体交叉的划分区域对应的道路的主线长度也会比较长,因此,通过以往建设的先例,可以发现,枢纽互通的造价对整个工程的造价将会产生较大的影响,而枢纽互通的服务水平通常更是道路服务水平的瓶颈部位。主线加宽方式的不同对枢纽互通的改扩建方案产生了巨大的影响,而枢纽互通的改扩建方案的选择往往也能改变主线的加宽方式的选择,因此,主线的加宽方式通常都需要同枢纽互通的改扩建方案结合起来进行比选。目前,我国主要采用的加宽方式大概有以下4种:两侧整体加宽、两侧分离加宽、单侧整体加宽、单侧分离加宽。

同等的交通条件下,不同加宽方式的选用对互通式立体交叉的原有工程设施的利用率的影响程度也是不尽相同的。简单地从工程经济的角度看,如果交叉主线的跨线桥跨径足够进行道路主线改扩建作业,则采取两侧整体加宽的方式应当是最为经济的,这种方式只需对主线范围内的端部进行适当的调整即可。反之,则应该考虑采用分离加宽方式,避免对跨线桥进行调整。但是,对于仅改造端部部分线形的改扩建工程,因为没有对匝道进行调整,因此,整个互通式立体交叉转换交通流的能力难以提高。

当主线在某侧进行改扩建受到一定限制时,应考虑采用单侧整体加宽方式或改建为分离式路基,进行分离加宽。如果采用单侧整体加宽,则加宽侧的匝道,尤其是靠近主线的匝道,需要部分或者全部改建或者重建。如果主线采用分离式路基,那么需要对匝道的线位进行较大幅度的改造甚至重建,这对原有匝道的利用率比较低,工程费用的增加量较大。

4)交通组织与施工组织

道路改扩建工程施工时,必然会对原有道路的行车环境产生不同程度的影响。枢纽互通所连接道路均为交通量较大的干线道路,沿线交通源对道路依赖性较大,如果对改扩建区域完全进行封闭施工,将中断该节点交通,原本于该节点转换的交通流将会分流到周围互通,通过附近的国道、省道进行转换,这样不但会给沿线的国省道带来巨大的交通压力,甚至可能导致改扩建区域附近区域交通暂时瘫痪。如此,不但会对经济发展带来巨大的负面影响,甚至还会因为交通分流过多极大地影响附近居民的正常生活。

然而,在过去的改扩建工程设计中,交通组织设计经常处于被轻视,甚至被忽视的状态。受"重工程设计,轻交通设计"的思想影响,有些工程对交通组织设计研究不足,甚至设计阶段根本就没有研究交通组织方案,等到施工单位进场了才开始研究,如此短的时间内,自然难以做出合理可行的方案。最后,仓促而成的交通组织方案往往导致施工过程中交通组织混乱无序,轻则造成施工路段长时间交通拥堵,带来各种负面影响;重则因为糟糕的行车环境而引发较多的交通事故,甚至影响了改扩建工程的正常进行。

5)交通安全和景观要求

设计的安全往往是道路设计工作中应当首要考虑的因素。互通立体交叉在有限的空间区域之中,需要完成多个方向的交通转换功能,因此,在互通式立体交叉上车辆运行的方向较为复杂;同时,因为受项目投资、现场条件及环境限制,有些互通式立体交叉的技术指标往往不能满足规范要求的高标准,有时候,甚至采用了极限值,而在当几个低限指标进行组合而又组合不当时,这时所构成的线形可能会加剧立体交叉上运行条件的复杂性。正是这些复杂因素的影响，目前，相对于道路主线直行路段，互通立体交叉逐渐成为道路交通事故的多发地。

因此，互通式立体交叉运营通车之后，应对其历年来所发生的交通事故进行调查分析，掌握交通事故分布情况，找出交通事故发生原因，确定互通式立体交叉区域内的事故黑点，这对于互通式立体交叉的改扩建方案制定有着重要的价值。

从景观上来讲，立体交叉是道路与桥梁相结合的庞大构造物，在国内一些城市之中，甚至使用大型立体交叉来显示其市政建设的成就，并以此作为其城市的标志，形成现代城市的重要景观设施。因此，立体交叉的景观要求在新时代的立体交叉建设中逐渐走向一个较为重要的位置。

2. 改扩建方案设计的原则及要点

枢纽互通往往是控制路线走向的关键节点，而且枢纽互通式立体交叉占地规模大，造价高，若道路改扩建中改变枢纽互通位置，不但原枢纽将废弃，还会造成较大长度道路改建。因此，因道路改扩建引起的枢纽互通式立体交叉改扩建不宜采用移位重建方案。而原位扩建和原位改建方案，相对移位重建方案而言占新增用地的数量大为减少，改扩建规模较小，对相关道路路线调整小，投资规模较小。因此，道路改扩建引起枢纽立体交叉改扩建的总体设计方案一般采用原位改建或原位扩建方案。

当枢纽立体交叉在实际运营中的通行能力已不能满足现有交通量需求或即将不能满足交通量需求时，以新建复线方式分流交通所带来的社会经济效益，其投资收益率小于对枢纽立体交叉进行改扩建时，即可考虑对枢纽立体交叉进行改扩建。当原立体交叉通行能力不存在问题，而原枢纽立体交叉在设计上存在缺陷时，则需对有缺陷的部位进行改造，同时可以根据实际情况决定是否对立体交叉进行一定的超前设计来进行改扩建。当交叉所在地有新线接入时，需根据新线接入点与线交叉点的距离确定是扩建为多肢枢纽还是建设为复合立体交叉。

工程设计本身即为发现问题、解决问题的一个过程。因此，对于改扩建工程而言，则需要通过对现状与期望进行分析，明确改扩建设计需要达到的目的，以此来发现现工程存在的问题，并提出解决方案。对于立体交叉的改扩建工程而言，其需要解决的问题可能有很多，需要改建的部位也不一定仅局限于一两处。以其改造目的来划分，可以分为提高通行能力和提高工程安全性能两种目的。

1）以提高通行能力为目的方案设计要点

互通式立体交叉的通行能力受到匝道基本通行能力、端部的通行能力、交织段的通行能力三个因素的限制。提高通行能力则需要从这三个方面入手进行分析并提出解决办法。

当匝道通行能力不足时，应优先考虑加宽匝道，增加车道数来提高通行能力；若加宽匝道仍旧不能满足通行能力要求，则应采用拆除原匝道，重建新匝道改建方案。

当交织段通行能力不足时，优先考虑增加交织长度或增加交织车道数，否则应加设立体交叉匝道分离交织段、减少交织交通量或消除交织段。

当变速车道通行能力不足时，应考虑延长变速车道长度或者改变变速车道型式，以提高通行能力。

2）以提高运行安全为目的方案设计要点

互通式立体交叉存在安全隐患的地方有很多，有可能需要进行改进的地方大致有以下几点。

（1）当出入口设置方式不当时，应按一致性设计要求调整匝道，统一从主线右侧出入或者合并连续的出入口。

（2）当视距不良时，可通过调整线形，清除视距包络线内障碍物等手段改善路段视距，若通行能力有较大富余，而线形调整困难或障碍物不易清除，可考虑采用降低运行速度方法。

（3）当连接部车道数不平衡时，应通过改善连接部几何构成、调整车道布局等措施保证车道平衡及主车道的连续性。

（4）当运行速度不连续时，应对该路段平纵面线形进行优化调整。

（5）当相邻端部距离过近时，应按间距控制的要求进行调整。

（6）当因出口信息不清等引起错路运行事故频发时，应调整并强化首位度信息并清除多余信息。

第五章

◆ 城市立体交叉建设新理念

第一节　地下互通立体交叉的建设兴起

随着我国城市化进程的推进和城市道路交通的迅猛发展,路面资源有限,交通拥挤越来越严重,城市土地资源和道路交通走廊的占地矛盾日益凸显,城市地下道路逐渐成为一种拓展交通空间、改善人居环境的解决方案。因此亟待修建大量的地下立体交叉,把人流、车流引入地下,疏散地面交通,缓解交通拥挤状况。

早期大多数地下道路工程主要是为了实现地面道路空间不足、实现与地面道路交通的分离或保护地上景观等目的而出现的,在用地或环境受限的重要节点已经出现了地面道路的互通立体交叉。例如,厦门市万石山地下互通立体交叉工程、南京青奥轴线地下立体交叉工程、深圳东部过境高速公路连接线工程、杭州紫金港路下穿隧道工程、南昌红谷隧道工程等一系列大规模、高难度的地下道路工程,都引入了地下互通立体交叉方案来解决特殊节点的交通问题。

一、地下互通立体交叉的特点

机动车在地下通行,其通行环境与地面不同,但近年来城市地下道路以及公路隧道工程,已经越来越多,人们也越来越适应这种型式,积累了更多的隧道建设和行驶经验,对一般隧道行驶条件下的预期趋于稳定。对于地下互通立体交叉,重要的是在地下分合流点以及地道出入口处,由于驾驶员会进行车道选择,不可避免地会出现交通流的变化,增加了驾驶员的心理压力。

必须坚持"以人为本"的原则,仔细考虑人在地下空间的生理、心理因素及需求,全面综合交通、土建、通风、消防以及救援等各方面因素,紧密结合实际地形以及地质条件,进行总体设计。因此,随着工程技术以及车辆技术的飞速发展,建设地下互通立体交叉是必要而且可行的。

表 5-1　地下互通立体交叉和地上互通立体交叉运营环境对比分析

对比项目		地上互通立体交叉	地下互通立体交叉	对驾驶者的影响
物理环境	光照	自然光照明(白天) 行车灯辅助照明(夜间)	隧道照明设施和行车灯辅助照明,照度较低	地下缺少自然光,光照不足影响驾驶员的判断
	噪声	外界环境噪声和车辆噪声,噪声可扩散	车辆噪声不宜有效扩散,且产生发射叠加	噪声导致注意力下降
	空气	空气质量较好	空气质量较差	空气污染会损害驾驶员的健康
	温度和湿度	随天气变化	温度波动很小,湿度较大	长时间的较大湿度对隧道设施不利,影响安全行车
	周边环境	随时间推移发生变化	建成后几乎不变	环境变化小,易驾驶疲倦
交通环境	视距	视距良好	视距较小	视距不足,易引发事故
	主线	速度快,可超车变道	速度较快,不宜超车变道	地下主线超车风险大
	匝道	速度较快,不宜超车变道	速度慢,不应超车变道	地下匝道上超车风险大
	分合流端	不应超车变道	禁止超车变道	地下立体交叉分合流处风险大
	交通疏解及救援	比较容易	相对困难	地下封闭式空间在紧急情况驾驶员心理紧张

　　地下互通立体交叉属于地下道路,一般采用封闭型式,与地上立体交叉相比,其物理环境、交通环境明显不同,地下互通立体交叉对驾驶者行为会带来不同的影响。

1. 地下立体交叉的工程特点

　　地下道路可以改善城市交通,补充地面及高架道路系统通行能力的不足,有效缓解地面交通压力。地下道路是大城市特别是特大城市现代化城市建设的必由之路。地下道路可以节约大量的土地资源,扩大城市空间容量,减少征地拆迁,保护城市景观,促进区域发展,提高城市生活质量。地下互通立体交叉是地下道路间交叉处的重要节点,它不同于平面交叉,不设置信号灯,各方向的转向交通各行其道,具有转向交通通行能力大、行驶快捷的优点。

　　地下道路工程技术复杂,涉及专业多,包括道路交通、地下结构、排水、管线、电气照明、通风消防、建筑等。地下道路工程需要进行大规模岩体或土层开挖,地质条件复杂,还需要进行支护、防水、控制地面建筑物的沉降等工程措施,还可能涉及大规模的管线迁改。地下互通立体交叉的发展才刚刚起步,相比一般地下道路而言,技术更为复杂,如立体交叉的选型、线形技术标准、安全视距标准、交通组织、交通安全、路面材料、立体交叉分合流处大跨径结构、上下层匝道间施工控制、地道结构防水等问题。地下互通立体交叉的建设周期较长,建设投资大,是地上立体交叉工程造价的二至三倍。地下互通立体交叉工程建成后,除了需要照明、通风、环控等日常维护外,还需要排水,配套设施较多,运营维护成本也较高。

2. 地下互通立体交叉总体设计

由于地下道路建设成本及运营成本高、建设难度大,因此从城市路网规划及公路路网规划角度而言,应尽可能避免设置地下互通立体交叉。但是,随着土地开发强度的增大、环境要求的提高、路网的加密等原因,在两条地下道路之间存在大量的交通转换,不得设置地下平交,需要设置地下互通立体交叉。因此,地下互通立体交叉设置条件应从交通需求、建设条件两个方面来考虑。

(1)交通需求。可从相交的地下道路等级以及预测转换交通流量两方面入手,充分论证建设的必要性,可以分别采用定性和定量分析来进行论证。

定性分析:快速路之间,高速公路之间,应采用互通立体交叉;快速路同交通转换流量特别大的主干路相交,宜采用互通立体交叉;快速路同需要互通的高速公路、一级公路相交,以及高速公路同需要互通的快速路相交,可采用互通立体交叉。

定量原则:相交地下道路的预测交通量超过 8 000～10 000 当量小汽车/小时,且转换交通流量超过 30％以上时,相交道路均为双向四车道以上,可设置地下互通立体交叉。

(2)建设条件。地下立体交叉的建设制约因素较多,如地下道路地质条件复杂、城市建设用地范围内的地下管线复杂、地下空间规划预留设置地下互通立体交叉条件比较苛刻。地下立体交叉匝道及主线间存在空间上的交叉,无论是采用明挖法、盾构法还是钻爆法等方法,其自身结构使得建造难度很大,对周边的构筑物安全影响也很大,施工期间结构维护难度大,并且地下互通立体交叉造价高。

因此,地下互通立体交叉的设置应从路网规划及交通需求入手,充分论证技术及经济上的可行性。只有在规划允许,又有很大的交通需求,技术上可行,经济上合理的情况下,才能设置地下互通立体交叉。

3. 地下互通立体交叉的选型

地下互通立体交叉的选型需充分调查分析交通条件、自然条件、环境条件及道路条件,如图 5-1 所示。综合比选地下互通立体交叉型式、线形等,具体选型原则有如下几个方面。

(1)立体交叉型式与相交道路、地下立体交叉的功能定位相匹配,与预测交通流量相适应;相交道路等级高、转向交通大的应采用高等级立体交叉,交通流量大、设计速度较高的匝道,应采用较高线形标准。

(2)应尽量选择诱导性好、运行流畅、方向明确、无交织的立体交叉形态;选择结构型式简单、分岔隧道数量少、视距良好的隧道洞室组合,保证结构安全,少占用地下空间。

(3)立体交叉的层次应控制在 3 层内,控制匝道的绕行长度;立体交叉的分岔、交叠部位应避开不良地质地段,合理控制隧道间距。

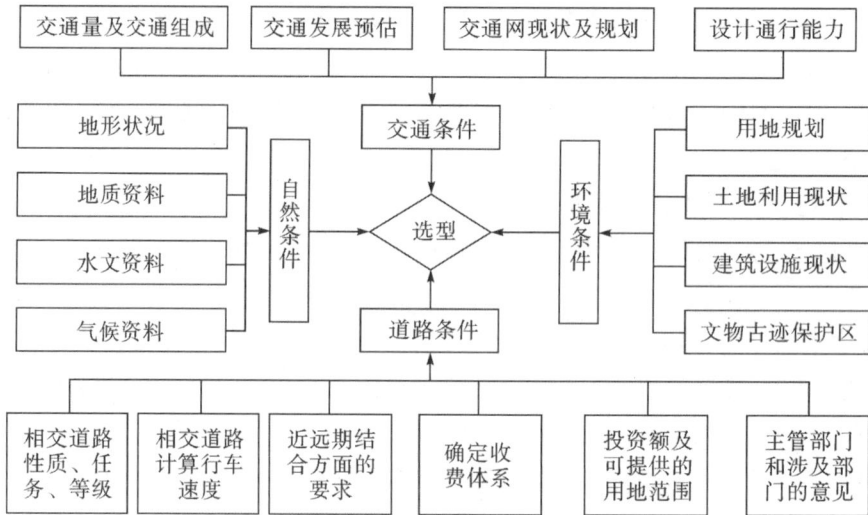

图 5-1　地下互通立体交叉选型的考虑因素

（4）应考虑采用多方案比选，建立多目标的评价指标体系，力求技术指标、交通功能指标、经济指标、环境指标、运营管理指标的综合最优。

地下互通立体交叉型式通常包括"T"形和"十"字形，"十"字形全互通立体交叉层次最少需要两层，最多需要四层，而"T"形全互通立体交叉最少两层，最多三层。总的来说，"十"字形立体交叉比"T"形立体交叉层次多，结构更复杂。因此，一般情况下，尽可能采用"T"形互通。适用于"T"形地下道路全互通的立体交叉型式如表 5-2 所示。

表 5-2　适用于"T"形地下道路全互通的立体交叉型式

型式	特点	适用情况
	"T"形交叉的代表型式。交通转换功能一般，占地大，环形左转匝道半径小，速度较低，安全性较差。立体交叉层次为两层，工程量较小，地下结构施工难度较小	左转换交通流量不大的情况
	"T"形交叉设置枢纽性互通立体交叉的代表型式。能为各个转弯车辆提供直接、定向运行，视距条件好，行车速度高，方向明确，便于交通组织，交通转换功能强。立体交叉层次为三层，地下结构施工难度大，构造物多，造价高	转换交通流量很大的情况
	交通转换功能较强，占地大，左转转弯车辆迂回运行，视距条件较好，行车速度较高。立体交叉层次近三层，地下结构施工难度较大，构造物多，造价高	左转换交通流量较大的情况

如果"十"字形交叉的地下道路需要设置全互通立体交叉,立体交叉层次不宜超过三层,适用于地下互通立体交叉的型式如表5-3所示。

表5-3 适用于"十"字形地下道路全互通的立体交叉型式

型式	特点	适用情况
A B	"十"字形立体交叉的典型代表。立体交叉层次为两层,结构较简单,工程量较小。左转匝道线形差,出入口之间交织段制约立体交叉通行能力,立体交叉占地较大	左转换交通流量不大且立体交叉层次有限制的情况
A B	对交通流量大的匝道采用迂回或定向,通行条件及能力提高,立体交叉占地减小。立体交叉层次为三层,结构较复杂,工程量较大	转换交通流量较大的情况
	左转匝道采用迂回或定向,通行条件及能力高,立体交叉占地小。立体交叉层次为三层半,结构复杂,工程量大	左转换交通流量大的情况

4. 地下互通立体交叉的车道规模

地下互通立体交叉的车道规模包括立体交叉范围内主线车道数及匝道车道数,这是地下互通立体交叉设计的重点,既要考虑预测交通量,还要考虑工程造价、交通安全及车道平衡等因素。

立体交叉范围内主线车道数宜和主线基本车道数一致。当主线基本车道数为单向4车道时,预测转向交通量(左转+右转)达到2 000当量小汽车/小时以上时,车道数可减少1条车道;当主线需设置集散车道时,主线基本车道为单向3条或4条车道时,车道数可减少1车道,集散车道规模应为单向2车道,同时需设置分隔带;当主线分岔和合流时,分岔前的车道数应等于分岔后两条主线的车道数之和,合流前的两条主线车道数应等于合流后的主线车道数。

匝道车道数应根据匝道交通量和匝道长度来确定:①设置双车道匝道的条件为交通量超过1 250当量小汽车/小时以及匝道长度大于300米;②设置单车道匝道的条件为苜蓿叶形匝道以及不符合双车道匝道条件外的情况。

5. 地下互通立体交叉的主要技术指标

(1)主线设计速度。地下道路主线设计速度分为基本路段及立体交叉区两部分。现行《城市地下道路工程设计规范》(CJJ 211—2015)及《公路隧道设计规范第一册土建工程》(JTG 3370.1—2018)对各级道路的设计速度进行了规定。根据规范要求,设计速度对特定路段而言往往是一固定值,但实际上车辆的运行速度是驾驶员根据道路线形、车辆动力性能、路侧环境状况、交通管理控制以及驾驶员自身预期等条件来确定的,并随着这些条件的变化而改变。

地下道路主线基本路段设计速度,宜与两端接线道路相同。对于城市快速路或高速公路而言,两端接线道路设计速度较高时,考虑到工程经济性和行车安全,设计速度可降低一个等级;对于城市干路或三、四级公路而言,当两端接线道路设计速度采用 50 千米/小时以下时,地下道路部分长度大于 1 千米,且当地下道路部分平纵线形条件较好时,可考虑将设计速度提高一个等级。

根据交通流理论及道路线形设计理论,在地下互通立体交叉范围内,为保证全线运行的安全性、连续性和畅通性,主线设计速度宜与前后基本路段一致。另外,由于隧道内进出口前后主线范围有车辆相互干扰,当立体交叉范围的主线平纵线形指标不高时,可适度降低一个等级;当立体交叉范围主线平纵线形指标较高时,可维持主线设计速度和基本路段一致。现行《公路立体交叉设计细则》以及现行的《城市道路工程设计规范》(CJJ 37—2012)都提出了交叉范围内的主线设计速度应采用基本路段的设计速度的规定,但在交叉公路象限内转弯时,互通立体交叉范围的设计速度可适当降低,但与相邻路段的设计速度差不应大于 20 千米/小时。

地下道路应处理好不同设计速度之间的过渡。首先,运行速度 V_{85} 与设计速度之间的速度差应控制在 20 千米/小时内;其次,相邻路段间设计速度差应控制在 20 千米/小时内。不同路段相互衔接处前后,其路线主要技术指标应结合设计速度的变化并随之逐渐过渡,设计速度高的一侧应采用较低的平、纵技术指标,而设计速度低的一侧应采用较高的平、纵技术指标,使得线形技术指标较为均衡,避免出现突变。同时,在过渡段上,可考虑采取设置提醒警告标志、速度控制措施等,保证运行安全。

(2)匝道设计速度。匝道是主线间或进出主线的交通转换通道,交通为紊流状态,匝道线形条件较低,匝道设计速度比主线路段小。地下立体交叉匝道范围内的运行速度随着匝道构造型式、线形指标的变化而变化。匝道设计速度按所处部位可分为基本路段、分流鼻端及合流鼻端。

匝道基本路段设计速度的选用一般有两种方法:一种是根据立体交叉的类型和匝道型式来取值,如现行《公路立体交叉设计细则》规定:枢纽互通式立体交叉的直连式、半直连式、环形匝道的设计速度分别为 50～80 千米/小时、40～80 千米/小时、40 千米/小时;一般互通式立体交叉的直连式、半直连式、环形匝道的设计速度分别为 40～60 千米/小时、40～60 千米/小时、30～40 千米/小时;另一种是根据主线的设计速度来取值,如现行规定匝道设计速度为主线的 0.4～0.7 倍。地下立体交叉匝道的设计速度除了考虑立体交叉等级及连接型式的不同外,还应考虑地下道路的视距局限及行驶的空间环境的影响,其设计速度一般取值按照主线的 0.4～0.5 倍,具体见表 5-4 所示。

表 5-4　地下互通立体交叉匝道基本路段设计速度匝道分流鼻端设计速度

匝道型式		定向式	迁回式	苜蓿叶
设计速度/(千米/小时)	枢纽互通式	40～60	30～40	30
	一般互通式	40～50	20～40	20～30
主线设计速度/(千米/小时)		120　　100	80	60　　50
分流鼻端设计速度/(千米/小时)	一般值	65～70　60～65	55～60	45～55　35～45
	最小值	50～60　40～50	30～50	30～40　20～30

车辆由主线出口的减速车道起点驶入匝道时,车辆从主线较高运行速度变化到匝道较低运行速度,在匝道上经过匀速或变速运行到达另一主线入口后,加速进入另一主线。合流鼻端设计速度一般采用匝道基本路段设计速度。

6. 建筑限界

地下互通立体交叉道路设施比较多,包括通风、照明、安全、监控和内部装饰等附属设施,这些设施不得侵入建筑限界。建筑限界的控制要素包括净空高度、左(右)侧侧向宽度、建筑限界左(右)顶角宽度。其中,净空高度是最重要的控制指标,现行《公路隧道设计规范第一册土建工程》(JTG 3370.1—2018)规定高速、一级、二级公路的最小净空为5.0 米,三、四级公路为4.5 米,并且公路隧道的设计均按照这个净空标准来执行的。现行《城市道路工程设计规范》(CJJ 37—2012)规定各种机动车最小净空为4.5 米,小客车最小净空为3.5 米;现行《城市道路交叉口设计规程》(CJJ 152—2010)规定各种汽车最小净空为4.5 米;现行《城市地下道路工程设计规范》(CJJ 221—2015)规定各种机动车最小净空为4.5 米,小客车最小净空一般为3.5 米,最小为3.2 米。由此看出,城市道路类规范关于净空高度的规定存在不同。

对北京、上海等城市已运营小客车专用的城市地下道路进行研究发现,很多采用了较低设计净高,如上海外滩通道设计净高为3.2 米,限高为3.0 米;上海复兴东路隧道上层净高仅为2.6 米,限高为2.4 米;

法国 A86 城市地下道路设计净高为2.54 米,限速为70 千米/小时;马来西亚吉隆坡 SMART 地下道路,单管双层布置双向交通,设计净高较低只有2.55 米,在实际运营中,限速60 千米/小时,限高2 米。这些已运营的地下道路经验表明,通过采取必要的交通工程和管理措施,限定净高,严格控制超限尺寸车辆驶入,可以实现低净空下正常运营安全,降低工程造价。分析各主流汽车厂商提供的车辆基本外廓尺寸,除特殊改装类型的车辆外,小型车高度基本在1.8 米以下,部分 SUV 以及一些高级轿车类型高度在1.8～2 米,总体都在3 米以下;不含云梯的消防车辆高度基本在3 米以下,救护车和警车高度最高也不超过3.0 米。因此,专供小客车通行的地下道路宜以3.0 米作为车辆限高值。另外,隧道结构内部空间相对固定,不受雨雪等条件影响,考虑车辆竖向运动及设备安装误差等因素,增加额外空间0.2 米,最终将最小净空高度定位3.2 米,但是在凹竖曲线部位,还需演算最大设计长度车辆的有效净空控制。

二、波士顿中央干道/隧道工程

波士顿中央干道/隧道工程(Boston's Central Artery / Tunnel Project,简称CA/T)是世界闻名的城市更新项目。该工程造价近159亿美元,将1959年修建的跨越城市上空的高速干道埋到地下,成为一条长达7.8英里(约12.6千米)长的地下快速隧道。这个旷日持久的城市改造工程被当地人亲切地称为"Big Dig"(大挖掘),也有人戏称它是波士顿的"永恒之掘"。

该项目的最初目的是解决城市主要交通体系的拥堵问题,但随着工程计划及实施的深入与展开,整个项目发展为一个综合性的城市设计整合工程。这一工程不但解决了长期以来困扰波士顿的地面交通问题,将地面空间还给城市生活,开发为居住、商业和绿化相结合的综合城市廊道,重新建立起城市与海、城市与人的空间联系,同时形成了面积250英亩(约101.2公顷)的城市绿地和开放空间,包括城区一条贯穿南北的绿色廊道,即露丝·肯尼迪绿道(Rose Kennedy Greenway),以及利用大量的土方,在波士顿港湾的一个荒岛上建成一个生态公园。该工程之大,投资之巨,成为美国历史上最大的公共事业建设工程。

在"大挖掘"项目之前,麻省和新英格兰之间只有两个进出口。20世纪80年代时,人们考虑是不是再加入另外一个进出口来进入娄根的机场。当时政府讨论能否重新建立一个港口。当中央干道问题成为影响波士顿乃至整个新英格兰地区经济发展和城市生活质量的瓶颈时,人们希望能够建立一个新的模式,改善交通。因此,在20世纪60年代末,城市交通规划部门就开始着手解决交通拥堵问题,到了70年代,波士顿的规划师提出"大挖掘"的规划设想——将1959年的高架中央干道全部拆除,把交通引入地下隧道,修复地面城市肌理,缝合波士顿市近半个世纪的"城市伤口",将波士顿港湾的滨水区与市内的金融区重新连接起来,开辟新的交通走廊,同时,将被高架道路占用的10.5万平方米面积腾出来,并将其中大部分重新进行开发,作为绿化用地。

图 5-2 "大挖掘"前后的波士顿城市对比图

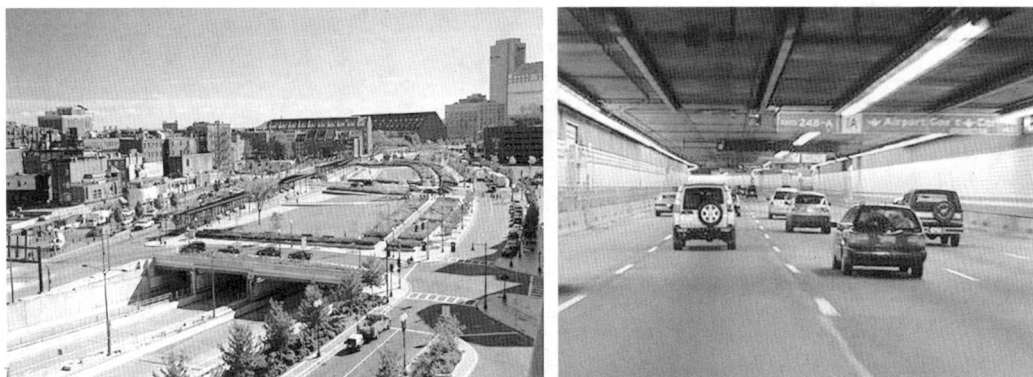

图 5-3　目前世界上最大型的城市地下道路工程

该项目于 1990 年开始建设，克服诸多困难，于 2004 年建成通车，该项目作为大型的穿越市中心的过境性交通以及与沿线重要道路互通的地下道路工程，交通组织方式多样。

三、厦门万石山地下互通立体交叉工程

1. 立体交叉总体概况

厦门市机场路一期工程中的万石山地下互通式立体交叉为我国目前第一座大型暗挖地下互通式立体交叉，结构种类繁多，施工工序复杂，既有平面分岔结构，又有上下交叉结构。通过分段扩大的方式实现平面分岔功能，从大跨结构到不对称连拱结构，到小净距结构，从普通隧道的开挖到既有洞室的改造，此立体交叉覆盖了目前山岭隧道几乎所有的结构型式，创造了单洞 25.8 米的开挖跨度、小净距中夹岩仅 1.42 米的记录。

万石山地下互通立体交叉工程位于厦门市机场路仙岳路—演武大桥段，按城市快速路标准 2 车道外加 1 辅道设计，设计车速 60 千米/小时。隧道单洞净宽 11.5 米，净高 5.0 米，左洞全长 2 850.5 米，右洞全长 2 805 米。万石山隧道下穿既有钟鼓山隧道，其洞顶距钟鼓山隧道路面最近距离仅 43 厘米。在两隧道交叉处设置地下互通式立体交叉，通过机场路北往虎园路（C 匝道）、虎园路往机场路北（A 匝道）和厦门大学往机场路北的单向隧道匝道（B 匝道）实现两隧道间的交通转换。

立体交叉匝道内空按单车道洞宽 8.5 米拟定，设计车速 30 千米/小时。其中 A 匝道为环形，平曲线半径 $R=100$ 米。A 匝道进口为钟鼓山隧道 A 洞，出口为万石隧道左线，全长 593.547 米；B 匝道为环形匝道，进口为钟鼓山隧道 B 洞，出口为万石山隧道左线，全长 526.685 米；C 匝道进口为万石山隧道右线，出口为钟鼓山隧道 A 洞，全长 378.737 米；地下立体交叉总长 1 498.969 米，立体交叉平面线型如图 5-4 所示，立体交叉涉及平面分岔口 6 处，上下交叉结构 4 处。

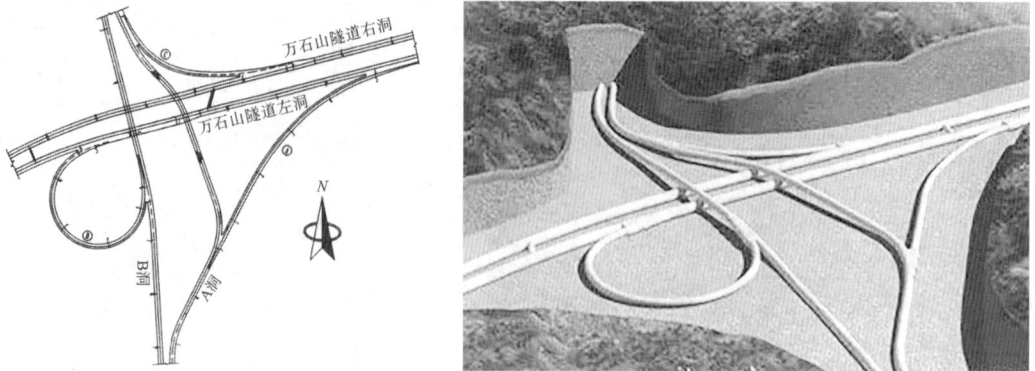

图 5-4　厦门万石山地下隧道立体交叉工程总体图

2. 立体交叉结构施工

该地下立体交叉结构比较复杂,既涉及既有洞室的改造,又涉及小净距、连拱、大跨等多种隧道结构,因此必须结合工程的现状及不同结构间的衔接关系来统筹确定施工方案。在匝道与钟鼓山隧道分岔处,小净距隧道段采用先改造钟鼓山隧道,然后根据围岩条件,匝道隧道采用台阶法或全断面法开挖。在钟鼓山隧道平交处大跨隧道段采用 CD法开挖。先开挖"C"部,此"C"部包含整个已有的钟鼓山隧道。将原钟鼓山隧道衬砌拆除、扩挖、初期支护施作完毕后,再采用台阶法开挖"D"部。"D"部的下台阶采用分幅开挖,先将边墙部位围岩开挖,将初期支护落底后,再开挖"D"部余下部分以及拆除临时中壁支撑,最后模筑整体二次衬砌。

在匝道与万石山隧道分岔处,大跨隧道由于施工限制因素较少,拟采用双侧壁法开挖。先开挖两侧导洞(两侧导洞掌子面纵向拉开 20 米间距),待导洞初期支护施作完毕,围岩基本稳定后,分台阶开挖核心土,核心土开挖完毕,初期支护封闭成环后,即可拆除临时中壁支撑,模筑整体二次衬砌,平交口处由于开挖跨度加大,施工过程中必须随开挖、随支护,及时封闭临空面。同时,在工序转化阶段,应做好相应的现场监控量测工作和相关的工程预案,避免施工事故的发生。小净距隧道段,先采用 CD 法开挖万石山隧道,然后采用台阶法或全断面法开挖匝道隧道。连拱隧道施工中首先开挖中导洞,将中墙浇筑、顶部回填完毕后采用台阶法开挖匝道,最后采用 CD 法开挖万石山隧道主洞。

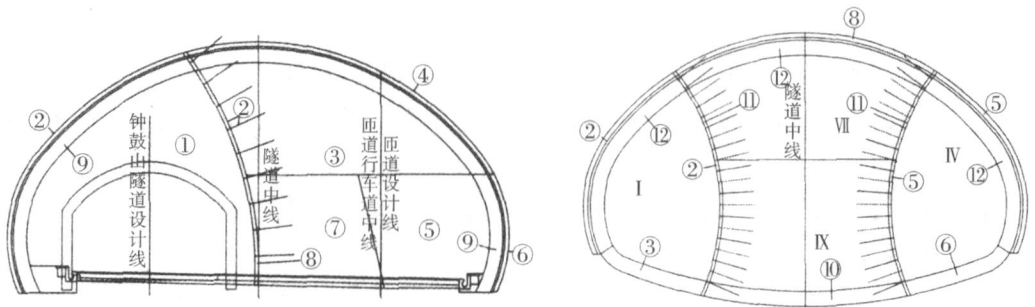

图 5-5　钟鼓山隧道平交口处施工步序以及万石山隧道平交口处施工步序

3.工程特色

(1)国内第一座地下全互通式立体交叉。地下立体交叉结构种类繁多,施工工序复杂,既有平面分岔结构(由单洞、大跨隧道、连拱隧道、小净距隧道组成),又有上下交叉结构隧道;既有新洞室的建设,又有既有洞室的改造。

(2)大垮隧道采用单侧分段大跨的方式,既保证了隧道结构的流畅,又节省了隧道模板台车,节省了工程造价,加快了施工进度,大跨隧道内空最大净距达到23.9米,最大开挖宽度达到25.8米,比普通的单洞4车道隧道开挖跨度大了4～5米,为当时公路隧道单洞开挖跨度之最。

(3)小净距隧道中夹岩最小厚度仅0.45米,该间距突破了常规的小净距隧道对中夹岩厚度的要求。

(4)大跨隧道在改造隧道段采用CD法开挖,在新建隧道段采用双侧壁开挖,保证了施工的安全。

(5)上下立体交叉段采用拱梁施工,保证了上下两条隧道建设不同步的矛盾。

图 5-6 立体交叉施工过程中及建成后照片

四、南京青奥轴线地下立体交叉工程

南京青奥轴线地下立体交叉工程由梅子洲过江通道(南京长江五桥)隧道、滨江大道隧道和青奥轴线地下空间三个部分组成。其中,梅子洲过江通道隧道、滨江大道隧道和匝道立体交叉叠落交错,工程呈"T"形结构布局,共设置了11条匝道,各种地下隧道、匝道立体交叉和地下空间叠落交错,组成了一个错综复杂的地下三层互通立体交叉结构。该工程总开挖面积约15万平方米,开挖土方176万立方米、混凝土浇筑53万立方米、钢筋11万吨,基坑最大开挖深度27.5米,混凝土浇筑深度达到了54.5米,地下立体交叉主体部分投资21.75亿元,是目前我国规模最大的城市地下交通枢纽工程。

南京青奥轴线地下交通工程由南京重大路桥建设指挥部建管,中国铁建投资公司投资建设,中铁十四局集团、十五局集团施工,于2012年5月29日开工建设,2 000多名建设者和技术人员经过19个月的紧张施工,提前完成这一超大体量和高难度地下枢纽工程。2014 年 5 月 1 日,南京青奥轴线整体交付青奥会使用,工程的实施在服务青奥的同时,可以极大地改善城市交通条件和投资环境,提高区域的综合竞争能力。

图 5-7   南京青奥轴线地下立体交叉工程总体布置图

该工程地质复杂,开挖面积大,结构体系复杂,工法转换频繁,建设者们不得不将基坑分作多个施工区域,分部有序地进行开挖,同时还要大规模开展降水排水工作。开挖期间,每天的涌水量最高达 25 万立方米,整个工程算下来,一共要抽出 6 000 万立方米水,相当于 14 个玄武湖水的容量。

南京青奥轴线三层立体交叉深基坑所在位置距离长江岸边最近的地方仅有 90 米,为了对基坑开挖进行最稳固的支护,工程建设时将地下连续墙打到了基岩以下 2 米的深度,总深度达 54.5 米。同时,采用自凝灰浆的新型墙体进行分区隔水,该工艺只在三峡大坝等少数工程上使用过。

南京青奥轴线项目不仅规模宏大,而且设计极为新颖和复杂,施工难度很大。建设者采用国内明挖基坑施工的新技术、新工艺和科学的降水设计、监控量测手段,有效控制了沉降和涌水,最大限度地防范施工风险,逐一破解了长江漫滩地区复杂基坑降水技术和施工技术等复杂的技术难题。为确保工期,采取"能并行的决不流水作业,能提前的决不滞后一秒"的施工理念,紧扣关键点,做到各工序无缝衔接,创新研发采用新型变刚度地下连续墙围护结构、长江漫滩高承压水大型超深基坑分区组合式降水技术、长江漫滩高承压水超深自凝灰浆墙施工技术等新技术,解决了"坑中坑"这种异形大型超深基坑的开挖与降水难题,创造了日挖运土方 18 000 多立方米、月平均完成产值 6 000 多万元、施工高峰月产值 8 000 多万元、5.5 个月完成 21 000 平方米地下空间施工、16 个月综合成洞 2 689 米等让施工界称奇的数据。

图 5-8　地下立体交叉工程透视图工程建成后现状图

该工程荣获鲁班奖、江苏省优质工程奖（扬子杯）、江苏省建筑施工文明工地、各类优秀设计与科技进步奖 6 项，取得专利 15 项。该工程整体建设达到国际先进水平，其中四维降水设计和地表沉降预测模型技术、长江漫滩高承压水大型超深基坑分区组合式降水施工技术达到国际领先水平。部分技术已推广应用到武汉鲁巷光谷广场地下综合体、南京长江第五大桥夹江隧道等工程中，取得了巨大的社会效益与经济效益。

五、无锡高浪路地下三层互通立体交叉

蠡湖大道快速化改造工程北起金石路，南至环太湖高速，全长约 8.5 千米。蠡湖大道主线以地面型式为主，设短隧道下穿周新路、高架桥上跨高浪路，利用既有吴都路短隧道，高架上跨震泽路、清晏路、清源路、具区路后落地，顺接南泉枢纽，全线设有 10 对出入口。该工程有五个重要节点，包括周新路隧道、高浪路互通、震泽路北至具区路南高架、具区路隧道、南湖中路互通，蠡湖大道主线按城市快速路兼顾一级公路标准建设，双向 6 车道，设计速度 80 千米/小时。

高浪路互通段为无锡市第一座地下三层互通立体交叉。

高浪路节点建设过程分五层施工，地上一层是蠡湖大道跨高浪路主线高架，地面一层是蠡湖大道地面道路，地下还有三层互通式隧道，其中，最底层是高浪路主线预留隧道段，地下二层是从高浪路东侧通向蠡湖大道南侧的定向匝道隧道，地下一层还有 3 个匝道，分别为从蠡湖大道

图 5-9

141

北侧转向高浪路东侧的定向匝道隧道、从高浪路东侧转向蠡湖大道北侧的定向匝道隧道、从蠡湖大道南侧转向高浪路东侧的定向匝道隧道。其基坑开挖最深达 25.9 米,施工范围有 8 万平方米,需开挖土方 35 万立方米。

该工程为何要把超大体量的一座三层立体交叉"按"到地下?据介绍,主要是考虑通行效率及地面景观,如果都采用高架,容易产生噪声,且不美观。建地下互通隧道,能够减少占地空间,增加道路通行能力。

第二节　结合城市地下空间开发的工程建设

在地下空间大势开发的年代,地下空间利用的型式越来越多且越来越复杂,地下交通也开始发展起来,其中地下立体交叉就是地下空间中地下交通的一种新的开发利用方向。

一、贵州贵安新区百马立体交叉

贵安新区百马立体交叉位于贵安新区核心区,集道路、桥梁、人行通道、轨道交通、地下综合管廊以及商业经营等多种功能于一体,是贵安新区"五纵九横"的节点立体交叉,也是贵州省首座五层立体交叉,承载着内部交通转换以及外部交通过境的双重功能。该工程获得贵州省建设工程施工质量的最高荣誉奖"黄果树"杯。

百马大道南连马场、北接清镇,是贵安新区骨干道路,其中中心区段在杨梅寨与中心大道交会,共同构成了贵安新区城市交通的重要枢纽。百马大道中心区段产业聚集、人流密集,未来还将陆续布局若干重大公共设施。可以预见,该片区域必将成为未来贵安新区城市形象的集中展示区和核心商务区。

图 5-10　百马立体交叉总体布置

百马立体交叉位于贵安新区核心区,总投资约 5.7 亿元,2016 年 10 月开工建设,2017 年 11 月 15 日正式建成通车,这意味着贵州省首座 5 层立体交叉正式通车。该项目是贵安新区"五纵九横"的节点立体交叉,承载着内部交通转换以及外部交通过境的双重功能,设计上坚持"高端化、绿色化、集约化"的理念,是集道路桥梁、人行通道、轨道交通、地下综合管廊以及商业经营等多种功能于一体的综合交通枢纽。

立体交叉地上一层为 527 米百马大道跨线桥,地面层为信号控制平交路口,通过辅道实现百马大道和中心大道交通转换,地下一层分为 12 232 平方米的商业开发区域、420 米的地下通道和 260 米综合管廊;地下二层西侧为地铁站厅和商业开发区域;地下三层为地铁 G1 线站台,北至清镇,南到马场镇。百马立体交叉在交通功能上实现了车流、人流的立体分离,在城市功能上实现了地面—地下、商业—地铁站的综合发展,既满足了不同方式、不同方向的交通运行需求,又成功减少了交通基础设施的占地面积,可谓一举两得。

图 5-11 建成后的百马立体交叉

在设计和建设时,百马立体交叉项目还融入了综合管廊规划,地下一层不仅规划了地下商业用地,还预留了 260 米的综合管廊施工位置,这在贵州的城市立体管线建设中走在了前列。

根据贵安新区海绵城市建设要求,百马立体交叉项目还首次采用地下空间雨水回用系统,桥下中央绿化带设置雨水花园等海绵城市设施,达到 29.7 毫米的海绵规划建设指标要求。

工程的建成投用,加强了路网建设与新区总体规划、道路规划、用地规划的衔接,强化了各功能板块之间的通达畅联,对带动沿线土地的开发利用,提供便捷的交通运输环境,实现中心区交通的顺利转换以及促进新区经济持续、快速、有序发展,实现新区经济跨越发展,具有重大意义。

百马立体交叉项目的主要施工内容包括地上两层、地下三层,其中桥梁工程与地下空间工程为重难点工程,具有结构物多、工程量大、施工工艺复杂、有效工期短、施工组织困难大、施工场地狭小、交叉施工干扰大、文明施工要求高等特点。为了消除施工难点,避免重复作业,提高效率,2016 年年底,为科学指导施工,百马立体交叉项目成立项目BIM 技术小组,将 BIM 技术应用于施工生产,进一步推进了项目信息化、技术化管理水平。

施工前期,项目 BIM 设计人员通过 BIM 技术建立起三维模型对五层立体空间进行合理的规划和布置。工作组根据设备进场时塔吊尺寸及工作半径,建立 1:1 塔吊模型,避开了结构梁及结构柱,减少了返工和材料浪费,提高了建筑品质。BIM 技术以百马立体交叉的各项相关信息数据作为模型的基础,通过数字信息仿真模拟百马立体交叉的真实信息,前期充分考虑每个部分的施工方案、施工顺序,进行智慧管理施工。通过模拟,有序安排施工顺序,指导实地施工,并随时随地掌握施工情况,大大提高了工作效率。

二、外滩交通枢纽工程

外滩交通枢纽是 2010 年世博会规划建设的 60 个公交枢纽之一,十六铺水上旅游中心和世博水上交通的配套建设项目。

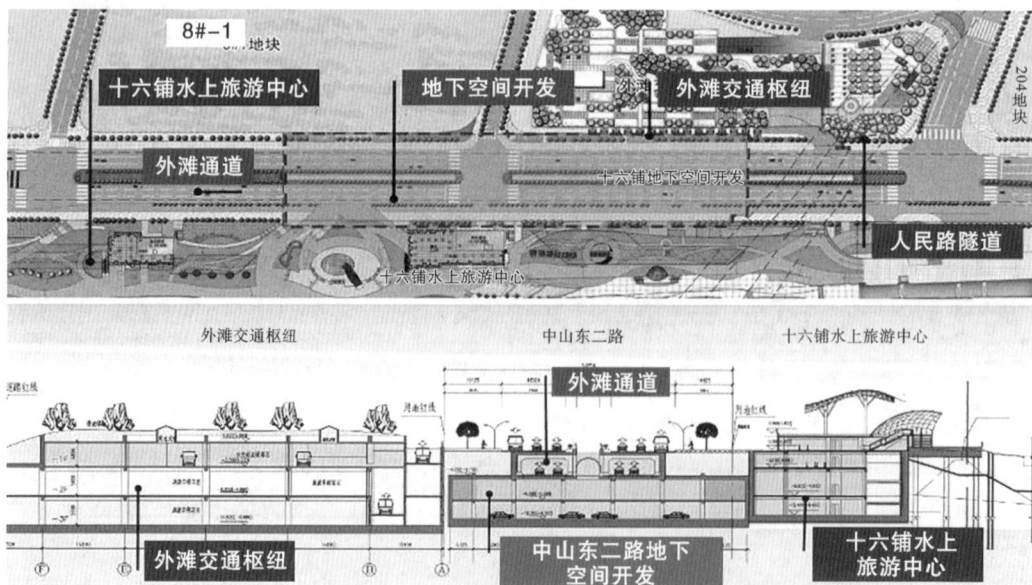

图 5-12　外滩交通枢纽工程平面及立面图

外滩枢纽位于外滩历史风貌延伸区和豫园老城厢历史风貌区交汇的十六铺地区,占地 1.46 公顷。周边有多项与枢纽同期建设或规划建设的开发项目。

(一)总体布置

外滩交通枢纽是国内第一个集地面景观绿地、地下公交枢纽、旅游服务和停车三位一体的综合交通枢纽,建筑面积 37 599 平方米,总投资约 4.91 亿元。

外滩交通枢纽是 2010 年前规划建设的 60 个公交枢纽之一,也是十六铺水上旅游中心和世博水上交通的配套建设项目。外滩交通枢纽规划有三大功能:城市绿地、公交枢纽和旅游车服务和停车场。

该枢纽位于外滩南侧十六铺地区的规划城市绿地内,周边有多项与地下空间相关的开发项目:东侧的外滩通道和中山东二路地下空间、十六铺水上旅游中心,南侧的 8♯-1 地块,西侧的规划古城公园地下空间、北侧的 204 地块开发。

该枢纽地面层布置为屋面绿化,连接东侧的滨江绿地和西侧古城公园、豫园绿地景观,形成从黄浦江城隍庙老城厢的绿色轴线。

地下一层南端布置公交枢纽,设四条公交线始末站,11 个上下客位,北端布置下沉式广场转换地面和枢纽人群。地下二层为旅游车站厅层,候车区在中央,车道和 14 个上下客泊位环绕候车区布置。地下三层为旅游车停车库,与中山东二路地下车库、规划古城公园地下空间连通,设有 102 个车位。整个枢纽人车行空间采用屏蔽门完全分离。

外滩交通枢纽的建设使枢纽和周边地块开发的地下空间相连成网,形成以外滩交通枢纽为核心,从滨江地区到古城公园、豫园的东西向轴线,以中山东二路地下空间为南北轴线的区域地下空间网络,提升了区域的服务能级。

外滩交通枢纽是上海首个利用城市绿地和道路地下空间建设公交枢纽、旅游车停车和服务中心的案例,对集约化利用城市的土地资源、综合开发城市的地下空间做出了有益的尝试。

图 5-13　城市公共绿地地面层图公交枢纽和下沉广场地下一层平面图

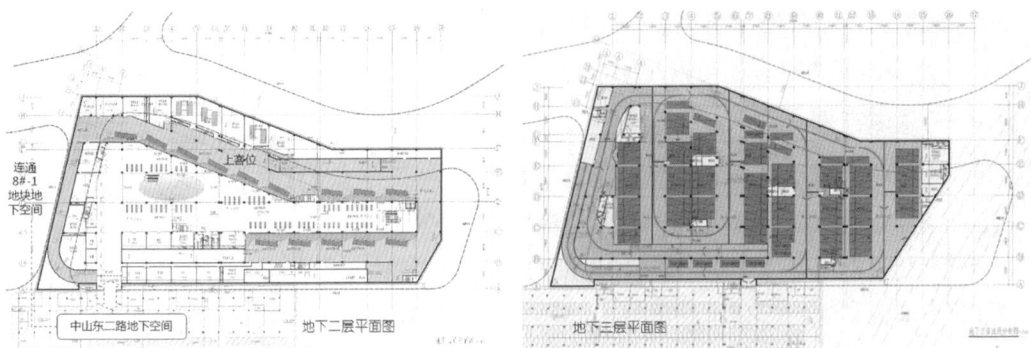

图 5-14　旅游车站厅层地下二层平面图和地下三层平面图

(二)总体设计特点

1.地下空间总体构架

集约化空间和功能设计,体现了城市核心区高强度开发与区域环境友好的新趋势。作为国内第一个地面城市绿地、地下公交枢纽和旅游车集散中心三位一体的综合交通枢纽,节约了土地资源,与环境有机融合,形成以外滩交通枢纽为核心的区域地下空间网络,改善了区域地下空间周游性,提升了十六铺古城公园豫园地区的服务能级。

2.和谐低调的景观设计

地面采取自然式园林的空间组织型式,布置为观赏型的屋面花园,花园之下公交枢纽采用侧向开敞的下沉式设计,功能和景观相结合。枢纽地面景观与周边黄浦江滨水区、外滩、古城公园等相协调,与黄浦江沿岸规划天际线、陆家嘴—城隍庙视线走廊有序融合,成为外滩黄浦江沿线的新景观,形成沟通滨江地区和古城公园、豫园地区地下空间东西向轴线、沿江地块地下空间南北向轴线。

3.地下空间网络化设计,发挥系统效益

下沉式广场与西侧古城公园地下空间、北侧 204 地块地下空间相连,旅游车站厅与东侧中山东二路地下空间相连,进而联系黄浦江边水上旅游中心地下空间和南侧 8#-1地块地下空间。

4.人车分离设计

公交枢纽和旅游车站厅都采用人车分离设计,人在内车在外,人行空间和车行空间之间以屏蔽门隔离,塑造安全舒适的人行空间。旅游车行车区和候车区完全分离,泊位分上下客区域分别进行设置,泊位采用锯齿形方案节约空间。

图 5-15　旅游车下客区图地下二层旅游车站厅

5. 公交车和旅游车流线完全分离

车行流线公交车北进北出，旅游车南进南出，交通组织有序，避免内部流线干扰以及对地方交通的影响。

6. 仿真行车轨迹模拟

公交车和旅游车都采用先进的锯齿形泊位设计，减小候车区长度，节约空间资源。对公交车和旅游车行驶和泊车轨迹都用 Autotrack 进行仿真模拟，柱网布置与大型车辆行驶特征流线相结合，确保地下公交和旅游枢纽结构的行车安全，地下结构柱间距布置的经济合理。

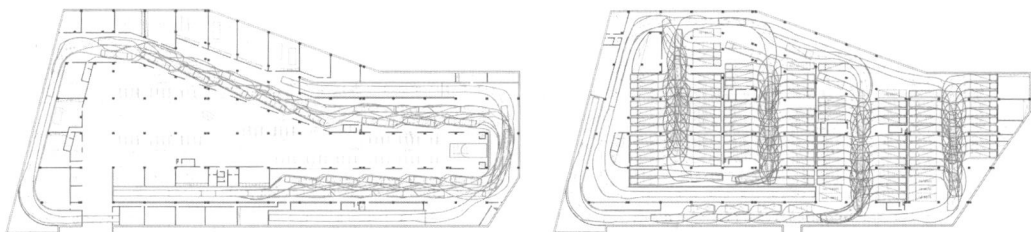

图 5-16　行车和泊车仿真轨迹分析

7. 地下空间地面化设计

建筑设计中采用了下沉式空间、采光顶棚、共享中庭等多种设计手法，将自然光与景观引入地下，并通过有效的装饰手段，提高地下空间的照度与效果，避免了常规地下空间阴暗、低矮的感觉，大大提升了枢纽整体的空间效果，为旅客提供一个安全、舒适的地下空间环境。

图 5-17　地下空间地面化设计

8. 考虑多项工程共建和预留

设计方案充分考虑人民路越江隧道等多项构筑穿越，做好结构预留，协调好建设周期，降低工程造价，提高工程的安全性。枢纽周边条件复杂，相关工程众多，枢纽下方有人民路隧道盾构穿越，东侧为中山东二路地下空间，中山东二路及周边道路管线众多，同时设计还需考虑规划 8♯-1 与 204 地块的衔接要求。因此，在建筑设计中采用枢纽地下二、三层收缩满足人民路隧道盾构穿越；与地下空间交界段采用共墙设计，节约空间资源。

9. 标准化、模块化设计

在有条件的功能区域采用标准化、模块化设计，如标准楼梯间的设计，将类似的功能体块加以归类，并统一标准，形成模块，提高整体设计效率，加快设计速度，缩短设计周期。

10. 结构优化设计

(1)优化基坑划分，由大基坑变小基坑。根据下沉广场和交通枢纽不同区域深浅的不同，将一个大基坑划分为深浅不同的两个小基坑，以便先期开工，为人民路越江隧道穿越创造条件。

(2)为适应大跨度柱网方案，地下结构采用宽扁梁框架结构体系，降低结构高度。

(3)本交通枢纽没有地面建筑，采取把地下空间的排风口设在下风口或地面绿地远离逗留人群以及对有噪声和振动源的设备做消声、减振处理等措施，有效地保护了周围环境，取得了良好的社会效益。

(三)主要专业特点介绍

1. 建筑专业

由于交通枢纽主要停放大型车辆，根据国内现有规范要求，在空间布局上会因为车辆行驶需求而造成空间浪费。因此，建筑设计充分考虑车辆行驶需求，结合枢纽地形条件,选用合理的设计参数,提出了锯齿形车辆停靠位布局方案,有效减少了上下客区域车辆停靠需求长度;采用了经济的坡道坡度与转弯半径参数,并结合车辆流线进行柱网布局,大大提高了枢纽内部功能的使用效率,降低了由于车辆行驶造成的空间浪费;充分利用空间高度,在枢纽与中山东二路地下空间接口处创造性地形成了车辆下穿人行通道的空间布局型式,达到人车分离、合理布局的效果。

外滩交通枢纽用地性质为城市公共绿地,但结合交通功能需布置公交枢纽站及旅游大巴停车场,因此,如何将景观与交通功能有机结合是设计的首要条件。通过研究国内现行规范与标准,结合国际领先枢纽建筑设计理念,创造性地提出了下沉式公交枢纽站的设计方案。将公交车站设置于半地下,并在候车厅上方采用屋顶绿地景观处理手法,将功能与景观有机结合,成了城市的一道新的亮丽风景线。

建筑设计中采用了下沉式空间、采光顶棚、共享中庭等多种设计手法,将自然光与景观引入地下,并通过有效的装饰手段,提高地下空间的照度与效果,避免了常规地下空间阴暗、低矮的感觉,大大提升了枢纽整体的空间效果,为旅客提供一个安全、舒适的地下空间环境。

枢纽整体采用立体化布局型式,将传统平面功能立体化布局,将大型旅游车采用地下停放型式,大大节约了占地面积,提高了土地利用效率。

外滩交通枢纽周边条件复杂,相关工程众多,枢纽下方有人民路隧道盾构穿越,东侧为中山东二路地下空间,中山东二路及周边道路管线众多,同时设计还需考虑规划8#-1与204地块的衔接要求。因此,在建筑设计中,结合相关工程的图纸、方案甚至是初步设想,充分考虑各地块及工程的功能需求与使用需求,提出了收缩枢纽地下二、三层以满足人民路隧道盾构穿越;设置与中山东二路地下空间连接通道(地下二层人行连接、地下三层车库连接),满足车辆与行人的通行需求;设计穿越人民路及新开河路的古城公园地下通道与204地块地下通道,达到沟通周边地块、方便乘客通行的理想效果。

2. 景观专业

设计理念:生态花园。文化传承——海派文化与"历史未来,传承超越"主题的对接;休憩化——可观且可用,具有趣味性,寓意着人们生活环境的改善;生态化——节水的灌溉方式;自然能源的利用;绿色生态与场地的巧妙融合;工业化——高科技、新材料的利用。

功能定位:生态观赏功能为主的屋顶花园。生态功能:在屋面上覆盖绿色植被,通过生态屋顶花园的建造,有效增加绿地面积,更能有效维持自然生态平衡,减轻城市热岛效应。观赏功能:交通空间与停留空间互动转换,形成动静结合的观赏体系。活动功能:下沉广场的设计应考虑其公共性。植物配植及小品的设置等方面要注意符合人们活动、休息的需要。

布局型式:采取自然式园林的空间组织型式,地形地物的处理、植物配置等均采用自然的手法,以求一种连续生动的景观组合效果。植物配置讲究树木花卉的四时生态,高矮搭配,疏密有致,追求色彩的变化、层次的丰富和较多的景观轮廓。

设计主要有两部分构成:上部屋顶花园区域及下部下沉广场区域。

屋顶花园区域。主要配植以小乔木为主的植物群落,打造市中心生态的绿色自然景观。区域内人群活动场地为龙潭路一侧屋顶入口广场,以植草砖结合花岗岩的铺地型式,屋顶其他区域均以绿化为主,设置养护便道,群落配植以满足外部观赏为主。屋顶设计采光天窗,天窗周边植物以低矮灌木及草花为主,避免对天窗采光造成影响。

图 5-18　地面公园绿地天窗采光

下沉广场区域。作为枢纽人群主要集散入口,其设计以硬质铺装为主,结合庭荫树阵,满足场地人群使用需求。下沉广场与上层人行道以大型台阶连接,台阶内穿插草阶,形成具有丰富层次的绿色景观风貌,一方面增加场地绿量,一方面丰富区域景观。下沉广场区域在非交通入口处采用植草砖,以提高绿化量。

图 5-19　下沉广场连接公交枢纽、古城公园、204 地块地下空间

硬质铺地设计。铺地设计展现个性,考虑到枢纽人流较多,主要以耐磨性较好、使用比较方便的花岗岩为主,并局部使用木质铺地。

夜景灯光。灯光照明与树池、座椅结合,营造亮丽柔和的夜间氛围。选择植物材料时主要有以下四点原则:①选择耐旱、抗寒性强的小乔木、矮灌木和草本植物。由于此地块夏季气温高、风大、土层保湿性能差,冬季则保温性差,因而应以耐干旱、抗寒性强的植物为主,同时,考虑到屋顶的特殊地理环境和承重的要求,多选择小乔木、矮灌木和草本植物,以利于植物的运输、栽种和管理。②选择抗风、不易倒伏、耐积水的植物种类。此地块为外滩地区风口,风力较地面大,特别是雨季或有台风来临时,对植物的危害最大,加上屋顶种植层薄,土壤的蓄水性能差,一旦下暴雨,易造成短时积水,故尽可能选择一些抗风、不易倒伏,同时又能耐短时积水的植物。③以常绿植物为主,冬季能露地越冬的植物。屋顶花园的植物尽可能以常绿植物为主,宜用叶形和株形秀丽的品种,为了使屋顶花园更加绚丽多彩,体现花园的季相变化,适当栽植一些色叶树种;另外,在条件许可的情况下,可布置一些盆栽的时令花卉,使花园四季有花。④选择阳性、耐瘠薄的浅根性植物。大部分地方为全日照直射,光照强度大,应尽量选用阳性植物。

3. 暖通专业

外滩交通枢纽工程位于外滩十六铺古城公园附近,分为四层:地表层为景观绿化,地下一层为公交枢纽,地下二层为旅游车停车候客区,地下三层为旅游车停车库和设备用房。其总建筑面积约 37 000 平方米,其中空调面积约 13 500 平方米,车库面积约 18 000 平方米。

该项目暖通专业设计内容包括地下一层公交候车区及设备用房通风、空调和防排烟设计;地下二层旅游车候车区及设备用房通风、空调和防排烟设计以及地下三层停车库及设备用房通风和防排烟设计。

由于该项目总建筑面积大,建筑功能复杂(涵盖商业、公交、公交候车、旅游车候车、小型社会停车库、大型车停车库、大型车回转车道等),地处风景区,对外滩景观要求很高,不利于送排风塔和空调机组等设备的布置,造成暖通设计技术复杂、难度较高。暖通设计人员与建筑设计人员紧密配合,地下一层公交停车区采用下沉式敞开的方案,减少了通风设备的投资;根据现场具体情况因地制宜,经过多次方案比选和精心合理设计,根据使用功能的不同分区域采用不同的设计手段和方法,完美地完成了设计,实际运行后取得了良好效果。

在该项目中,暖通专业采用了将排风口设在下风口或地面绿地远离逗留人群以及对有噪声和振动源的设备做消声、减振处理等措施,有效地保护了周围环境,取得了良好的社会效益。

4. 给排水消防

根据外滩交通枢纽建筑的特点,在给排水及消防设计中做了针对性考虑。

给水系统:为充分利用市政管网的压力,外滩交通枢纽地下建筑的供水直接接市政管网,可满足地下室各用水点的水压要求。用水点主要有以下部分:卫生间冲洗及盥洗,车库冲洗及设备机房补水用。由于地下广场的人流相对较多,卫生间的洗脸盆水龙头采用了感应式龙头,坐便器及蹲便器采用自闭式冲洗阀,这对于节约用水起到了很好的作用。

排水系统:排水采用污废分流制,外滩交通枢纽地下建筑的卫生间、机房的污废水靠重力排放是无法实现的,为此,在不同的部位设置了污废水集水坑,利用坑内的排水泵将污废水抽吸汇总后排入市政污水管网。车库废水采用隔油措施,除油水排入废水集水坑,敞开的楼梯及下沉式广场的雨水,通过地漏及地面排水明沟将雨水有序且快速地引至雨水集水坑,通过雨水排水泵排至市政雨水管网内。这种系统的布置充分考虑了污水、废水的特点,是有针对性地进行优化的设计。

消防系统:地下建筑的消防设施包括消火栓系统、水喷淋系统。室内消火栓和自动喷淋均采用稳高压给水方式供给,消防供水从市政给水管上引入两根 DN200 的给水管。消防水泵设置在地下二层的消防水泵房中,消火栓、喷淋加压泵及其稳压泵均从市政管网上直接吸取,水泵采用变流量恒压泵。消火栓系统在地下二层形成一个供水环管,管径为 DN150,地下一、二、三层的消防箱接管分别由总环管上接出供水支管。为考虑检修要求,环管上设置检修阀门,相邻阀门的关闭以不影响本层五个消火栓箱为原则。消火栓给水系统设两处水泵接合器,每处设两组 DN150 地上式水泵接合器,分别设置在地下建筑的两个地面出口处。整个消火栓管网为一个供水区域,栓口动压控制在 0.5 兆帕之内。自动喷淋给水系统也在地下二层形成一个供水环管,系统设置湿式报警阀组,报警阀组采用分散布置的型式。系统按消防防火分区分别设置水流指示器和监控阀,每组按水力报警阀不超出 800 只喷头来设置。

5. 照明供配电

采用先进智能照明系统,与其他工程相比,在平时使用和节能上有显著改进与提高。

枢纽设 10/0.4 千伏变电所一座,每个防火分区设一个配电间。10 千伏系统采用双电源、单母线分段不联络结线方式,0.4 千伏配电系统均采用双电源、单母线分段联络结线方式,配电回路简捷、明了,系统可靠、灵活。BA 系统对整个变电所的设备实现监视和控制功能,并实现对远方的控制和管理。系统可以根据电网运行方式的要求,实现各种闭环控制功能。为保证信息和命令的可靠上传和下送,本工程生产用电气设备均采用二级控制,机旁手动检修操作和 BAS 集中自动控制。本工程构筑物属三类防雷建筑,在防雷、接地设计中配备完善的防雷过电压措施,并充分利用结构金属件自然接地装置,节省投资。

变电所选址接近负荷中心,减少线缆损耗;合理选择主变压器容量,负荷率处于高效区减少损耗;变压器等电气设备选择高效、节能型低损耗产品;采用无功功率补偿措施,减少无功损耗,提高主变利用率;配电干线按电流经济密度校验,降低线损;采用绿色照明,节约电能。照度功率密度值控制在节能规范范围内;通风空调设备均选用符合国家能耗指标和性能指标优良的产品;电能管理系统,通过电能计量数据采集与统计分析,为制定经济合理的运行方案提供参考依据。

6.弱电专业

智能型建筑设备监控系统(BAS)对通风空调系统、给排水系统、照明系统、变配电系统等进行自动化管理,确保设备运营安全可靠,处于高效、节能状态,为广大顾客提供安全、舒适的环境。在选择系统时,既要满足系统的开放性、通信协议的标准化、与其他系统之间的互操作性、将来发展需要的可扩性、技术的先进性,又要考虑系统的实用性。安防系统在各主要出入口、地下商场公共走道、地下车库等重要部位处安装低照度黑白/彩色摄像机(可带云台、三可变),对各处监视点的场面进行监视观察,并将重要的场面传送至安保监控中心机房进行录像存档。

在弱电监控中心、弱电间及重要设备机房等处设置出入口控制系统。现场控制器安装在各弱电间内,用于控制附近 90 米范围之内的门禁通道。现场控制器与系统控制或通信服务器通过 TCP/IP 进行数据交换。门禁系统能在出现事件时通过网络通信方式自动向视频监控系统发出要求做出响应的指令,将位于(或临近于)事件发生地点的摄像机、云台调整到预设的预置点位置,将现场情况显示在特定的监视器上。

为了便于引导旅客的流向与候车,本工程设置智能信息发布系统,主要是在车辆进出的停靠区域设置 LED 单色显示屏,发布车辆动态信息。在旅客候车、联系通道、休息区等人流集中处设置液晶显示屏,显示车辆动态信息、周边交通换乘、景点、天气等多媒体信息,以方便旅客出行,提高公共交通的服务水平和质量。系统能够实现有线电视、DVD 播放、自制节目、信息发布等多种信号内容的接收。系统采用联网集中控制,同时考虑使用的灵活性,经授权,可实现多用户分组管理。但遇到紧急情况时,控制中心可以对所有显示屏实行强制控制和内容播放。

广播系统采用中央管理和全数字化广播控制系统,可以通过呼叫站台实现区域寻呼、通过紧急求助对讲装置向援助人员求助。

火灾自动报警系统配合风、水、电等消防灭火系统,整个系统的设计以安全性、可靠性为原则,采用消防控制中心集中控制,系统为环形总线方式,模块化结构,具有可扩充性以及能够与其他系统的通信,各消防联动设备采用控制中心多线制直接控制的方式。所有的火灾探测器、信号及控制模块均采用智能化的地址模块,使控制中心能在火灾发生时迅速、直观地反映火灾发生的位置,及时进行处理。

从实际情况出发,以运营为导向、安全至上为原则,制定了诸多情形下、诸多系统联动的灾害应变流程,为相关部门制定应急预案和相关应急管理措施提供依据。

四、沈阳二环路五爱立体交叉

五爱街/南二环互通立体交叉工程位于沈阳最重要的三条交通大动脉金廊、二环快速路、南北二干线的交叉点,南起新世界会展中心南侧浑河桥上,北至五爱街科普公园正门南侧,西起二环路通达新村,东至二环路南塔街。其沿线涉及新世界会展中心、沈阳市艺术中心、万科柏翠园以及河畔花园等重要的会演及商住设施。该工程主要采用高架桥与地面匝道相结合的建设方式,由青年大街/二环路立体交叉、五爱街/二环路立体交叉、青年桥北桥头立体交叉3处分立体交叉组团组成,通过3处组团立体交叉实现青年大街、五爱街以及南二环的互通,共新建、改建26条匝道(新建匝道18条、改建匝道8条),其中,桥梁结构匝道7条,桥梁及引道长度4.3千米;地面匝道19条,长度8.6千米。

该工程于2015年11月中旬正式开工建设,是当时沈阳市已建、在建的立体交叉中规模最大的全互通立体交叉。该工程建成后有效承担青年大街、二环快速路、南北二干线三条交通大动脉交通转换的重要功能,是沈阳市区南部门户最重要的交通枢纽工程,极大地改善了沈阳南部交通通行环境,为沈阳交通发挥了重大作用:有效分流青年大街现有交通,青年大街南向北车辆可通过立体交叉直接进入南北两干线交通系统;实现二环快速路系统与南北两干线快速路系统的有效衔接,凸显南北两干线快速交通作用,为沈阳快速路交通建设做出了突出贡献。

1. 总体方案

经调研,该立体交叉由于涉及因素众多,2012年沈阳五爱立体交叉前期方案进行了公示,经过多轮研究,通过广泛征求意见,并结合区域重要景观点、交通衔接需求等因素最终确定实施方案。

图 5-20　五爱立体交叉前期网络方案征集图

图 5-21　最终实施方案效果图

五爱立体交叉总体由三部分组成。其中,青年大街/二环路立体交叉在现有立体交叉基础上调整由西向南右转匝道,增加由北向东的左转匝道;五爱街/二环路立体交叉在现有的平交路口处设置半定向式立体交叉;青年桥北桥头立体交叉废除现状的立体交叉,重新设置扁苜蓿叶立体交叉实现全互通。工程竣工后实现二环路、青年大街与五爱街全互通。

五爱立体交叉建成后,青年大街南向北交通将通过青年桥上新建匝道有效分流至南北快速交通系统,实现对青年大街交通的分流,同时取消青年大街万鑫门前左转信号灯控制,消除信号控制节点。从机场到市内将有多种选择,不必等信号就可进入城市中心地带。从机场高速出来,一路畅行,到青年桥后,通过五爱立体交叉,无论你去中街腹地,还是去铁西建设大路、于洪广场、沈河长青地区、大东高官台、沈铁路,都可以快速抵达。

五爱街立体交叉共计新建、改建 26 条匝道。为便于市民通行,共设计了五种颜色:通往铁西方向,设铁锈红色匝道;通往沈北新区方向,设粉红色匝道;通往机场方向,设蓝色匝道;通往北陵方向,设橙色匝道;通往棋盘山方向,设绿色匝道。

A 匝道:从五爱街由北向南上高架桥,跨二环路向东进入东二环,前往棋盘山、东陵方向。B 匝道:青年大街由南向北方向,通往五爱街方向(上跨二环路)。该匝道将和完工后的南北快速干道连接,实现南北连通。C 匝道:青年大街由南向北经由 B 匝道,通往西二环(三好街方向)。该匝道开通后,将取消目前青年大街由南往北左转上西二环的信

图 5-22　工程建成后现状

号，缓解交通压力。D 匝道：青年大街由北向西至西二环（铁西方向）。E 匝道：西二环由西向南，通往青年大街（机场、浑南方向）。F 匝道：青年大街由北向东，通往东二环（长青方向）。改变原有在盛京大剧院前绕行等信号的情况，可无信号直接通过。G 匝道：五爱街由北向西，通往西二环（三好街方向）。H 匝道：东二环由东向北，右转通往五爱街方向。J 匝道：西二环由西向北，前往五爱街，进入南北快速路系统。K 匝道：五爱街由北向南，经 K 匝道向东至南二环通往东二环（长青方向）。L 匝道：西二环由西向北，经 L 匝道至青年大街市内方向。M 匝道：东二环向北及五爱隧道向北合流至五爱街路东至科普路以北路段。N 匝道：五爱隧道由南向北出来至科普路以南路段。P 匝道：五爱街桥下地面道路由北向南，经 P 匝道进入五爱隧道至浑南方向。Q 匝道：东二环由东向南，经过 Q 匝道向南进入五爱隧道至浑南方向。R 匝道：青年大街由南向西，经 S 匝道（下穿隧道）通往新世界会展中心方向。S 匝道：东西下穿青年大街，连通新世界会展中心和盛京大剧院。T 匝道：青年大街由北向西，通往新世界会展中心。U 匝道：新世界会展中心由西向南，通往青年大街（机场、浑南方向）。V 匝道：青年大街由南向东，通往盛京大剧院。W 匝道：青年大街由南向东经 V 匝道，通往东二环（长青方向）。X 匝道：西二环由西向南，经过 X、Y 匝道至南二环辅道（Y 匝道），通往盛京大剧院。Y 匝道：南二环辅道，主要沟通盛京大剧院与南二环、南塔街等，通往南塔街方向。Z 匝道：东二环由东向南，经由 S、T 匝道绕行，通往青年大街（机场、浑南方向）。ER 匝道：南二环既有道路。MQ 匝道：连接五里河公园和沈水湾公园的木栈道，为行人和非机动车道。

2. 设计特点

（1）地下空间开发。五爱立体交叉地下空间综合体位于金廊、浑河银带交叉点，南侧为浑河；东侧为五爱街，五爱街东侧为盛京大剧院；西侧为青年大街、地铁二号线，青年大街西侧为新世界会展中心；北侧为南二环路，南二环路北侧为河畔花园小区。

其主体工程位于现在青年大街东侧绿地的下方，分为停车和商业两部分。地下一层为商业开发，建筑面积 9 289 平方米，可满足零售业、集中性商业以及餐饮业的用房需求。地下二、三、四层为停车场，总建筑面积约 5.7 万平方米，为普通小型车及中巴停车位设计停车位，共提供约 1 200 个停车泊位（中巴车可停 55 辆，小型车可停 1 145 辆）。

（2）与地铁站、大剧院互联互通。五爱立体交叉地下空间位于立体交叉下方，周边东侧有盛京大剧院（艺术中心"大钻石"），西侧又有地铁 2 号线五里河站、新世界会展中心。

该项目西侧设置两处人行道，南侧设置 1 号车行通道与新世界会展中心的地下车库相连；3 号、4 号通道与地铁二号线五里河地铁站连通；东侧设置两处地下连接通道，人流通过 5 号人行出口以及车流通过 2 号车行出口可由此抵达文化艺术中心。同时，北侧预留通道接口，方便以后建设下穿二环路的地下通道。通过五爱立体交叉地下空间可以直接与盛京大剧院、新世界会展中心、地铁 2 号线五里河站等相互通。

图 5-23　立体交叉与大剧院交相呼应

（3）打造地面生态景观公园。地面层以上为五爱立体交叉工程，地下为商业、停车空间，地面层打造成为精致纯净的生态景观公园。2017 年 9 月底竣工后，地面层植物重新组织，取舍，同时增加休闲游憩功能，突出特色及亮点，打造城市生态公园。以大面积草坡、台地为主要设计元素,搭配简单灌木及少量乔木,灌木选用金叶女贞、红花继木、紫叶小檗、瓜子黄杨等,同时辅以整形修剪的植物球类。

地下停车场设置强制排风装置,将汽车尾气由地下停车场内部强制排风系统集中收集排放。地下空间供暖采用集中供热供暖,不新建锅炉房。地下餐饮采用电炊具,无需市政天然气。

五里河公园与盛京大剧院共同形成了一个以艺术中心为依托,集文化、休闲、娱乐功能为一体的特色产业带。

第三节　海绵城市在城市立体交叉中的应用

对于城市发展而言,城市立体交叉的地位也是极其重要的,将海绵城市概念与立体交叉景观真正融合在一起,对于城市总体的生态建设而言有着相当积极的意义,且能够很好地体现其在经济和社会价值上。同时,对于立体交叉景观而言,将海绵城市技术引入其中,对于城市总体价值而言也颇有可参考之处。目前,在立体交叉景观之中,雨水的总量相当大,且这部分的雨水污染相对较重,如果直接将这部分的污水进行排放,那么对于城市附近的河流以及地下水等资源都会产生影响。要进行海绵城市技术建设,就必须将排放雨水的管道进行不断更新,从根源出发对其各个部分进行相应的控制,同时还需要将传统的排放渠道和新时代下的开发相结合,从源头上进行雨水开发控制。

海绵城市的技术功能是经过一系列实际的工程案例,通过项目中的自然生态循环系统实现的,因此要做好海绵城市技术的应用研究,需要从海绵城市技术的具体认知开始论述,在明确技术方法的基础上,通过实际案例应用进行技术解析。具体从设计场地的现状分析、水体及绿色植被设计三方面进行:一是场地现状分析。包含区域分析、用地地块分析、交通分析等。二是水体的设计,确定设计区域地表径流系数及雨水收集区域,最终确定海绵城市设计的雨水控制总量。三是植被设计。设计以提高场地的水体储蓄能力和治理水污染等的环节为目标,通过绿色植被的光合作用,吸收有害气体、污水,从而达到净化空气、水体、环境的目的。

一、海绵城市技术在立体交叉景观设计中的应用方法及理论研究

海绵城市技术在立体交叉景观设计中,能够有效解决路面雨水收集、净化、存储再利用和桥下空间植被缺乏雨水灌溉等问题。总体思路概括为以下几个方面。

1. 雨水断接技术

雨水断接是指切断径流排放通道,辅助雨水径流生态化控制、资源化利用,使雨水尽可能遵循自然水循环的规律。在城市立体交叉海绵化建设中,常常遇到的雨水断接主要

包括桥面雨水立管断接及桥下路面雨水断接。由于城市道路雨水径流的污染物浓度大，富含悬浮物及油污，若将雨水直接断接入绿地，将极大地影响植物的生长及景观效果。故立体交叉雨水的断接需设置沉砂或源头弃流装置，对雨水径流进行前处理，方可将雨水引入绿地内做进一步过滤、下渗处理。

图 5-24　雨水过滤处理及超标雨水遗留设施

2. 超量雨水排放技术

超标雨水指超出海绵措施消纳的雨水径流量。通常超标雨水的排放途径主要为溢流式雨水口，而对于底部穿孔渗排管的布置常有疏漏，尤其是在不适合布置溢流式雨水口的植草沟内。在降雨强度大、降雨历时集中的情况下，土层渗透性差，超量雨水不能合理有序排放，会出现雨水长时间浸泡、满流、冲刷等不利情况，影响生物滞留设施及植草沟等植被存活。为此，建议在生物滞留设施、植草沟等下渗海绵措施中，布置底部穿孔渗排管，以利于超量雨水有序排放。

3. 雨水径流量控制

通过提高下垫面的下渗性能，减少雨水地表径流量，从而实现降雨至市政雨水管网之间的缓流排放，缓解市政雨水管线排水负担，从源头上降低区域内涝风险。结合桥下现有绿地分布情况，利用桥面与桥下绿地的落水高差，在绿地内布置植草沟、生物滞留设施等下渗措施，将桥面雨水引入其中进行下渗、滞留处理，实现地表雨水径流缓流、错峰排放的目的。

4. 面源污染控制技术

由于立体交叉范围车行量大，初期雨水径流污染物含量高。传统的排水方式为雨水→雨水口→市政雨水管，雨水中夹带的大量污染物快速进入管网系统排放。该工程通过设置雨水断接措施，对雨水进行截流处理，从源头上实现分散控制污染物。采用的雨水断接方式为桥面雨水→雨水立管→沉砂井→植草沟→生物滞留带→市政雨水管路面雨水→开孔路缘石→生物滞留带→市政雨水管。

图 5-25　植草沟滞留设施及源头分散控制雨水断接方式

5.系统处理流程技术

立体交叉面雨水经雨水口及立管引流后,在立管底部断接至生物滞留设施或植草沟,实现雨水的缓排、扩散、过滤及下渗。部分受现状条件限制无法接入绿地内消纳的雨水,则通过植草沟或管道引至桥下埋设的雨水收集罐汇集,经过滤消毒后回用于道路冲洗及绿化浇灌。超量的雨水则通过溢流雨水口排放至市政雨水管网。

6.多样性植物选择技术

城市立体交叉所在地通常为交通量繁忙的区域,对于视觉景观的要求较高。海绵化措施的植物选择是在满足耐旱耐涝等基本要求的前提下,满足景观要求。植物的选择应避免单一化、平面化,如生物滞留设施内的植物品种应不少于3种,且满足高、中、低及内外层的层次要求。

生物滞留设施用于临时滞留和净化雨水,通过自然蒸发、土壤渗透、过滤、吸附、植物截留、生物降解等,能有效减少径流量、消减径流峰值和净化雨水。生物滞留设施有简易型和复杂性两种,按位置的不同分为雨水花园、高位花池、生态树池等。雨水花园依据有无填料层又分为净化型和滞留型两种。雨水花园一般建设在绿地中的低洼区域,其下层土壤主要采用有利于排水渗透性好的砂石基质。雨水花园主要按照用途被分为两类,一类是控制径流的雨水花园设施,通过地表的植物来降低径流速度,同时也可起到过滤雨水、补充地下水的作用。

二、西安灞桥区官厅立体交叉海绵城市设计方法应用

海绵城市在设计工作开展之初,首先需依据场地的汇水面积及年径流总量控制率计算收集雨水的重现期,以此确定具体的技术措施控制指标。其次,依据确定的具体技术措施进行海绵城市技术的方案设计工作。具体需明确以下三点:①官厅立体交叉现状汇水区域包含绿地汇水面、道路汇水面、高架桥汇水面三部分,共计26.7万平方米。②其中绿化区域占地面积大,且地势多变。③交通干道存在降雨导致初期地表径流富含重金属、硫化物、苯芳烃等污染物质的问题。

1.控制指标计算方案

依据《海绵城市技术实施指南》,西安地区属二类地区,其中规定该区域内年径流总量控制率目标为85%,降雨重现期为120毫米/小时,收集雨水时长10分钟,以此为官厅立体交叉海绵城市技术设计的根本目标。结合实际现场考察,最终核算出本次官厅立体交叉的区域汇水面积为26.7万平方米,其中包含绿地汇水面积、道路汇水面积、高架桥汇水面积三部分。

以此可计算得出官厅立体交叉海绵城市技术设计需控制雨水径流总量为26.7万平方米×85%×120毫米/小时×0.17小时÷1 000=0.463万立方米。

2.技术措施方案布局

海绵城市技术措施多种多样,但只有在充分研究项目实际状况和确定的控制雨水径流总量后,才能比选出适合的技术措施方案。目前海绵城市技术主要概括为以下几类:①渗,如透水砖、透水混凝土地坪等。②滞,如生态草沟、下凹绿地等。③蓄,如天然调蓄池、湿塘等。④净,如雨水花园、生态草沟、种植屋面等。⑤用,如天然蓄水池、地埋式蓄水池等。⑥排,如弃流井等。

官厅立体交叉景观中应用海绵城市技术需要注意兼顾自然人文保护和紧凑型开发指标,在此基础上将要达到的目标设计出来,并且规划出相应的指标数据。结合工作需明确的三点内容以及立体交叉实际状况分析得出,其总体的布局要求是"三区多线"。根据该立体交叉三个环形匝道区地势来实现对雨水的存储,再通过多条道路边线所修砌的生态草沟来保证在雨水丰沛的时节,暴雨径流可以得到有效分散,从而解决内涝的问题。需要注意的是,这样做的根本目的是使得生态景观具有一定的功能性,并且能够和当地的植物及沙土完美配合,从而使得雨水得到净化,接着聚集到蓄水池中,成为可以再次使用的地下水。其针对该立体交叉景观中海绵城市技术的设计平面如图5-26所示。

图例：
- 雨水花园
- 下凹式绿地
- 开口道牙

图5-26　立体交叉景观中海绵城市技术的设计平面图

3.海绵城市技术的具体措施

（1）下沉式绿地技术。官厅立体交叉区域属湿陷性黄土地区，土壤具有较大的渗透系数，可快速地吸收径流雨水，故下沉式绿地可直接利用原有土壤进行植物种植。下沉式绿地的下凹深度需保持在 0.05～0.25 米，高程小于路面高程。在下沉式绿地中设置雨水口，收集溢流雨水，并确保雨水口的高程大于下沉式绿地。

（2）雨水定向收集技术。立缘石的标高大于周围地表，雨水一般通过漫流集中流向雨水口。为了保证立缘石在满足功能的同时，又能使路面雨水快速进入绿化带中，设计中采用了间隔式立缘石的模式。

图 5-27　雨水定向收集措施

（3）初期地表径流弃流技术。弃流设置选择为弃流井，通过设置特殊结构的井体，将其布置于道路道牙开口处，使含有污染物的雨水先进入井体内，并初步沉淀排放至污水管网。因此，经过核算，以降雨重现期为 120 毫米/小时，收集雨水时长 10 分钟为依据，初期 3 分钟内的雨水需弃流，因此，此次设计的弃流管于进水管高差为 35 厘米。

（4）生态草沟技术。因生态草沟主要布局于道路两侧位置，道路地基虽进行了地基土质换填和防水处理，但关中地区黄土质存在湿陷性问题风险，因此分析该地区黄土质湿陷性及渗透性指标后，采取沿道路一侧铺设深度达 2 米的防水土工布，在此基础上布局排水盲管及砂滤层，砂滤层具有过滤和进化雨水的作用，排水盲管排放多余的雨水，避免雨水无法快速排放造成道路地基沉降。在海绵城市技术方案设计中，设计的植草沟对径流的削减主要表现为径流总量的削减和径流峰值的削减。径流总量的削减主要表现为当该区域内降雨量较小时，植草沟主要以土壤渗透为主；当发生中等强度的降雨时，植草沟主要以降低流速、削减径流为主；当高强度降雨时，植草沟主要以转输雨水的特性为主，径流峰值的削减主要体现在滞留时间内。海绵城市技术设计在雨水下渗过程中，植草沟对于洪峰流量的削减为 10%～20%。为增大植草沟对污染物的去除率，设计中要使植草沟的边坡平缓，以增大与雨水径流的接触面积，同时将去除效果植草沟的长度设置在 30 米以上，从而提高污染物去除率。

三、佛山市西龙立体交叉中海绵城市应用

西龙立体交叉为佛山一环和魁奇路相交的大型枢纽立体交叉，立体交叉周边地区建成前以农田、鱼塘为主，西侧紧邻东平水道，立体交叉内总用地面积约 11.19 公顷。

1．主要设计理念

传统的立体交叉设计排水理念首先是防止或减少雨水进入工程范围，其次是建造完善的排水系统，通过排水设施尽快将水排出。为此，立体交叉内用地一般做成中间高、四周低的型式，便于雨水迅速排出。立体交叉范围内的排水设施一般有排水管、盲沟、渗沟、渗井、暗沟、边沟、截水沟、排水沟、跌水沟和急流槽等，立体交叉内雨水通过这些排水设施尽快向外散排至周边水系或排入城市排水管网。海绵城市的立体交叉建设需转变传统的立体交叉排水理念，使立体交叉范围内的雨水向内聚集，通过采用渗、滞、蓄、净、用、排等措施，建设成自然积存、自然渗透、自然净化功能的立体交叉水循环系统。

本立体交叉范围内的海绵城市设计总体思路为利用匝道围合范围内的大面积用地做成雨水花园或景观水体，通过管道和植草沟收集立体交叉范围内的雨水至前置塘和雨水花园，进入前置塘的雨水通过沉淀、净化后再进入景观水体，在景观水体内通过蓄滞、下渗、蒸发等功能实现水的生态循环，多余的雨水通过溢流管排放至周边水系或市政管网；进入雨水花园的雨水通过种植土和砂石的过滤、沉淀等实现雨水净化，通过泥土下渗和向上蒸发实现雨水年径流总量控制目标，同时在雨水花园内设置溢流口和雨水管将雨季过量的雨水排入周边自然水体或城市管网。

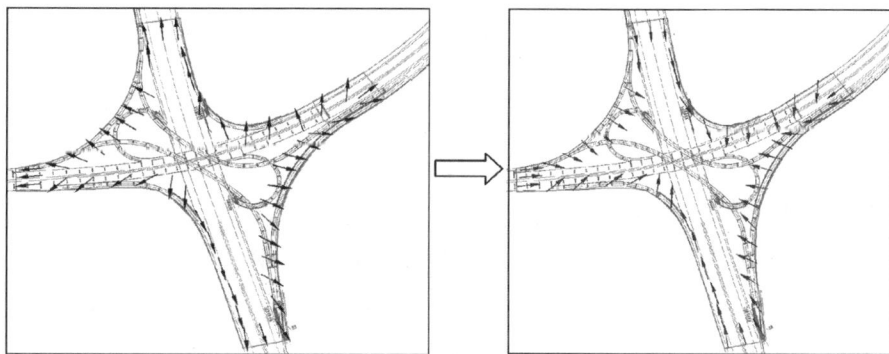

图 5-28　传统立体交叉雨水外排与海绵城市立体交叉雨水内收演变图

2．海绵城市设计目标

该项目绿化面积大、有一定的景观水体，因此设计时应从项目特点出发，设置了实现80％以上年径流总量控制目标、实现 70％以上污染物减排的控制目标、实现通过径流调节雨水径流峰值不大于开发前的水平等三个目标。

3．工程设计方案及效果

西龙立体交叉海绵系统设计以佛山一环为界分东、西两个区域，面积分别为 5.46 公顷、5.73 公顷，按 5 年一遇暴雨强度计算水量结果分别为 1 237 升/秒、1 798 升/秒，采用容积法计算设计调蓄容积分别为 1 163 立方米、1 691 立方米。地面径流、桥面径流通过植草沟、雨水花园、前处理池，再进入景观湖，并且与现况排水箱涵连接。海绵系统设计流程如图 5-29 所示。

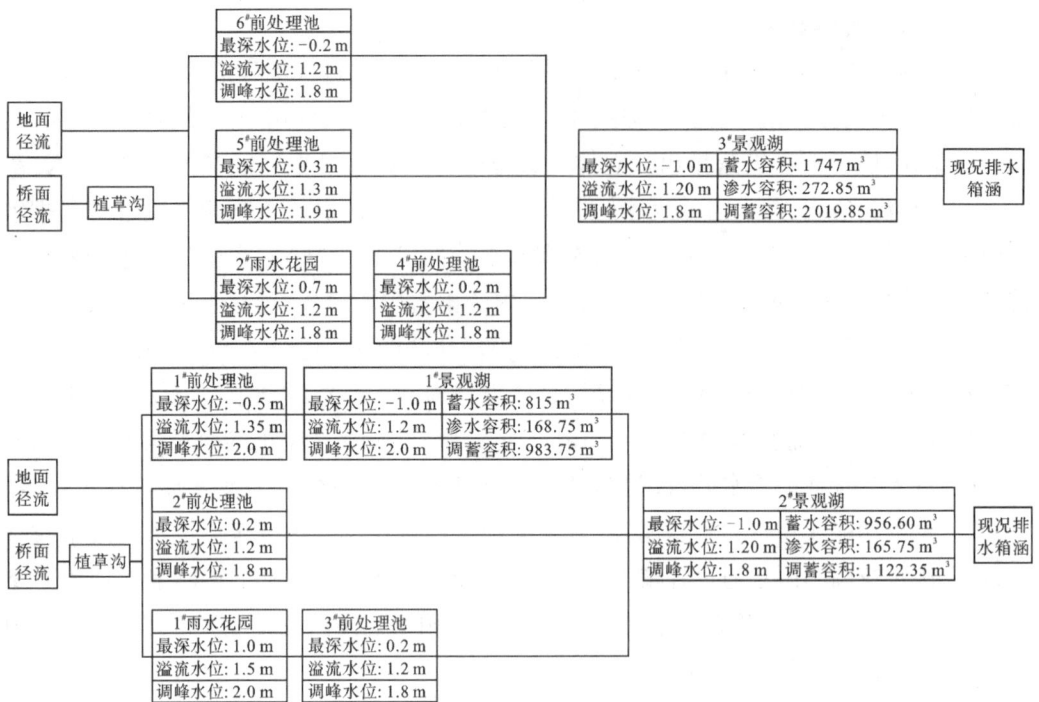

图 5-29 立体交叉东西两区域海绵系统设计流程

佛山一环以东区域地面径流、桥面径流汇集到 3# 景观湖,总调蓄容积为 2 020 立方米。海绵系统将佛山一环以西区域地面径流、桥面径流汇集到 1# 景观湖、2# 景观湖,设计调蓄容积分别为 984 立方米、1 122 立方米,总调蓄容积为 2 106 立方米。植被缓冲带、植草沟增加了雨水径流时间,减小了雨水流量径流系数,所以可以实现暴雨时产生的设计流量减少的目标。雨水调节池可以延长暴雨后雨水的排出时间,从而减少设计流量,同时植被缓冲、植草沟对污染物的过滤、沉淀作用能够有效地去除污染物浓度,减少了对自然水体的污染。经过海绵城市理念下的一系列工程设计,最终按设计进行施工,满足了立体交叉范围内年径流总量控制率 80% 的要求,并且实现了减少径流污染和调削减径流峰值的目标。

4. 微地形设计

传统立体交叉范围内的微地形多采用"龟背"形,以有利于雨水尽快排出。海绵城市的微地形宜设置为"锅底"型式,有利于蓄水、滞水,并对立体交叉的通视有较大的优化。微地形在具体设计时应结合立体交叉结构与地形特点来考虑,在立体交叉用地范围内实现最大蓄水库容。在工程条件满足的情况下,应充分利用地形构造景观湖。例如,地形为向同一方向倾斜的坡地,可以将局部区域通过填筑开挖构造成梯田型式的景观湖;或者地形为一个洼地时,则可以结合匝道,通过一定的开挖,形成一个大型的景观湖。该立体交叉用地面积较大,适宜的微地形处理有利于丰富绿化要素、形成景观层次、达到加强景观艺术性和改善生态环境的目的。该设计主干道局部为桥梁立体交叉,立体交叉和路基主道与匝道将立体交叉用地分割成多个大小、高程不同的区域,在各分割区域构造成小型景观湖和雨水花园,通过设置相近高程的涵管实现相互连通,实现最大蓄水容量,且可在靠近河涌的区域通过涵管与其连通,超标径流雨水排至河涌内。

图 5-30　项目海绵城市设计效果

5.植物选择

　　海绵城市强调"渗、滞、蓄、净、用、排"的技术措施,要求各个环节配合既落实径流控制的目标又保障区域的排水安全。立体交叉内绿化植物对于土壤有一定的要求,在西龙立体交叉设计中设定了80%的年径流总量控制目标,因此需选择孔隙率较大的土壤,以利于土壤下渗,并且选择适合该土壤的绿化植物。另外,立体交叉内设置了一些景观湖、前置塘和雨水花园,把大量雨水蓄积在立体交叉范围内,立体交叉绿化的水分大部分时间供应较为充分,有更多不耐旱的植物可供选择。纳入海绵城市建设理念的项目有配套的后期维护管理措施,同时配合精细的海绵城市技术设计,需要一定维护管理的植物也在可选择范围内。但总体来说植物选择应注重以下条件。

　　(1)考虑到立体交叉范围内近距离观赏的人群较少,且立体交叉内大面积绿化维护管养相对比较粗放,需要消化一定的径流污染,也需要生命力较为顽强的植物。因此,在绿化设计中大量选择了乡土植物。

　　(2)城市立体交叉除匝道下的区域,其他范围常年阳光充沛,因此设计中选择的大部分植物为喜阳植物。但是,也有些位于乔木和灌木下生长的植物,获得的阳光较少,对于这部分植物则需选择半喜阳或耐阴植物。

　　(3)海绵城市要求绿化有一定的渗滞蓄能力,一旦下暴雨或长时间下雨,易造成短时间积水,立体交叉植物应该选择耐短时间潮湿积水的。

四、武汉高新大道立体交叉改造中海绵城市的应用

武汉光谷产业园高新大道根据区域路网规划、道路功能进行定位,全线按城市快速路标准进行综合改造(主线双向 8 车道、辅路双向 4～6 车道),红线宽 65 米。随着光谷未来科技城、光谷智能制造产业园的发展建设以及武汉与鄂州联系的日渐紧密,在暴雨或雪雾等特殊天气条件下,因为排水设施不完善问题,进一步加剧了交通拥堵混乱局面。

1.总体改造技术应用路线

结合海绵城市设计思维,选择合适的植物满足城市景观需求。立体交叉范围内收集的雨水一方面通过设置雨水花园、生态花园等排除,因其下层的土壤具有很好的排水性,能够起到过滤雨水,补充地表水的效果;另一方面,在进行改造绿化带时,需要选择下沉式绿化带、植草沟消纳一部分雨水,减少地面积水。设计将滞留设施系统安放在立体交叉低地势的位置,通过栽种植物、优化土壤、构建微生物系统的蓄水和渗水系统,使多余的雨水和城市立体交叉面的雨水通过立管引流汇聚到城市的排水管网排出,进一步缓解排水负担,降低内涝风险。

2.具体应用措施

(1)桥面排水。立体交叉需要首先考虑桥面部分的排水。雨水径流在桥面形成后,通过安装在桥墩上的高架桥排水立管下泄至底层绿化带中,经碎石沟消能后排入绿化带外道路下的市政管网。

(2)路面排水。互通式立体交叉的路面排水包括桥下的机动车道、非机动车道和人行道三部分。排水方式:车行道雨水汇流至绿化带,人行道雨水汇流至后排绿化带,若无后排绿化带则汇流至绿化带。绿化带内土层含水饱和后水位上升,当水位高于雨水口标高时溢流入雨水口排入雨水管道系统。根据武汉市海绵城市建设技术标准的相关要求,城市道路交通的等级为特重、重和中等交通时,车行道路面结构不应采用透水路面;交通等级为轻交通时,路面结构可采用透水路面;人行道宜采用透水砖铺装。该工程车行道的交通等级,其路面结构不适用透水路面,人行道采用透水砖铺装。

(3)道路中分带排水。宽度<4 米的中间分隔带,中分带设置下凹式绿地,收集净化绿化带范围内的雨水。下凹式绿地比立缘石低 50～100 毫米作为调蓄层,调蓄层下面是种植土层,深度需满足植物种植要求,一般为 300 毫米或 600 毫米。调蓄层下面为原土。道路纵坡大于 1% 时,应在绿化带内间隔设置碎石堤埂等跌水消能设施,跌水消能设施断面呈梯形状。宽度>4 米的中间分隔带,中分带设置下凹式绿地,绿地中间设置植草沟,收集净化绿化带范围内的雨水。下凹式绿地比立缘石低 50～100 毫米作为调蓄层,调蓄层下面是种植土层,深度需满足植物种植要求,一般为 300 毫米或 600 毫米。调蓄层下面为原土。道路纵坡大于 1% 时,应在绿化带内间隔设置碎石堤埂等跌水消能设施,跌水消能设施断面呈梯形状。

(4)道路侧分带排水。该工程道路侧分带的宽度有 2.5 米、3.5 米、4 米三种规格,可

采用同一种海绵排水结构。侧分带设置开孔立缘石、溢流沉砂井及卵石缓冲带、下凹式绿地、雨水口(溢流)、常规雨水口、透水层(管)等收集净化道路车行道、人行道及绿化带范围内的雨水。穿孔立缘石、溢流雨水口数量根据计算确定,一般沿道路纵向每隔15~20米设置一处,进水口(穿孔立缘石)设在溢流雨水口下游。侧分带比立缘石低100~200毫米作为调蓄层,调蓄层下面是种植土层,深度需满足植物种植要求。种植土层下面设置300毫米厚碎石导水层(含穿孔管和土工布等)。道路纵坡大于1%时,应在绿化带内间隔设置碎石堤埂等跌水消能设施。靠近车行道部分的碎石导水层底部,加设一层防渗膜,用以保护车行道路基不受地下海绵排水侵蚀。

3.海绵设施效果评估

该工程所采用海绵设施的效果,主要包括年径流总量控制率和年径流污染控制率两个方面。

此次立体交叉改造,暴雨重现期取5年,低洼处按10年校核,按照武汉市2014年修编的暴雨强度公式以及容积法进行计算。根据《武汉市海绵城市建设技术指南》的指标要求,结合项目建设类型及所处排水水系分区经加权计算,该工程年径流总量控制率的目标值为80%(对应设计降雨量35.2毫米)。由于城市立体交叉具有大面积绿化率这一得天独厚的条件,因此根据工程经验使用简易评估法,实际评估下来,项目年径流总量实际控制率和年径流污染控制率均优于目标值。

第四节　新型桥面防水及防腐技术的应用

在城市高架路、立体交叉建设如火如荼开展的今天,桥面的防水防腐越来越受到业主单位的高度重视。多年来,在很多桥面防水工程中采用的传统防水材料存在着很多不可忽视的弊病,造成了高昂的维修费用和对结构的破坏。路桥工程外露钢筋混凝土结构常见病害有裂缝、剥离、剥落、蜂窝、漏水、钢筋外露、钢筋锈蚀、承载力不足等,造成这些病害的根本原因是材料耐久性不足,即材料的性能劣化。

一、市政桥梁常见的病害分析及耐久性现状

钢筋混凝土结构是以水泥的水化产物作为胶结料并结合一定级配的骨料或其他惰性材料和钢筋制成的一种复合材料。在这一复合结构中,钢筋提供了结构的抗拉强度,而混凝土则提供了结构抗压强度和对钢筋的保护作用。所以,钢筋混凝土的材料性能劣化,也包括混凝土的性能劣化和混凝土中钢筋的锈蚀两个方面。混凝土的性能劣化指混凝土在使用过程中,受周围环境的物理、化学、生物作用,使混凝土内的某些成分发生反应变性、溶解析出、结晶膨胀及基体开裂等,从而造成混凝土性能的下降。混凝土的劣化

主要包括混凝土的碳化(中性化)、溶出性腐蚀、碱—骨料反应(AAR)、侵蚀性介质腐蚀、冻融破坏、混凝土裂缝等。混凝土的劣化不仅直接降低了混凝土的性能,更主要的是它会加速混凝土中的钢筋腐蚀。

在 2004 版桥梁设计规范中明确提出了我国公路桥涵设计基准期为百年。根据 2011 年危桥改造管理中各省区市上报的 9 746 座五类桥的相关信息(其中有确切建设年代的 7 875 座)来看,我国桥梁的平均使用年限仅为 30.23 年,其中西藏自治区由于其恶劣的自然环境,桥梁平均使用寿命仅为 16.84 年,耐久性现状十分严峻。许多桥梁先天不足,后天失养,为交通安全埋下了隐患。随着我国社会经济的发展,公路桥梁安全与寿命已成为我国公路交通可持续发展的核心问题。

在《城市桥梁桥面防水工程技术规程》(CJJ 139—2010)中,"混凝土桥面铺装内应设防水层。桥面系应有完善的防水、排水系统"作为强制性条文写入规范中。防水层材料的选择应符合下列规定:①当采用沥青混凝土铺装面层时,防水层应采用防水卷材或防水涂料等柔性防水材料。②当采用水泥混凝土铺装面层时,宜采用水泥基渗透结晶型等刚性防水,严禁采用卷材防水。同时,还明确了当进行桥面防水设计时,不宜将防水卷材和防水涂料复合使用。

二、路桥工程对防水材料的要求

防水保护作为路桥建设中的一个环节,虽然所占投资比例很小,用工用量也不是很多,但它对桥梁的整体性维护能够最大限度地保护桥梁结构不受损害,起到不可缺少的作用。因此,在防水、防腐工程施工中,对材料的选择、施工的工艺、质量的保证等方面都应加以重视,如此才能确保桥面使用的耐久性。选择一种合适的防水材料十分重要,应用于路桥的防水材料应满足路桥须长期暴露于风雨交加、高温暴晒的恶劣自然环境和施工的特殊性要求。如表 5-5 所示。

表 5-5　路桥工程对防水材料的要求

序号	性能指标	性能要求
1	抗渗要求	混凝土结构内部的孔隙会导致水、酸、碱性污染物渗入混凝土结构内部,造成钢筋锈蚀和混凝土开裂等现象的产生,为阻止污染物的侵蚀破坏,防水材料应该具有良好的防水抗渗功能
2	抗氯离子	氯盐的腐蚀是破坏混凝土的重要因素,环境中游离的氯离子(包括海水、海风、化冰盐、保温车盐水滴漏等)一旦渗入,会生成易溶的 $CaCl_2$ 和带大量结晶水、体积增大好几倍的固相化合物,加速钢筋的腐蚀,造成混凝土基体的膨胀开裂。所以,适合应用在路桥的防水材料应该有良好的抗氯离子效果

续表

序号	性能指标	性能要求
3	抗压强度	路面要直接承受摊铺沥青、车辆在其上面行驶的运动荷载,温差与外应力的破坏,所以应用的材料应能体现增强其表面抗压强度和提高对混凝土使用的稳定性、耐久性
4	耐高温性	路桥施工、摊铺沥青最高可达170℃,并且车辆运行摩擦以及夏季高温暴晒地表温度都很高,为保证防水材料使用效果的持久性,它应该具有良好的耐高温性能
5	黏结性能	由于桥面结构由多层构成,其中防水层要起到承接的作用,并且其黏结性要满足层与层之间的完美结合,使上部荷载能均匀传递,确保桥面结构的整体抗荷载能力不会因防水层的加入而有所降低,也才能保证混凝土结构层和沥青摊铺层的结合不会出现"两张皮"现象

三、国内桥面防水设计的不足及国外的发展动向

目前,我国桥面防水黏结层的问题主要有以下几方面:黏结力不足。若防水黏结层与桥面之间的黏结力不足,将造成防水黏结层失效。黏结力的降低,存在很多原因,如防水材料自身的黏结力不足、防水层不够厚;桥面没有进行合格的处理、混凝土桥面含有大量的水分、防水黏结层存在气孔等。防水黏结层与桥面层之间的黏结力降低预示着沥青铺装将发生早期的破坏。主要存在的问题有如下几个方面。

1.防水黏结层缺少保护层

在铺装沥青混凝土的过程中,防水层由于受履带摊铺机、运料车辆以及沥青混凝土的高温作用、压路机碾压的过程,会受到一定程度的破坏,这就降低了其不透水性,导致一些桥面在通车前透水。

2.防水黏结层的剪切力不够

在高温环境和车辆荷载的作用下,沥青混凝土铺装层的纵坡及小半径弯道处存在剪切力,剪切力过大即出现剪切破坏。

3.工程条件恶劣

由于桥梁承载的影响,沥青混凝土的铺装层厚度一般较薄,这就导致荷载作用下的应力作用有防水黏结层承受,导致其受力环境恶劣。由于铺装层的沥青混合料的空隙过大,水较快透过进入界面,而防水黏结层受到水分的作用会出现黏结性能降低,同时反复的动水压力的冲刷也会导致防水黏结层的功能衰减,最终使防水黏结层造成破坏。

相比之下,欧美许多国家在早期已注意到防水层的重要性。在20世纪80年代初,桥面刚性防水在美国、德国、丹麦等国家开始了大量的使用。桥面防水的方法:通过在桥

梁的桥面上洒布水性渗透结晶型防水材料,浸湿水泥混凝土表面的活性化学物质并与之反应,生成的难溶结晶体起到防水作用,同时这些材料与水泥活性物质反应后,可间接增大水泥水化效果,提高混凝土的表面强度及结构耐久性。日本在 1960 年以后的快速发展期和东京奥运会前后迎来了基础设施建设的高峰期,其间采用的混凝土的建筑现在已经进入了维修阶段。其通常的维修方式是在建筑物发生显著劣化之后进行大规模的维修,为此需要投入巨大的维修费用。近年来东京等地的桥梁设施采用了以预防为主的维护管理办法,在劣化发生之前采取防护措施,既节省维修费用又延长使用寿命,这在建设投资大幅度减少的日本逐渐已成为流行的维护管理模式。这种管理模式的改变也带来了维修方法的变化,基于混凝土表面改性技术的防护做法成为混凝土结构维护的主要方法,其中深层渗透密封防水剂(水性渗透型无机防水剂)作为延长混凝土结构寿命的代表性产品,在日本被认定为"最有效的表面保护材料"。

四、LV3 深层渗透密封防水剂的防水机理及作用

通过外喷的方式可以深入渗透到混凝土内部 30～50 毫米,内含纳米等级的硅离子可以与混凝土中的钙离子产生化学反应,生成水化硅酸钙晶体,使混凝土致密性更好,抑制二氧化碳气体、水等劣化因子的侵入,提高混凝土的密实性和强度,同时具有自愈功能,延长结构寿命。LV3 深层渗透密封防水剂具有防水、抗渗、裂缝修复、增强养护、抗碳化、抗冻融、抗酸耐腐、防盐害、抗冲摩九大功能。

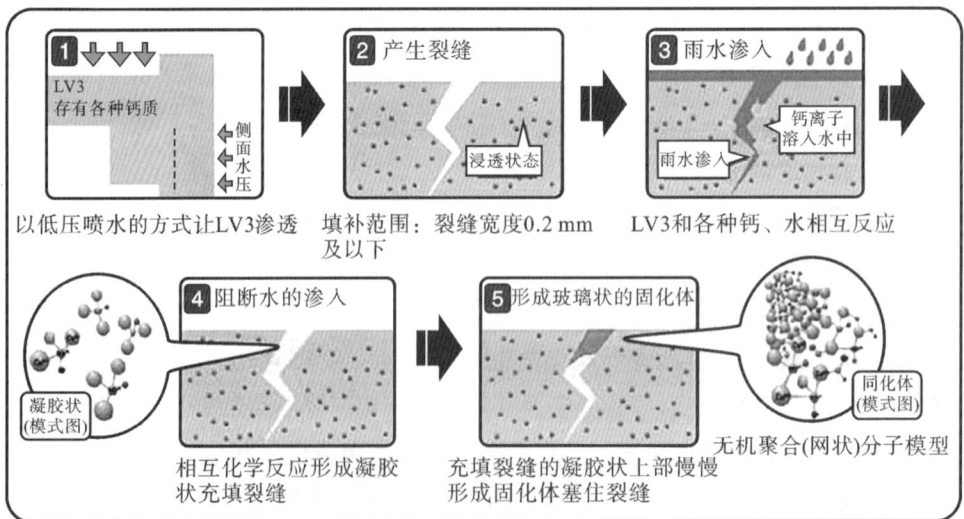

$$X\text{-}SiO_3 + mCa(OH)_2 + nH_2O \longrightarrow mCaO \cdot SiO_2 \cdot nH_2O + X\text{-}OH$$

(硅酸盐)　(氢氧化钙)　(水)　　　　　　(C-S-H结晶体)　(氢氧化物)

深度渗透到纳米级毛细孔隙 ⟶ 充填孔隙 ⟶ 形成硅酸钙固化体封堵毛细通道

图 5-31　LV3 深层渗透密封防水剂的防水机理

第六章

◆ 立体交叉下的空间优化设计

随着城市现代化建设进程的高速发展以及城市立体交通系统设施的与日俱增,立体交叉系统建设下的附属空间与城市其余设施之间的剩余空间不可避免地侵占了城市空间环境,破坏了城市肌理,给市民和城市环境也带来了消极的影响。

国家发展改革委印发的《2019年新型城镇化建设重点任务》通知中,推动城市高质量发展章节着重强调了优化城市空间布局、加强城市基础建设、改进城市公共资源配置等方面,从而提升城市品质和魅力。城市发展从规模效应向精细化发展转变,前期的城市快速扩张所留下的众多"灰空间"地带如何艺术化修补和提升,如何正向建构城市品牌形象,显得尤为突出。

随着20世纪"空间生产"理论的提出,传播学的视野也逐步拓展落实到空间上,以空间为媒介的传播思潮渐渐被关注。高速的现代化进程使得城市建设趋向同质化,造成"千城一面"的窘状。利用城市立体交通建设中现存的"灰色空间"作为城市形象的传播媒介,将本来属于城市建设弊端、受到忽视的立体交叉系统"灰空间"进行改造,利用优化设计进而创造出可以提高城市形象、用于城市形象传播的新的媒介角色,从而解决城市立体交叉系统对城市空间环境的破坏,进而打造利于城市形象传播的空间媒介,一举两得、物尽其用。

在过去,交通相对割裂的桥下空间往往是城市的边角,再加上桥梁高度限制等因素,导致其具有阴暗潮冷、空间局促等特性,致使其难以被利用。因此,城市桥下空间通常扮演着一种被动的、消极的"灰空间"角色。如今,桥梁在满足城市基本交通功能的前提下,逐渐成为承载城市文化、形象、品质的空间载体,对其设计的要求越来越高。同时,滨水空间的开发、城市慢行系统的建设等都对由桥梁延伸而来的桥下空间的品质进行了提升。那么,如何化被动为主动,将桥下空间这一消极"灰空间"转化为积极空间,如何合理有效且安全地利用之前被边缘化的桥下空间,将成为城市建设新常态下面临的新课题。

第一节　立体交叉下的空间研究现状

目前,国内外对桥下空间的研究以地面高架桥桥下空间为主,其中最多的是市政道路的高架桥桥下空间,主要有两大类。一类是对道路附属的绿化空间进行的研究。这类研究要么一带而过,要么以某一具体实施层面为切入点。关于桥下绿化或垂直绿化的生长环境或种植搭配的专项研究虽然很深入,但是对空间利用方面的研究较少。另一类是将高架桥桥下空间作为独立课题对象。研究中将其定位为"剩余空间"或"灰空间",空间利用注重增加人的参与度。国内外已建成的桥下空间开发利用的成功案例大多以此类为主。我国的如老成都民俗公园、广州东濠涌高架桥下景观带等,国外的如荷兰 A8 高速公路公园、苏格兰的 Garscube Link 项目、多伦多的 Underpass Park 项目以及东京的中目黑高架桥下空间等都非常具有代表性。这类桥下空间往往不是局限在高架投影之下,而是结合了周边用地,其特殊性胜过普遍性。

在地面高架桥桥下空间的研究中,还延伸出一部分针对立体交叉的独立分支研究。这类研究多从实际案例入手,对立体交叉下空间的范围设定原则较为模糊,其利用方式更关注使用者的心理与行为,鲜有综合城市发展等宏观角度。

一、桥下空间的分类及特征分析

在《城市桥下空间的类型与开发利用方式研究》中所研究的桥下空间不仅局限于桥梁投影面下的空间,还包括与之直接相连的场所空间。其研究的桥梁类型主要有城市内高架桥桥下空间和跨江(河、湖)桥头桥下空间两大类。其中,高架桥主要指市政道路高架、轨道高架、慢行高架、跨线桥等。

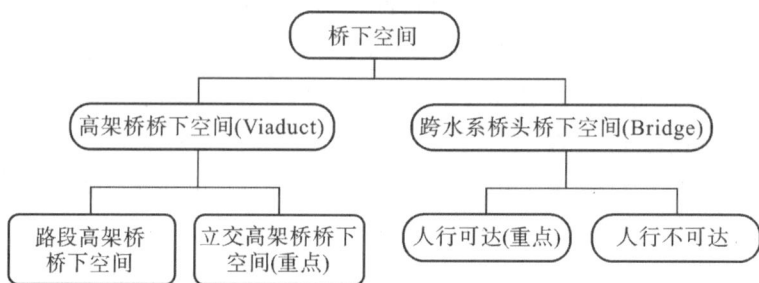

图 6-1　桥下空间分类示意图

根据空间类型,可将高架桥桥下空间分为路段高架桥桥下空间和立体交叉高架桥桥下空间两种类型。一般来说,高架桥桥下空间具有派生性、边角性、消极性、公共性、动态性 5 大特性,不同类型的高架桥桥下空间特性侧重各有不同。

路段高架桥桥下空间以带状或线性空间为主,按所处位置又细分为路中和路外(侧)两种类型。路中高架桥桥下空间,高架桥位于道路红线以内,桥下空间除了车行道,可利用空间主要是桥下道路分隔带,属于市政设施用地,是路段高架桥桥下空间的主要型式。由于桥下道路分隔带两侧均为车行道,空间相对独立、狭长,呈孤岛式,同时受车行道净空要求,桥下道路分隔带净空一般大于 4.5 米,利用型式虽有限,但可利用率较高,常规利用型式以道路绿化为主，也可作为公交车站，尤其是快速公交车站，如上海市延安路高架下的中运量快速公交车站，也可作为市政设施或停车场，如上海市南北高架下的停车场。

图 6-2　路段高架桥下的带状空间

图 6-3　路段高架桥下的公交车站及停车场

图 6-4　立体交叉下的桥下空间

表 6-1　城市桥下空间分类及特征分析表

分类			位置	范围	主要空间特征
高架桥桥下空间	路段高架桥桥下空间	路中高架桥桥下空间	道路红线以内	大部分在桥梁投影范围以内	狭长的带状空间,独立、呈孤岛式,派生性、边角性、消极性、动态性更突出,并有一定公共性
		路外(侧)高架桥桥下空间	道路红线以外	常与相邻地块连接,不仅只有桥梁投影内空间	较宽的带状或接近面状的空间,派生性、边角性、公共性更突出
	立体交叉桥下空间		道路红线内外均有	常以最外侧立体交叉匝道边线界定范围	面状空间,公共性突出,边角性、消极性、动态性和派生性相对较弱
跨水系桥头桥下空间	行人可达桥下空间		跨水系桥头主桥及引桥	桥下投影范围及周边相邻用地	点状或面状空间,公共性强,行人可达,通常是滨水慢行系统贯通的重要节点
	行人不可达桥下空间		跨水系桥头主桥	桥下投影范围及周边相邻用地	点状或带状空间,桥下空间局促,净空不满足人行,用地范围通常呈现狭窄或地形陡峭,行人不可达,缺乏公共性

此外,路段高架桥的类型不仅仅是道路高架,还包括轨道高架。轨道高架的特征是高架路面更窄,桥下空间更高,光照更充足,桥梁的影响更弱,因此轨道高架桥桥下空间的利用方式可更加多样化。

路外(侧)高架桥桥下空间,是指高架桥位于路侧用地(通常是城市绿地)以内的区域,桥下空间常结合地块开发建设,可利用方式更为多元化。在城市中,路中高架是路段高架的主要型式,路外(侧)高架只在有特殊情况下局部出现。路外(侧)高架桥桥下空间的特征介于路中高架桥桥下空间与立体交叉高架桥桥下空间之间,其高架投影区下的桥下空间为带状,净空相对恒定且常常能满足人行,而投影区外用地则为露天场地,因此这一类桥下空间往往结合高架桥所处地块的场地特征统一开发利用。

二、路段高架桥桥下空间的开发利用方式

传统路段高架桥桥下空间,尺度狭长、光照不足、噪声嘈杂、空气污染严重,整体环境欠佳,但也正因为如此,这种空间的接纳性和亲和力更能体现出城市"公共性空间"的价值属性,利于展示城市的空间品质。现有路段桥下空间利用的型式主要有绿化型、交通型、停车型、市政型、仓储型、商业型和休闲型七大类型,适用范围的要求逐渐提高,不管哪种类型都需要探索更加创新且多样化的利用方式,切实保障桥下空间的利用率和品质要求。

表 6-2　路段高架桥桥下空间的利用型式分类与对应适用方法列表

类型	主要内容	适用方法
绿化型	多为桥下道路分隔带,以绿化种植为主,常种植耐荫植被	视觉色彩、艺术人文、生态措施
交通型	以公交站、轨道站及其他交通设施为主,如上海中运量公交站	视觉色彩、艺术人文、复合功能
停车型	以停车场及附属设施为主	视觉色彩、艺术人文
市政型	为市政管理所用,如桥梁管理用房、电力设施用房等	视觉色彩
仓储型	作为仓储空间存放杂物,如环卫管理设施存放	视角色彩
商业型	桥下设置商业设施或临时商业,如汽车维修、餐饮零售等	视觉色彩、艺术人文、照明亮化、复合功能
休闲型	结合周边设置桥下公共活动空间,如桥下公园等	视觉色彩、艺术人文、生态休闲、照明亮化、复合功能

(1)增加色彩,提高利用率,如桥梁涂装。大部分高架桥都是混凝土表面,灰暗单调的色彩,不能引起人们的注意,很难在人们心中留下美好的印象,再加上高架桥下光线较暗,更加显得阴郁。因此,设计时可以从桥梁色彩方面入手,对高架桥桥下立柱的色彩进行处理,好的色彩搭配可以充分展示城市高架桥形象,一般以清新、淡雅、明快为宜,如有图案设计,也应简洁而富有文化内涵,可考虑结合城市自然、人文以及周边环境,重点处理桥墩下部结构。此外,优质涂料还能对混凝土结构起到保护作用。

图 6-5　桥梁下部结构的粉刷

（2）增加艺术元素。城市家具和装置小品有助于提高城市环境的品质，是城市文明的重要展现和精神文明教育的重要手段之一，引导城市的形象和环境向美的方向发展，带给人们良好的心理感受，满足人们内心对美的渴望。同时，其也是具有实用意义的物质型式，能满足城市居民的使用功能，增加城市居民的生活情趣和档次，真正地把艺术带进市民的日常生活中。针对高架桥桥下空间的改造利用，精心布置的艺术元素将一改桥下空间灰暗阴冷的消极形象。考虑到高架桥桥下的空间和环境特征，增加的艺术元素不宜过多、过杂，否则影响行车安全。其造型宜简洁明快，路段之间相互统一，风格需与周边环境相协调，以凸显城市文化内涵为宜，材料选择需考虑在阴暗潮湿环境中的适宜性。从车行与人性的视觉特征和建设经济性出发，艺术元素在分隔带端头、匝道等通行速度较低的位置设置，不必全路段设置。此外，在保障安全的前提下，艺术元素还可考虑与高架桥墩、桥柱相结合。

图 6-6　福州市凤凰山立体交叉下的凤凰公园

（3）增加生态措施。目前，高架桥下垂直绿化在国内大部分南方城市已经普及，主要以攀缘植物攀附桥墩和桥梁为主，技术上发展了通过挂网引导和控制生长、自动灌溉系统等措施。近年来，随着垂直绿化技术的更新换代，一些新技术也可以运用到高架桥垂直绿化中，如可以在重要节点用容器种植和垄土种植。新技术下可选用的植物品种将不再局限于攀缘植物，选择范围更广，还可组成各种图案造型。此外，海绵城市在高架桥桥下空间的运用也具有适宜性，一方面高架桥上的降雨排水量较大，往往直接进入市政雨水管网，另一方面高架桥桥下植被生长需要灌溉用水，可以通过海绵城市措施实现二者的需求，如在桥下空间增加蓄水模块和初期雨水处理设备进行雨水收集和处理，增加灌溉系统加以利用。

图 6-7　成都二环高架桥下的垂直绿化

（4）增加特色照明亮化。高架桥作为主要的交通设施，桥上常配有功能照明，桥下地面道路也有路灯，所以这里所提的增加照明亮化主要是景观性照明，不是以亮为主，而是以"色"和"形"为主。桥体亮化的重点在于体现桥梁的结构美，将高架桥本身作为大型城市家具进行照明设计，照明重点或在梁腹或在墩柱，所以也纳入桥下空间开发利用中。随着技术的革新，桥梁亮化设计除了通过明暗变化和不同色彩重塑高架在夜晚的形象，还可以增加平时、节假日等多种照明模式和灯光秀。高架桥下空间景观照明的另一方式是对分隔带中的植物、小品等景观元素进行照明设计。此外，还可以将照明工具景观化，如将植入城市文化元素的艺术性的照明灯具或作为小品或结合桥梁结构布置在桥下空间中。夜晚的桥下空间将一扫白天的昏暗，成为夜晚城市的一大亮点。

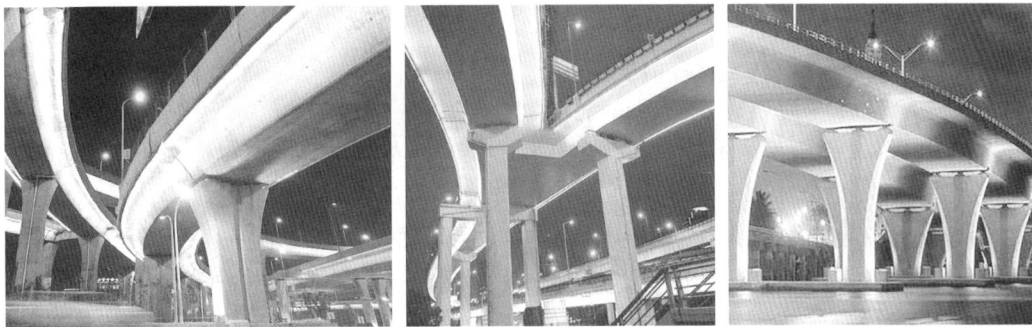

图 6-8　桥体亮化与景观照明

（5）通过复合功能提高垂直空间利用率。其主要针对轨道高架桥，根据轨道高架桥桥梁高、桥身窄的特点，轨道高架桥可以结合快速路车行高架（如上海市共和新路高架与轨道 1 号线），也可以多条轨道高架垂直分布（如曼谷市区高架）。随着商业街区的发展，也可以将快速交通与慢行交通通过垂直分层分布的方式相结合，如泰国曼谷市暹罗广场就是多条捷运共用垂直空间，并且在轨道高架桥下还增加了人行架空天桥连接各地块，轨道站点可直达天桥，公共交通换乘与地块的关系连接紧密，这是对高架桥桥下空间垂直化利用的典型方式。因此,提前规划好高架桥下的垂直空间利用方式是桥下空间开发利用的重要前提。

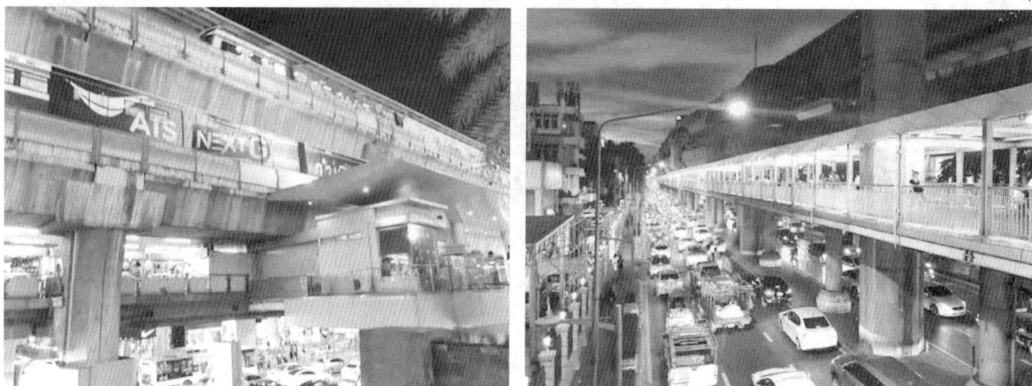

图6-9 暹罗广场高架桥桥下空间利用

总的来说,路段高架桥桥下空间开发利用已较为成熟,从视觉色彩、艺术人文、生态措施、照明亮化、复合功能五个方面形成了提高桥下空间利用效率和品质的方法。

第二节 立体交叉系统"灰空间"优化设计策略

一、城市"灰空间"与空间媒介

日本建筑家黑川纪章最早提出"灰空间"的概念,"灰空间"原属建筑和环境艺术领域的专有名词,其原意是指建筑和其外部空间的专属过渡空间。早在黑川纪章之前,"廊棚"这个中国江南水乡经典的建筑型式就是"灰空间"的型式,既能使行人商家往来时免遭日晒雨淋,又连通了室内外的自然衔接。其强调在建筑设计时模糊两者之间的界线,使得建筑与外部环境有良好的沟通性,消除隔阂感,让建筑和外部环境空间形成一个有机的整体。

当"灰空间"概念上升到城市空间中时,是指城市各个独立功能区之间起到过渡衔接作用的"中介空间",此类空间绝大多数被城市交通道路系统所占据,起到连接融合城市各区间的功能。随着城市化的进程,立体交通系统在现代化城市屡见不鲜,而在现代城市立体交通的建设中,往往忽略了如何去营造整体城市环境的有机统一。

高架桥下封闭附属空间以及下部过渡到其他设施或建筑的过渡空间并没有被合理地设计利用,反而占据了市民生活的公共空间。由于没有明确的功能标定,且往往是以一种开放式的状态呈现,作为组成城市有机整体不可或缺的一部分,此类城市"灰空间"

有着很大的可塑造性和可利用价值,同时也是提升城市形象的重要途径和负载城市形象传播的空间媒介。

图 6-10 建筑与环境艺术中的"灰空间"

图 6-11 城市立体交通空间中的"灰空间"

空间媒介即将空间视为传播媒介,日本学者佐藤卓己在《现代传媒史》一书中提出关于"作为媒介的城市"这一命题。佐藤认为:"如果说媒介具有沟通私人领域和公共领域的功能的话,那么城市就是媒介。"城市作为实体空间,可以作为市民或访客与城市之间意识沟通的场所,一是可以通过人这一个体在城市实体空间的感知体验形成意识,即将对城市形象的感受传播给所沟通交流的人群;二是城市实体空间中具有象征意义的视觉符号传播,在城市空间负载城市形象传播的过程中提升了该城市的形象辨识度,从而影响和提升人们对城市的认知。空间媒介将城市灰空间作为城市传播媒介研究的全新视角，对媒介研究是一种新尝试，为城市品牌的建设和传播提供了新的视角和方法，为提升城市品牌实力提供了新的解决思路。

二、城市立体交叉系统"灰空间"优化设计于城市形象传播功能价值

城市立体交叉系统是现代化城市高速化发展的体现，是整体城市建设历程的标本，是城市历史发展的物证，也是体现现代化城市形象的重要输出途径。对于城市立体交叉系统"灰空间"的改造和利用，是对城市发展和历新的一次有效见证。作为城市发展的里程碑式的标志，充分体现立体交叉系统"灰空间"改造的历史价值。

图 6-12　昆山市合兴路南延桥下空间

(一)城市实体空间与城市形象的关系

城市实体建筑作为城市的构建因素，其自身的内涵象征是塑造城市文化、传播城市形象的最为重要的形式和途径。尤其是极具地域特色或者技术高度发达的标志性建筑，其所呈现出的视觉形象符号作为载体，承载和充实了城市形象。例如，武汉的黄鹤楼作为历史的见证，传承着城市历史文化；北京的鸟巢作为时代的标志，象征着城市发展进程；广州的广州塔作为科技的标杆，彰显着城市经济实力。不同的城市实体建筑空间，以其自身独特的特点及样式，代表着不同城市的科技经济发展方向和历史发展进程，也凸显了该城市独有的城市文化和城市形象。

由于不同的城市拥有不同的历史进程、文化背景以及地域特点，各城市的实体空间建筑就拥有不同的审美共性，城市建筑在设计和构建时就会根据该城市的历史文脉、地域特征和社会属性进行考量和研究。那么，在空间设计上往往会将当地城市的文化特性和现代审美结合，体现城市文化的同时传播城市形象。不同的城市实体空间设计都为城市文化的发展做出了贡献，尽管它们拥有不同的样式类型、功能属性，但在城市形象的构建中都有不可替代的作用。

图 6-13　武汉市、北京市、广州市、青岛市的城市标志

(二)城市立体交叉系统"灰空间"与城市形象传播功能价值

城市的形象由现代城市的外观风貌所具备的特色和魅力体现出该城市独有的城市文化,以及城市风貌所彰显的城市现代化的建设发展两者综合构成。当今城市所建设出的立体交叉系统正是凸显城市现代化建设的符号,是城市高度发展的标志。针对立体交叉系统"灰空间"加以改造利用设计,可以避免此类"灰空间"破坏现代化城市风貌的负面影响,让城市立体交叉系统"灰空间"成为城市形象传播的载体,从而促进城市形象的建设与传播。

城市立体交叉系统"灰空间"是城市实体空间不可分割的一部分,且在城市空间分布上属于城市外部空间,处于开放或者半开放的状态。相较于较为私密的城市实体建筑的内部空间,城市交通系统作为城市中市民或外来人口必经的实体空间,作为"城市的脸面",对外的传播属性是其他媒介所不具备的;而且,立体交叉系统中的"灰空间"改造利用后所展示出的区别于其他城市的独特样式,可以直接反映出城市的文化氛围和形象面貌,是传播城市形象的有效途径。

图 6-14　城市立体交通"灰空间"

(三)城市形象传播的城市立体交叉系统"灰空间"的优化设计策略

1. 以城市文化为基础做精准定位

在利用城市立体交叉系统"灰空间"负载城市形象的传播过程中,如果没有清晰的城市文化作为基础定位,就会阻滞该优化设计对于城市特色的呈现,更达不到负载城市形象传播的目的。城市文化之于城市形象是其灵魂和精髓所在,所以在进行城市立体交叉系统"灰空间"优化设计时,首先便是要找准城市文化,以城市文化做精准定位,进行专注于城市形象的特色优化设计。

基于城市文化背景,提升城市形象要运用到一个新兴的解决城市规划与艺术相融、交叉和分化的学科——城市艺术设计学。城市艺术设计学考究的是城市的人文文化如何作用于城市的规划布局发展,从而达到提升城市形象的目的。换言之,就是将城市形象具体到实体艺术品中,可以是城市的公共空间建设、地标性的建筑空间、雕塑作品、城市绿地公园等,借助实体的"艺术物化体"来提升城市的文化层次,同时将其作为一种城市文化传播的媒介作用于提升城市形象上。

在进行城市文化定位时,首要的就是对当地的历史文化神话传说进行深度的探索和研究,将所得到的文化元素进行包装提炼,运用到"灰空间"优化设计中,在所设计的"艺术物化体"中利用文化元素的影响力提升城市的知名度。如自由女神像或里约热内卢基督像可以让人们联想到美国纽约和巴西里约;由鲁迅故里可以联想到浙江绍兴。此类城市文化印记作为城市形象的重要载体,能够不断加强城市的对外影响力。

图 6-15　上海延安路高架龙柱

其次要对当地民族文化进行梳理和归纳,一个地域的文化特性区别于其他区域的先决条件即为不同人民的文化特色,如不同地域的气候影响当地建筑风格:雨季繁多湿热的南方建筑物顶部大多高而尖,用于排水散热;雨水不足干燥而阴冷的北方建筑顶部多为平顶,在节省建筑材料的同时便于晾晒谷物。不同的生活环境孕育出不同的民族文化,对这些文化元素进行挖掘提炼成独特的视觉符号,在进行城市立体交叉系统"灰空间"优化设计时结合当地独具特色的民族文化资源对城市文化进行定位,一个独具特色的城市形象便呼之欲出。

2. 高架下空间的利用在欧美、日本及中国的不同做法

高架下空间的利用,是当今整个世界都在关注的问题。在其改造及运营模式上,欧美、日本以及中国体现出完全不同的思路。

欧美更多的是对原有高架大刀阔斧地改造,空间利用上更强调公共性质;日本则是以小修小改为主,大量的实体商业进入高架底部,成为新的潮流地标;中国目前依然处于相对粗放的阶段,城市化进程的高速发展,使得大量高架下空间还是用于基本的停车功能。

(1)公共空间改造。

在欧美地区,空间的公共性是评价场所好坏的重要标准,所以改造后的空间会承担起一定的城市功能,带有极强的社交属性——人们会自然聚到这里聊天、约会、表演等。

天桥下的荒诞空间:英国建筑团队 Assemble 联合艺术机构、当地商户举办了一次创意文化节,改造了高架下空间。这里白天是咖啡店,晚上就是露天电影院,又因为靠近伦敦奥运赛馆,开放 9 周就吸引了约 4 万人。其改造目标是"户外停留",因此像大台阶、大座椅这种设计非常普遍。另外,其非常注重结合运动元素进行景观打造,这都跟欧美人喜爱在户外进行活动的习惯是非常契合的。

图 6-16　英国建筑团队 Assemble 设计的桥下空间

（2）商业空间改造。

提起日本,温情的小店、别致的招牌常常给我们留下深刻的印象。相比欧美国家,设计力出众的日本,在对待高架桥下空间的利用,有自己的方式,商业的导向性更加明显。兼具商业和设计属性的成熟运营团队,往往才是改造中的灵魂。

东京最具悠久历史的火车站神田站,在日本的 MIKAN 建筑工作室的设计下,被改造成一个综合型商业区——神田万世桥。原来由砖石砌成的筒形拱结构,如今作为商业空间,吸引了商店以及餐饮店的纷纷入驻。在其基础结构上面是仍在使用的铁路干线,设计师在轨道间设计了一座长条形的咖啡店。

筒形拱的内凹式店面吸引了商店与餐饮店的入驻,先前的火车站最初开放于 1912年,之后被弃用了很多年,即便如此,它上面的轨道还是被保留下来了,并仍在使用。在这个长条形建筑南面,开放了一个新的公共广场,而其北侧则是东京的神田川河。沿街道立面望过去,一道长长的木甲板小路连接着每一家商店入口,并使得人们有机会感受这一面被忽略了的水域。

图 6-17 万世桥车站的改造

建筑沿神田川河岸线,位于建筑上的火车轨道仍继续作为东京的铁路干线使用。曾经作为通往火车月台入口使用的室内楼梯,如今通向一座介于两条火车轨道线之间的上层咖啡厅。其玻璃幕墙和室外露台不仅营造出一个富有活力的空间,同时在此还可以欣赏到城市周边的环境。

为了完善这个现存的工业建筑,且使其保留原来的味道,建筑师在项目中最低限度地去表现新的材料和细节的设计。此外,建筑师对其所有电气照明进行了间接处理,将机器设备系统隐藏在商店的木地板下。所有家具以 2.1 米的高度限制来设计,以此来保证内部空间的开放性。

(3)基础设施改造。

中国快速的现代化进程,使城市产生了大量的人口、住宅、汽车,这让停车成了一个棘手的问题。很多老小区无力解决停车问题,城市又很少有立体停车塔这类交通建筑,所以长期闲置不做处理的高架桥下空间,成了巨大的停车场。

图 6-18　高架桥下的停车场

可见,中国对高架桥下空间的利用,大多还是在弥补城市功能的缺失。但是随着中外交流得越来越频繁,中国也开始模仿国外的做法,改变也开始发生。

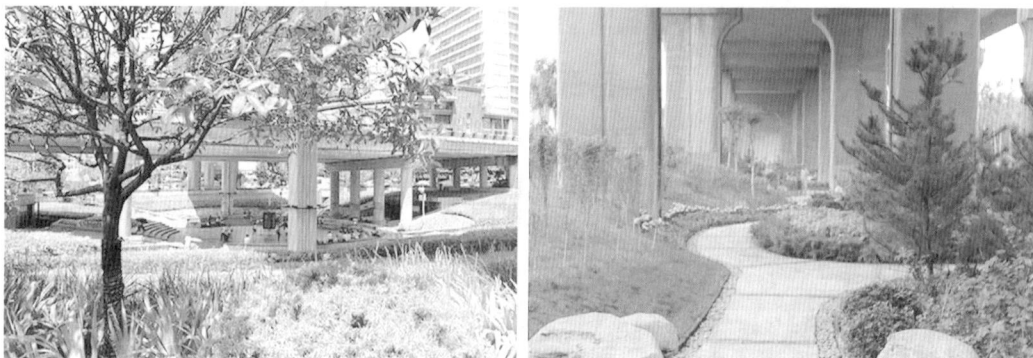

图 6-19　重庆市、天津市对桥下空间的改造

3. 作为特色的城市景观打造

在对城市文化进行清晰的定位后,归纳梳理该城市文化中具有独特性的元素要点,以城市文化的特色元素为核心,系统性和规范性地对现有城市立体交叉系统"灰空间"进行优化设计,从而进行城市形象的提升与传播。

在工业化浪潮趋势延缓的阶段,城市空间被大量开发使用,服务于城市的建设与城市功能的完善上。此前建设的思路往往欠缺对城市形象的整体统一思考,致使城市建设将城市的景观从美观上撕扯得支离破碎。笔者相信,未来城市建筑与城市景观会逐步趋向统一,其有利于城市的整体形象和视觉感官整体的系统规范,以及设计概念的全方位落地。在目前的过渡阶段,城市的交通系统作为串联城市各个功能区块的存在,立体交叉系统"灰空间"又作为城市交通系统建设中所产生的附属空间,其被忽视的潜在问题逐渐暴露，对其优先进行优化设计、使其成为特色的城市景观势在必行。

首先，城市"灰空间"在城市景观优化设计时要注重其能够体现城市的内涵，同时要兼顾其景观的功能性以及与城市的配套性。作为特色的城市景观，要在保障市民的视觉感官、满足大众审美的前提下彰显出城市丰富的文化内涵，要契合当地的城市文化定位，在进行创新设计的同时要兼顾文化的传承，在保证城市固有形象的基础上创造符合城市未来发展的需求。这也确保了城市文化能够在城市现代化发展中一脉相承，防止现今城市高速发展下高度统一的现代主义风格扼杀城市个性、弱化城市形象的差异性。在兼收有度的状态下，使"灰空间"成为城市景观，同时使其具备城市外部环境的功能性设施，成为传播城市文化与城市形象的名片。

其次，每座城市的历史文化和风俗传统各不相同且各具魅力，涵盖个性化的城市文化便可以打造出极富地方特色的城市"灰空间"景观，结合不同的文化元素特征，呈现不同的视觉效果，体现出多样性的城市景观。多样化城市景观的呈现始终要落实在城市功能性的体现上，繁复冗杂的设计到头来还是会破坏城市整体视觉的秩序性，在城市立体交叉"灰空间"的优化设计上要重视城市视觉的合理规范，针对城市不同的功能区域构建不同的景观特点，进行合理的文化定位。

最后，在利用城市立体交叉系统"灰空间"优化设计打造城市特色景观时，要最大程度地结合空间地理元素。此类空间在空间改造利用上存在极大的局限性，且不同的立体交通建设的地理位置不同，有坐落在江河湖海的水面上的，有位于坡面山体上的，更有建设在城市交通干道上的。如何合理高效地利用"灰空间"，值得设计师深入探究和考量。

例如，荷兰赞斯堡的 A8ernA 城市广场，原本灰色阴暗的空间，多年来都是作为地面停车场使用，通过设计优化，原本被城市立体交叉梁撕裂开的区域空间，重新成为当地市民休闲娱乐的公园场所，将城市本被分裂的两边重新连接在一起。该项目合理利用了桥下空间，汇集了停车场、零售业、体育运动场地等城市公共设施；通过利用桥梁柱体结构，搭建起商店超市等桥下建筑；通过挖掘填埋改变河道方向，供小船只同行到大河道中；结合原本凹凸不平的场地和桥梁支柱，搭建起年轻人的滑板场地，等等。经改造后开放的"社区会客厅"，老人可以在这里逛花店、超市，年轻人可以玩滑板、练街舞，还可以划船到大河道中。

同时，优化设计"灰空间"要衔接城市原有街景，使之与城市风貌和谐共存；并且要以柔和的方式融合城市区域功能，不能一味追求城市景观的美观而破坏了城市原本区域的功能属性。在保证审美功能的基础上，妥善保障城市环境尤其是确保城市立体交通系统的正常运转，优化改造原本闲置的"灰空间"，提高其在城市功能上的多样性，确保城市环境的可持续发展。

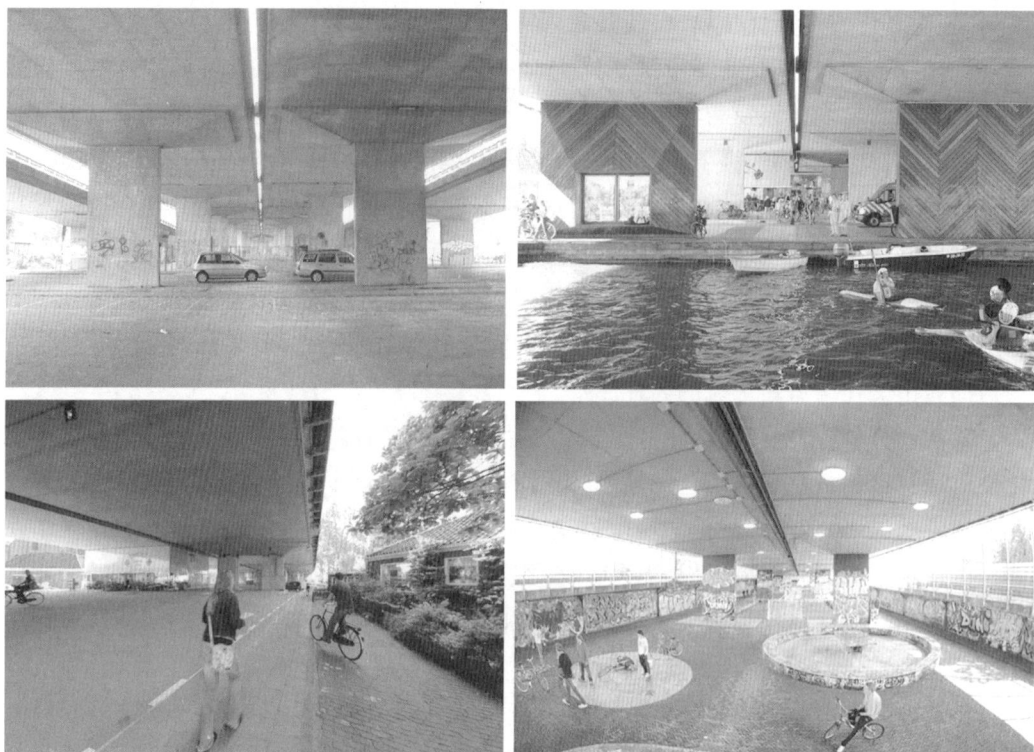

图 6-20　A8ernA 改造前后对比

　　位于日本新干线中目黑站周边区域的"中目黑高架下"项目对此就有很好的诠释。该项目将以中目黑站为起点的新干线高架桥下空间设置 30 家商铺,汇聚了日本最美书店、咖啡厅等各种人气元素,极大地颠覆了一般人对于立体交叉系统"灰空间"的认知,获得了 2017 年度日本设计界最高荣誉奖 Good Design。该项目伴随着铁路高架的抗震加固工程,花费了 8 年的时间,于 2016 年 11 月正式开业,曾经长期闲置的"灰空间"摇身一变成为附近居民游玩消费的场所,人气商铺的入驻引来大量访客,城市立体交叉"灰空

图 6-21　"中目黑高架下"项目改造

间"的环境得到极大改善，进而作为媒介推动城市形象的传播，吸引了更多的商家与游客，推动了城市经济的崛起。

"中目黑高架下"项目改造：它由东急电铁与东京地下铁株式会社共同合作，于2016年11月22日正式开业，改造成了独一无二的商场。700米铁道高架桥定义为各种创意店铺共享的"大屋顶"，人们共享丰富的体验。在它的出口处，现在是最美书店"茑屋书店"。复合业态的书店本身就是一个小型百货，是整片商业的主力店铺。

图 6-22　"中目黑高架下"项目改造成果

30多家高品质店铺给这里带来了人气，还有不少专门为此而生的限定店。改造过程中的策划也非常细致：如引入商户时做好居民沟通工作，而离车站较远的场所则改做仓库。同时，"中目黑高架下"项目也给周边带来了积极影响。

（1）重视人为主体地位的理念。

对城市立体交叉系统"灰空间"的优化设计无论是打造城市特色景观还是传播城市形象，其最根本的目的都是帮助生活在城市中的居民的生活环境得到改善、生活质量得到提升，从而体现城市社会的人文价值。改善城市立体交叉系统中现存的"灰空间"，应以人作为主题，关怀、尊重人的精神需求是设计的宗旨。城市"灰空间"优化、加强了人与人之间的交往，提高了公共生活的参与度，清洁、优化了城市"毛细血管"，使城市空间具有流动性,给人丰富的空间感受,对提高城市生活品质有不可或缺的作用与影响,对城市发展和市民幸福感的获得具有积极意义。

首先,要延续城市的历史文脉与归属感。随着城市现代化建设进程的加快,城市历史遗留的人文景观逐渐遗失,而作为城市进步和发展的载体,传播城市文化的媒介能在极大程度上引起民众的认同感以及归属感,同时也延续了城市的文化脉络。所以,在城市立体交叉系统"灰空间"的优化设计中,要深层次地了解城市的传统建筑风格以及历史文化,使之成为具有历史文化印记的地标型空间,利用传统的建筑风格和文化元素,采用现代建筑材料和工艺,尽可能地激发民众的文化认同。

其次,要尊重自然,创造适宜人的空间尺度。一个现代化的城市需要城市绿化去"抚慰"城市高速发展下市民的心理压力,富有生机的绿色植物在心理上是一种慰藉;绿化可以吸附净化城市道路的交通废气,尽可能地净化城市空气;城市在高速发展和科技现代化的同时也需要一份静谧和自然,从生理上提升市民的空间感受。植物造景多元化样式会增添城市立体交叉系统"灰空间"的趣味性,在钢筋混凝土堆砌的城市中,一处悠然惬意的绿地公园是必不可少的,也是提升城市形象的重要途径和手段。

图 6-23　东濠涌高架桥下河涌改造前

2017 年年底竣工的广州市东濠涌高架桥下河涌改造及河道治理工程,是城市立体交通生态改造的样本缩影。原本城中淤积严重的臭水沟在搭建了高架桥后显得更加阴暗肮脏,坐标在著名城市景点白云山脚下的东濠涌也大大降低了游客心中的广州城市形象。

原来的东濠涌宽窄不一,上游宽 1~6 米,中下游最宽有 20 余米,涌底淤泥高积,由于久不清疏和居民侵占,濠涌日渐浅窄,水流不畅,如遇暴雨兼涨潮,宣泄不及,导致洪涝。特别是近年,随着东濠涌流域的城市化发展,工业和生活污水大量流入,使其水质严重污染。河涌淤积,河道变窄,污染加剧,鱼虾绝迹,使其成了藏污纳垢的臭水沟,令河涌两岸居民苦不堪言。

图 6-24　东濠涌高架桥下河涌改造后

自从河涌治理工程实施以来，周边环境大大改善，河涌水质从劣 V 类黑臭河涌，到 II 类优质水质，这里已发展成为市民游玩休憩的"东濠涌水公园"，曾经饱受腐臭气味荼毒的附近居民成了最大的受益者，并自发成为护河志愿者，提高自身保护城市形象、环境的自觉性和警觉性，同时劝阻他人的不良行为，进而形成良性的循环，从真正意义上达到了人与自然和谐共存的状态。

最后，要促进多元化空间和场所的发展。城市空间为市民提供交流空间。生活在快节奏城市的市民往往需要一个小型广场或活动中心来自发举行活动集会，从而获得生活的舒适感和愉悦感，让工作压力得到释放，城市的人文环境是城市形象构建传播中不可或缺的成分。利用城市立体交通"灰空间"提升城市文化活动的品质，能够带动市民自主参与到城市文化以及城市形象的建设中，将极具地域特色或典型民俗文化的活动融入城市民众生活中。同时，"灰空间"也可以作为人们信息交流、艺术沟通、娱乐休闲的媒介平台，使城市文化在市民的沟通交流中汇聚融合成城市形象并得以传播。

例如，获得 2016 ASLA 通用设计杰出奖的多伦多桥下公园原本无人问津，是一块位于城市高速立体交通下的荒废之地，如今却成为市民游览活动的场所，得到各种艺术活动的青睐，成为开展自发性表演和拍摄取景的绝佳地点。

同时，公园中高架桥的桥桩由官方与当地街头艺术团体共同参与设计，将涂鸦活动转化成艺术交流的空间，灰色单调的桥柱被色彩鲜明的艺术涂鸦装点修饰，成为城市艺术文化的交流中心，提升并传播着城市形象。

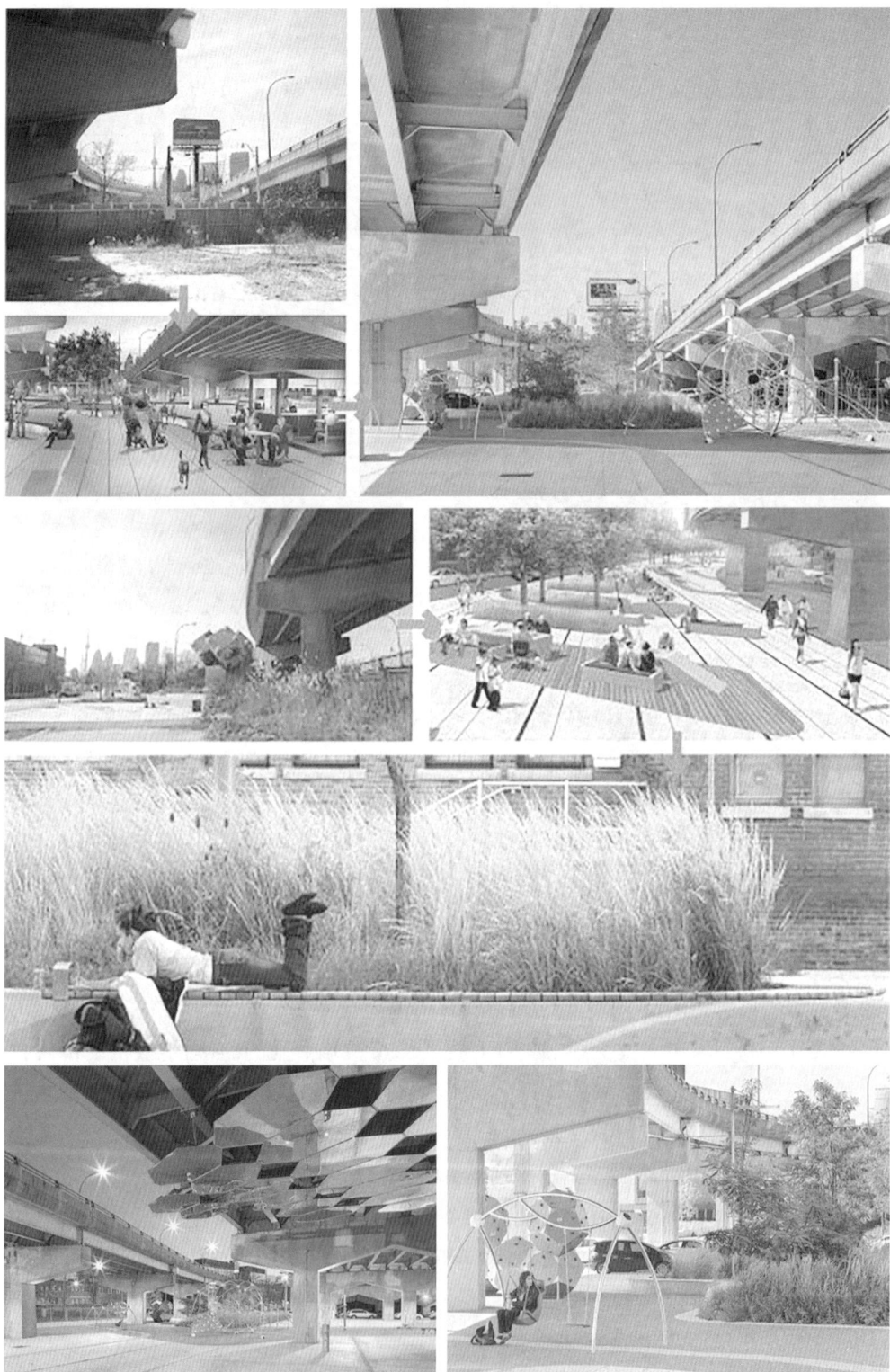

图 6-25　多伦多桥下公园

（2）运用符号化改造优化"灰空间"视觉体验。

城市形象的建设和传播始终离不开视觉传达的途径，人们也往往通过视觉感受接收各城市独具特色的城市文化和城市形象，所以在城市建设中往往会将城市独到的文化精神和历史风情作为核心，如巴黎的哥特风格、北京的皇家气息、杭州的江南风韵等，各城市拥有独特的视觉审美，构成与众不同的城市形象。正如格列高里描述的视觉心理学所言："对物体的视觉包含了许多信息来源。这些信息来源超出了我们注视一个物体时眼睛所接受的信息。"将此类城市的核心文化理念形象提炼、具象化成视觉符号，用简单的符号形象勾勒出城市的文化印记和形象特征，通过符号视觉刺激受众记忆上的互动，利用城市形象的符号化进行视觉沟通，把城市形象作为沟通媒介，其所产生的视觉冲击力和记忆用于强化传播城市形象。

图 6-26　与城市特色相融合的城市形象标志

城市形象符号化的强概括性往往是城市形象传播的载体，它包含的意义元素众多，与城市空间相互借鉴、相得益彰。有众多案例采用城市实体建筑空间作为城市形象符号，如新发布的潮州城市形象标识，其以潮州代表性的广济楼、厝角头等典型的城市实体建筑为元素，使市民产生强烈的自豪感和归属感；广州城市形象标识，采用新地标广州塔作为符号与"广州"文字相结合，体现广州城市形象。较为典型的案例是杭州城市标识，它是杭州市独特历史文化和城市精神的直观展示，是杭州市识别符号和城市形象的代表。它作为杭州城市形象的直观展示，巧妙地将体现杭州城市文化的建筑、拱桥、园林等实体建筑的元素融入其中。在实际的城市形象构建中，视觉符号出现在城市实体"灰空间"里，可以与城市形象相互呼应，加深与城市功能设施互动的市民对于城市符号标识的影响，使得城市符号化标识落地推广，继而传播城市形象。

设计城市形象符号时，可以提炼一座城市的实体建筑空间元素，也可以提取城市中的手工技艺、民俗风情、地方精神等，经过设计艺术加工后具象成城市形象符号。这些体现城市文化形象的符号也可以理所当然地作为凸显城市形象的元素单独用以装点城市"灰空间"。在不同的城市立体交通"灰空间"优化设计中，可以基于不同场景需求或设施功能选择不同的符号元素，运用平面构成或立体构成的设计方式，把整个城市或是城市中某一区块的"灰空间"作为载体和媒介传播表达出来。在设计过程中，一是需要注重文脉的传承，保留该地区的文化标识符号，并重新进行设计而不是直接"复制粘贴"，要进行元素的夸张或简化，通过变形契合城市空间设计；二是要注重符号元素的对比与调和，体现城市形象的符号不可计数并且具有不同的形态和造型，要使它们组合在一起的时候能够相互映趣，就需要通过设计的手法调节元素间的调和比例以及对比强度；三是要注重符号与空间传达出的意境，通过符号在"灰空间"优化设计中与空间构成中传达出的意境，去刺激人们心中的对符号的记忆印象，拓展其对于空间的想象，自然而然地激发人们对于城市的想象，提升人们心中的城市形象。

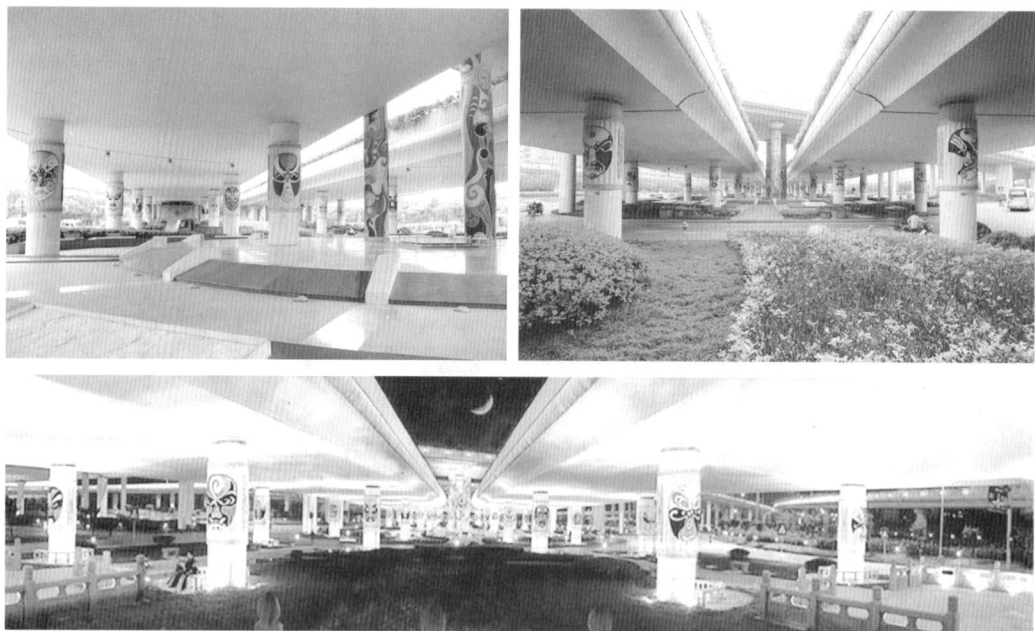

图 6-27 成都苏坡立体交叉文化园区中的"川剧长廊"

成都苏坡立体交叉文化园区中的"川剧长廊"文化景观，在成都三环立体交叉下区域的 28 根桥柱上装饰着色彩鲜明的川剧脸谱浮雕，四周左右对称设立了四个小戏台寓意川剧中的"唱念做打"，中心直径 11 米的圆台上刻着一百余个川剧剧名，中间三根彩绘立柱提取川剧脸谱元素的图样，以现代装饰画的风格作为装饰，作为川剧史的展示区域。综上，以脸谱长廊区、小戏台以及中心川剧史简介区构成"川剧长廊"的整体，让整个苏坡立体交叉下空间充满川剧历史的浓烈气氛，让市民可以参与互动，回忆城市历史文化，让游客可以感受成都城市文化、体会城市形象。因此，这些视觉符号作为单一要素与市民或游客交流互动时，既充实了人们对单一城市历史文化的认知，又可以作为单个构成城市形象的文化要素来体现和丰富整个城市的形象，并起到了对城市形象的提升与传播作用。

（3）"低线公园"唤醒桥下沉睡闲置空间。

"低线公园"是一个城市新概念，是将高架桥下（或地下）空间区域进行改造，增添基础设施，为市民及游客提供集文化、健身、休息于一体的活动空间。济南市历下区在燕山立体交叉下空间改造提升过程中，积极引入"低线公园"概念，充分参考借鉴国内外一线城市在立体交叉下空间处理方面的先进经验，唤醒桥下"沉睡已久"的闲置空间。针对燕山立体交叉下原有设施老化、景观陈旧、空间配置不合理等实际情况，制定了科学合理的提升改造方案，赋予了桥下空间更完善的功能，将消极的空间转变为积极的空间，更好地满足了市民群众运动休闲等需求。

图 6-28 燕山立体交叉"低线公园"

燕山立体交叉"低线公园"是济南市历下区聚焦打造生态济南、扮靓花园城市、改善居民休闲健身环境、丰富居民文化生活目标，对燕山立体交叉下空间进行改造提升，打造的一处多功能品质空间。其改造提升范围覆盖燕山立体交叉东西向桥下空间，长 550 米，宽 50 米，面积约 2.8 万平方米。该公园通过桥柱对空间进行合理划分，建设了多个灵活多元化的运动娱乐场地，打造了嵌入式的景观效果，通过慢行道将其与周边道路和社区连接，从而打造出一处生气蓬勃的、具有高度识别性和主题特色的城市公园，为市民群众提供了全新的体验。

为了赋予燕山立体交叉"低线公园"更多的功能性和实用性,更好地服务市民,历下区在建设过程中将原有缺乏亮点、场地陈旧的运动设施进行更换升级,并增加了综合运动场、滑板场、非标准篮球场、乒乓球场等功能场地。整个活动空间由 1 850 平方米的彩色步道串联,每个运动及娱乐空间都蕴含着自主的色彩氛围,旨在利用颜色和图案为该区域创造一种独有的身份属性。在燕山立体交叉"低线公园"内,面积 88 平方米的喜马拉雅城市书屋透明玻璃房十分引人注目。有声书柜、有声书墙、有声画框等音频科技产品一应俱全,朗读亭、立体耳机森林、定向音箱、桌面听读机等有声体验场景应有尽有。该书屋可实现直径 1 千米以内,全覆盖无限畅听海量内容,为市民打造触手可及的阅读空间。城市书屋作为传统阅读空间的衍生和有益补充,提供了全天不间断服务,为市民打造了一处"家门口的图书馆"。

图 6-29 运动场地与城市书屋

像喜马拉雅城市书屋这样的创意设计,在燕山立体交叉"低线公园"里还有很多。公园按城市道路划分为东、西两个功能区,西功能区主要保留了原有的门球场,东功能区则优化空间布局,增加轮滑、篮球、羽毛球和乒乓球等健身场地及城市书屋、演艺广场等文化设施,以满足不同群体的健身和文化需求。同时,东西两区均配备了更衣室、卫生间、停车场等服务设施,场地整体运营还融入了开放、共享、智慧的"5G＋智慧场馆运营系统",为市民群众提供线上预约、智能监控、公共储物、便民取水等功能性一体化服务,让市民在运动休闲之余,也能享受到周到细致的贴心服务保障。

为改善立体交叉柱体及桥下地面原有的单调灰色,改造中运用了当下国际流行的莫兰迪色彩模式,将桥体粉刷成淡雅的浅色苹果绿,将柱体粉刷成清淡的暖黄色,其他位置穿插描绘多种色彩,使整个桥体色彩变得更加明亮简洁而有活力。

在寸土寸金的城市里,在追求更加健康生活的今天,体量大、设施全、环境优的多功能公园正成为城市生活的奢侈品。燕山立体交叉"低线公园"的开放,正是进一步打造生态济南、扮靓花园城市、改善居民休闲健身环境、丰富居民文化生活,是市民可以出门见绿、移步可以见景的有利之举,可以大大提高群众百姓的幸福感和获得感。

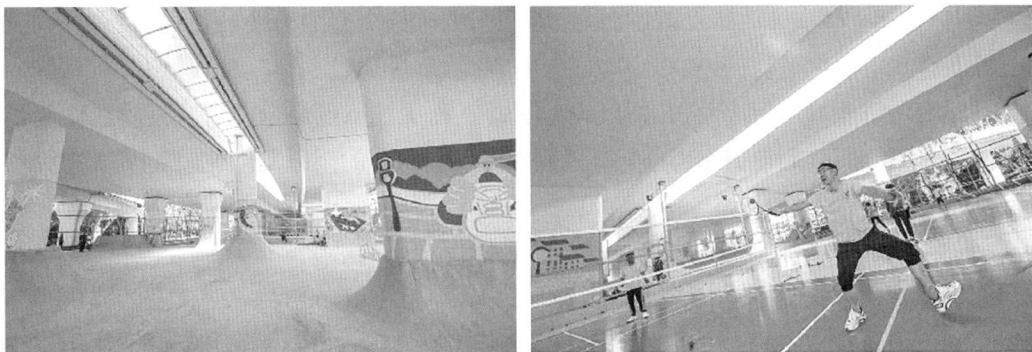

图 6-30　丰富多彩的桥下空间

在对待城市立体交叉系统"灰空间"改造优化设计问题上,将其视为提升和传播城市形象的载体和媒介,不论在城市公共环境可持续发展上还是城市形象传播上,都是两全其美的举措,其功能和价值不言而喻。以城市形象传播为导向的城市立体交叉系统"灰空间"的优化设计,要以城市文化为核心定位,且以此为前提,将"灰空间"作为特色的城市景观打造。在打造过程中要重视以人为主体,激发人的主观能动性,参与到城市"灰空间"的建设中去。同时,要运用符号改造优化"灰空间"视觉体验,可以运用强概括性的城市形象符号来强化城市概念形象的传播,也可以运用各城市文化的视觉符号丰富充实城市形象的传播。对内,提升城市公共环境建设,从城市形象建构的战略高度为制定城市"灰空间"改造规划、塑造城市形象、提升城市品牌价值提供强有力的思路引导;对外,提升城市认可度,将城市"灰空间"作为城市形象载体,更好地传播城市形象,树立城市形象,有效构建独具特色的城市形象。

第三节　立体交叉顶部空间优化设计策略

一、大型交通工程关键节点旁闲置匝道"变身"

在大型交通工程关键节点上盖起了"空中花园",两旁的闲置土地通过释放再利用建起高楼、建成社区。2019 年广州交通投资集团的《大型交通工程关键节点多功能综合社区开发模式》及应用案例广州东圃立体交叉兰亭盛荟项目,在全国国企申报的 4 000 余项参赛项目中脱颖而出,获全国国企管理创新成果一等奖。作为广州首例通过市政化改造盘活存量土地资源的样本,这一开发模式在全国也开了先河,为城市三旧改造、基础设施建设提供了新思路,并具有较好的可复制性。

在广州市天河区的东南侧、广州金融城的东北侧,是广州东南西环大型交通工程关键节点原东圃立体交叉的所在范围,承担着广州市东部交通的重要功能,联系着广州金融城、奥体中心片区、琶洲会展中心片区。而现在,那里通过立体交叉改造和城市设计,释放13万平方米城市用地面积,并以大型交通工程关键节点综合社区开发模式建起了东圃兰亭盛荟项目,因取消东南西环高速公路收费而闲置的匝道发生了大变样。

图 6-31　东圃立体交叉项目改造前

东圃立体交叉位于天河区东部,和东环高速、中山大道以及黄埔大道互通,是一个半苜蓿叶型立体交叉。环评报告称,广州市将对东南西环高速公路沿线(黄埔大道—中山大道)之间的立体交叉匝道进行市政化改造,拆除收费广场及相连匝道,在不低于原匝道功能设计标准的前提下,在东环主线两侧各新建单向三车道辅道,新建及改造掉头匝道,匝道宽8~10米。项目完工后,立体交叉从现状的分合流改造成交织,同时减少立体交叉长距离绕行,增加中山大道和黄埔大道的联系通道,增加集散通道。

东圃立体交叉地块距离地铁5号线东圃站仅300米,邻近杨桃公园。项目改造完成后,该地段约400米长的快速路将变成一个封闭的隧道,而上面的平台将成为绿化覆盖率为60%的城市公园,道路两侧将建成住宅。该地块是利用道路和道路周边用地优化组织,还可改善交通。

(1)项目跨越东环高速路段设置约500米长、100米宽开放性上盖绿化平台,住宅区设置大平台与上盖绿化平台相连。

(2)有效解决了大型交通工程关键节点两侧居民区互联互通的问题,同时也给广州东部增加约 6 万平方米的绿化区域和文体设施。

（3）上盖绿化平台可以起到降噪降尘减震的作用，有效减缓东环高速对开发地块带来的环境影响，打造更舒适的居住环境。改造后的立体交叉也提高了交通疏导效率。

图 6-32 东圃兰亭盛荟项目建成后

东圃兰亭盛荟项目总占地面积为 12.33 万平方米，其中可建设用地面积 9.13 万平方米，容积率为 4.05，总建筑面积为 36.96 万平方米，除了建有可居住 3 500 多户、容纳 1 万多人的住宅楼，还有一系列如养老院、幼儿园、社区中心等配套设施，满足片区的功能需求。其中，6.5 万平方米大型交通工程关键节点上盖的"空中花园"是一大亮点。

作为大型交通工程关键节点综合社区开发模式的成功实践案例项目以"土地出让＋配建项目"的型式为广州市创新交通综合治理方式提供了新选择。同时，这一开发模式在方案设计初期就对社区建设进行了整体规划，相应配套设施一并包含在内，将助力提升城市综合服务功能。东圃立体交叉项目形成了规划、设计、施工的社区整合思路，并在实施过程中不断完善目前这一开发模式，具有较好的可复制性。

对于大型交通工程关键节点两旁释放的土地资源进行再利用，除了建设住宅小区外，还可以打造商业综合体，具体根据片区规划来决定土地作何使用。

该模式将持续应用于如新塘立体交叉市政化综合改造以及大型交通工程节点多功能综合社区开发等增量项目。作为广州首例通过市政化改造盘活存量土地资源的样本，该工程还为城市三旧改造、基础设施建设提供了新思路。

图 6-33　广深高速新塘立体交叉空中公园效果图

二、堪培拉的"生态飘带"生态景观桥

莫郎格洛河上游的原生植被林地区，覆盖着曲面形态的混凝土薄壳，与堪培拉国会大厦的绿色建筑遥相呼应。在这个外壳下，现存的土著岩画以激光投影的型式投射在薄壳结构的底面。其原本的建议是沿着现有的公路桥梁，创造一条宜居的绿色轴线。在1936年湖泊建设期间，一些文化遗址和岩画被淹没。扩大的水体将自然通道分隔得更远，虽然修建了公路桥梁，但自然栖息地还是遭受了重大破坏。

图 6-34　堪培拉的"生态飘带"方案

设计师试图通过"生态飘带"的设计，将自然生命力带到路上，将野生动物和人类的互动联系起来。在周围的自然环境中模仿种植一片灌木丛，森林将以有机的型式覆盖混凝土结构，与议会大厦的绿色建筑相呼应。

森林带作为野生动物走廊，连接湖的北部和南部的公园。缎带的宽度从 30 米到 100米，是本地野生动物的安全通道，有机几何形状围绕着周围的地标进行塑造。野生动物走廊的西边缘延伸到水中,成为一个湿地,为乘客提供水通道,实现为水厂提供改善水质的可能性。

图 6-35 "生态飘带"上的动物汲水湿地

图 6-36 人行天桥及户外剧场

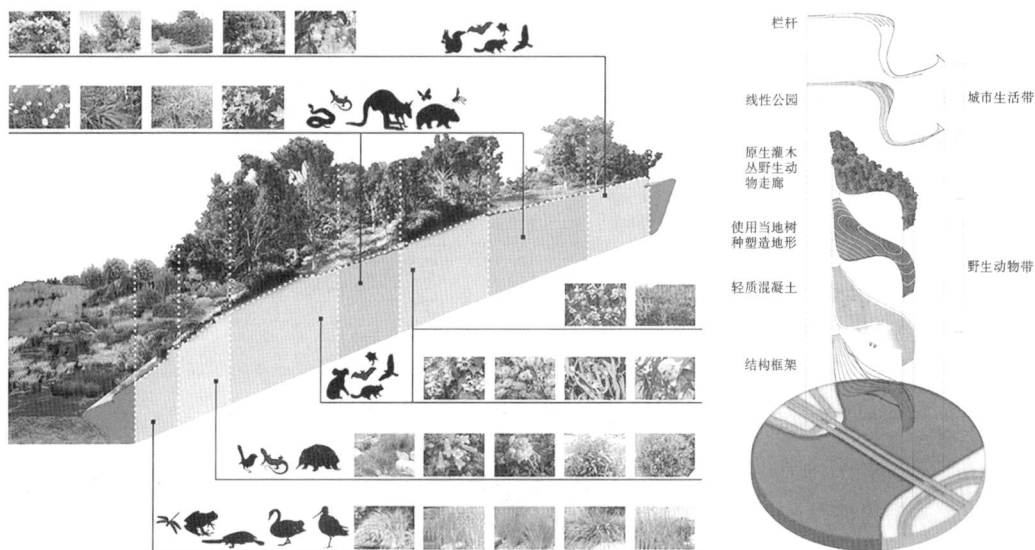

图 6-37 生态及生物通道设计及结构图

该项目的第二部分与野生动物元素交织在一起，是城市生活的缎带。这条缎带包括线性公园，这是一座独立的建筑，沿着桥梁设有人行道。这个城市地带提供教育的开放空间，同时尽量减少邻近野生动物活动的干扰。太阳能电池板也集成在此铺设，以产生清洁能源，为照明及未来可能的运输提供电源。

线性公园的特点：鸟类观察走廊，位于野生动物走廊的顶部，可以看到充足的景观；一个面向湖中心水射流的广场；森林壳下的激光投射艺术；水生物观测通道。建成的景观包括两侧的防风林、花蜜草地、林地、岩石丛林和湿地。岩石和原木自然排列，以提供沿自然迁移通道。野生动物走廊和线性公园为未来规划绿色城市树立了范例，同时保留了当地的历史和文化。

图 6-38　堪培拉的"生态飘带"方案俯视图

第七章

◈ 城市立体交叉建设中 BIM 技术的应用

BIM(building information modeling)即建筑信息模型技术,指的是包含建筑物全部信息的模型系统,在建筑物设计、建造、维护、管理的全生命周期发挥作用。作为新一代设计理念和技术,其已被国外诸多著名的建筑、结构、施工公司在项目中成功应用,是设计行业继计算机辅助设计(CAD)后的第二次设计革命。

BIM 的概念和过程已经存在将近 40 年了,但直到 2002 年创立 Revit 软件的公司被 Autodesk 公司收购后,BIM 才被应用于商业产品中。2002 年后,BIM 技术逐渐被国内设计行业所接触,并得到了广泛的关注。近年来,BIM 在建筑设计、机械设计、市政基础设施、地铁、水厂等行业的应用越来越深入,市政路桥隧也进行了积极尝试并取得了一定的成果。

市政快速路具有系统复杂、建设周期紧、面广量大、运营周期长、安全需求高等特点。随着对工程建设和运营要求的不断提高,传统的二维平面已很难满足其设计要求,因此需要引入新的科技手段来解决这一问题。众所周知,在市政快速路建设的过程中,普遍存在着不合理压缩项目设计周期的现象,这就使得市政快速路建设的质量与周期成为业内极为关注的话题。在 CAD 的传统快速路设计工作中,由于各专业二维图纸设计存在一定的独立性,使得碰撞检查较难进行。此外,市政快速路项目会涉及多个专业,各专业之间信息传递和转换的不对称现象时有发生。为了尽可能减少因设计不合理而导致的施工反复、资源浪费现象,亟待将 BIM 技术引入快速路的项目设计中。

工程建设企业信息系统的普及推广和基于网络协同工作等新技术在工程中的应用,也推进了 BIM 技术的发展。BIM 三维技术的应用为工程建设全生命周期的各种决策及多方协同提供了数字化基础,可实现市政工程设计阶段数据管理的协同共享。BIM 技术的应用,对实现工程全生命期信息的有效管理和共享具有重要意义。目前来说,受限于技术发展的现状和设计人员掌握 BIM 技术的程度,在设计领域,二维 CAD 设计与三维 BIM 设计交叉重复现象比较严重,在三维环境下直接开展的 BIM 正向设计研究还较缺乏。因此,在市政快速路设计阶段推广 BIM 技术的正向设计具有一定的前瞻性。

BIM 技术在道路、桥梁、隧道设计方面的应用能对道路桥梁物理特点和功能进行强化,促进道路桥梁使用寿命的延长。因此,在路桥隧的设计方面,需要加强对 BIM 技术的合理应用,促进其设计工作的优化发展,为道路桥梁设计工作的优化开展提供良好的支持。

第一节 BIM 设计的特点及应用

一、BIM 在路桥隧设计优化应用中的特点与作用

将 BIM 理念和地理设计思想应用到道路设计过程中,结合先进的三维地理信息技术,提升设计的科学性。和传统的 CAD 道路设计软件相比,其具有以下特点:基于 BIM 的面向对象的参数化建模,实现道路设计信息和模型的统一,实现道路快速模拟与调整;实现在 BIM 模型框架下的场地、交通、照明的协同设计,减少方案冲突,提高设计效率;结合三维地理信息展现和分析技术,实现在道路 BIM 基础上的项目策划、成本估算和施工过程模拟;实现设计方案的交互式调整和实时模拟、分析以及可视化和量化的分析成果指导方案的优化;实现在道路 BIM 基础上的项目决策、施工模拟、交通仿真和道路信息管理等项目的管理功能。

(一)BIM 技术可以提供准确的技术支持与数据支撑

BIM 技术具有的典型特点之一就是可视化与较高的精确协调性,它往往可以在道路桥梁存在较大起伏时准确地估算出道路的工程量,还可以将过时的二维设计转化为与时俱进的三维立体设计,这就使得设计中的各个构成部件之间形成一种互动的联系,也促使着 BIM 技术在我国的道路桥梁设计应用中有着广阔的市场前景。

此外,BIM 技术之所以能够提供准确的技术支持与数据支撑,在于它可以利用虚拟仿真技术,在优化升级道路桥梁施工方案的同时还能确保绿色施工,方便工程准确地使用与查询,在提供指导依据的同时反馈出科学客观的工程信息数据。总之,BIM 技术在道路桥梁设计优化中有着广泛的应用。

(二)BIM 技术能最大化地提高施工质量,实现集约化管理

BIM 技术的另一突出特点就是拥有先进的表达设计理念与显著的模拟分析能力,有利于直观清晰地了解城市道路桥梁中的潜在问题,并进行及时有效的反馈以对设计方案进行论证与调整。此外,BIM 技术能够通过模拟系统完美地呈现出各个部分的构建,还可以辅助以必要的自定义参数来解决道路桥梁设计中遇到的烦琐复杂的难题。提高施工质量与实现集约化管理既可以有效地减少由于沟通交流不当而带来的麻烦,还能精准地为下一步的计划做出有利的规划指导。在道路桥梁设计应用中,BIM 技术可以从整体上增强提高施工效率与质量,最大化地节约工程成本与防止后期的返工,详细全面地呈现出工程的空间信息。

(三)优化道路桥梁的施工模拟且完善数据统计

一方面,就优化施工模拟与改进施工技术来说,这是在充分利用 BIM 技术的基础上来检测道路桥梁的施工方案与设计方案,BIM 技术还在深入考察研究各个不同区域道路桥梁的实际情况下进行不断的改革创新,在严格遵循"与时俱进,开拓创新"的原则上优化施工模拟,制订出更加完善科学的道路桥梁施工方案;另一方面,就完善数据统计与及时沟通交流来讲,BIM 技术在道路桥梁设计优化方面的应用要坚决避免出现交流不当导致的资金损失问题,这里面涵盖着丰富详细的信息数据资料。及时有效地对道路桥梁在各个施工阶段的运营状况做出分析比较可以弥补漏洞与差错,还可以采取的方式就是建立健全完善的信息管理平台。

(四)创新协同化的工作模式,提升道路桥梁的设计质量与成本控制力度

近年来,BIM 技术正逐步从建筑行业转向道路桥梁设计优化领域。一般情况下,道路桥梁的工程结构型式更加趋于复杂多样化且技术要求水准普遍比较高,这就给 BIM 技术提出了更高的要求与挑战,要不断地创新协同化的工作模式,提升道路桥梁的设计质量与成本控制力度。其基础就是要构建好临时设施、桥梁构件、场地部件及施工机械等各个方面所需要的 BIM 模型,还可以直接生成施工图纸以及最大化提升设计质量,兼顾好各种道路桥梁的材料报表。BIM 技术模型的运用不仅有利于业主控制成本与减少不必要的资金损耗,还有利于促进道路桥梁工程朝着优良产业化的方向迈进。

二、BIM 技术在路桥隧设计方面的具体应用

在对 BIM 技术的特点和优势形成明确认识的基础上,为了促进道路桥梁设计工作的稳定发展,形成更为科学的设计模式,在实际设计工作中,应结合实际情况对 BIM 技术的应用进行分析,确保基于 BIM 技术的应用能够促进道路桥梁设计工作真正实现优化发展,支撑道路桥梁工程的稳定运行。

(一)在工程设计数据支持方面应用 BIM 技术

在道路桥梁设计工作中,结合具体的设计需求,可以将 BIM 技术应用到技术支持和数据支持方面,在整合相关数据的基础上切实提高道路桥梁设计工作的实际效果。在具体应用方面,要明确认识到在道路桥梁工程设计方面可能会遇到方案设计过程中存在较大起伏工程量的问题。此时,将 BIM 技术应用其中,就能对工程量的数值进行准确评估,并且将平面设计图纸转变为三维立体的设计模型,方便施工设计人员更好地把握设计方面不同构件之间的互联关系,增强设计的合理性,真正借助虚拟仿真功能为工程设计提供技术和数据支持,促进工程设计效果的全面提高。

(二)BIM 技术在施工现场分析方面的应用

在道路桥梁工程设计方面,对设计进行优化时,如果合理应用 BIM 技术,设计师则能

更好地分析施工场地的地理环境、地质条件等，并对施工实际情况进行科学系统的分析，进而按照实际情况对设计思路进行适当调整，增强设计的可行性和施工的合理性，确保能实现对工程设计成本和施工成本的有效控制。在对道路桥梁工程现场情况进行分析的过程中，利用 BIM 技术能及时发现施工现场存在的问题，进而降低施工返工的可能性，确保可以对工程项目实施集约化管理，及时按照施工活动变更设计方案，为道路桥梁工程设计工作的稳步推进奠定坚实的基础。在施工现场对项目组织进行协调的过程中，设计人员结合 BIM 技术掌握相关信息，能为道路桥梁工程设计方面场地模型机械和物料资源的运送进行合理化的安排，进而在统筹管理的基础上加快施工进度，最大限度地减少施工风险，推动施工设计质量不断提高。

(三)BIM 技术在道路桥梁设计科技研发方面的应用

在道路桥梁工程设计方面，BIM 技术的应用不仅体现在具体设计环节上，还与科技研发存在紧密的联系。将 BIM 技术应用到道路桥梁设计科技研发工作中，能促进科技研发工作的持续、稳定开展。因此，在对道路桥梁中心线设计、三维建模设计、地形图设计及横断面设计进行分析的过程中，可以加强 BIM 技术的应用，争取能对各项设计要点进行优化，促进设计质量的提高。在具体应用 BIM 技术的过程中，还要注意对相关设计人员实施积极有效的教育和培训，为设计人员提供专业的技术指导，确保其可以更好地加强对 BIM 技术的应用，增强科技研发工作的效果。BIM 技术在地形图研发方面的应用，便于在道路桥梁施工过程中更好地开展各项工作，提高施工效果，为道路桥梁施工设计工作的持续优化开展创造良好的条件。

三、BIM 在路桥隧设计各阶段的应用

(一)规划阶段

建筑信息模型(BIM)流程，有助于缩短设计、分析和进行变更的时间。最终可以评估更多假设条件，优化项目性能。

(二)勘测阶段

多年来，国内外学者陆续将 BIM 技术及 GIS、GPS 技术引入公路勘测中，勘测和设计工具可以自动完成许多耗费时间的任务，有助于简化项目工作流。使用 BIM 可以在更加一致的环境中完成所有任务，包括直接导入原始勘测数据、最小二乘法平差、编辑勘测资料、自动创建勘测图形和曲面；能够以等高线或三角形的型式来展现曲面，并进行有效的高程和坡面分析。

(三)设计阶段

(1)道路建模。可以帮助我们更高效地设计道路和高速公路工程模型，如创建动态更新的交互式平面交叉路口模型。同时，可以利用内置的部件(其中包括行车道、人行

道、沟渠和复杂的车道组件），根据常用设计规范更迅速地设计环岛，包括交通标识和路面标线等，或者根据设计标准创建自己的部件。由于施工图和标注将始终处于最新状态，可以使设计者集中精力优化设计。

（2）工程量计算与分析。利用复合体积算法或平均断面算法，更快速地计算现有曲面和设计曲面之间的土方量。使用生成土方调配图表，分析适合的挖填距离、要移动的土方数量及移动方向，确定取土坑和弃土堆的可能位置。从道路模型中可以提取工程材料数量，进行项目成本分析。

（3）自动生成施工平面图。例如，标注完整的横断面图、纵断面图和土方施工图等。使用外部参考和数据快捷键可生成多个图纸的草图。这样，在工作流程中便可利用与模型中相同的图例生成施工图纸。一旦模型变更，可以更快地更新所有的施工图。

（4）轻松处理变更与评审。因为数据直接来自模型，所以报告可以轻松进行更新，能够更迅速地响应设计变更。如今的工程设计流程比以往更为复杂，设计评审通常涉及非 CAD 使用者，他们同时又是对项目非常重要的团队成员，可以利用更直观的方式让整个团队的人员参与设计评审。

（5）多领域协作。道路工程师可以将纵断面、路线和曲面等信息直接传送给结构工程师，以便其在软件中设计桥梁、箱形涵洞和其他交通结构物。

（四）施工阶段

目前，BIM 的应用在欧美发达国家正在迅速推进，并得到政府和行业的大力支持。如美国已制定国家 BIM 标准，并开始推行基于 BIM 的 IPD（integrated project delivery，集成项目交付）模式。IPD 模式是在工程项目总承包的基础上，把工程项目的主要参与方在设计阶段集合在一起，着眼于工程项目的全生命期，基于 BIM 协同工作，进行虚拟设计、建造、维护及管理。如今，引入 IPD 理念和应用 BIM 技术，已成为当前国内施工企业打造核心竞争力的重要举措。

另外，通过基于 BIM 的碰撞检测与施工模拟，进行结构构件及管线综合的碰撞检测和分析，并对项目整个建造过程或重要环节及工艺进行模拟，可以提前发现设计中存在的问题，减少施工中的设计变更，优化施工方案和资源配置。目前，常用的碰撞检测与施工模拟软件主要是 Autodesk Naviswork 和 Bentley Navigator。

（五）运营养护阶段

多年来，国内外学者陆续将 BIM 技术及 GIS 技术引入公路信息化管理，在公路建设、路政执法和资产管理方面取得了较好的效果。美国联邦公路局将 GPS、GIS 及多媒体视频等技术应用到公路资产管理，可以迅速地查看损坏的公路资产视频，保证了道路的安全性。

目前，我国公路养护系统一般采用传统的二维地图显示方位信息。公路系统内包括运营、路政、养护等多个部门，各个部门有各自的信息系统，彼此之间的数据也是由各自部门维护,采用不同的数据格式和交换格式,导致无法整合到统一的地理数据平台上进行有效的数据共享,从而使得部门之间难以实现高效协同。

目前,最有效的方式是将 BIM 和 GIS 结合起来,利用移动数据采集系统提供道路养护检测所需要的数据,再利用统一的数据标准,实现地理设计和 BIM 相结合,在此基础上建立基于 BIM 的交通设施资产及运营养护管理系统。利用整合后的 BIM 模型信息,将公路资产管理与养护集成到三维可视化平台,同时基于 BIM 模型,提出预防性养护决策模型,为公路资产管理、道路养护管理等提供管理决策平台。

四、政府层面的推动与支持

近年来,国务院、建设部以及全国各省市等相关单位,频繁颁发应用 BIM 技术的文件。各省市在推广 BIM 技术方面也做了很多的工作,相继颁发了 BIM 的相关政策。到目前为止,我国已初步形成 BIM 技术应用标准和政策体系,为 BIM 的快速发展奠定了坚实的基础。

从 2014 年开始,在住建部的大力推动下,各省市相继出台 BIM 推广政策。目前我国已初步形成 BIM 技术应用标准和政策体系,为 BIM 的快速发展奠定了坚实的基础。2017 年,贵州、江西、河南等省市正式出台 BIM 推广意见,明确提出在省级范围内提出推广 BIM 技术应用。2018 年,各地政府对于 BIM 技术的重视程度不减,重庆、北京、吉林、深圳等多地出台指导意见,旨在推动 BIM 技术进一步的应用普及。我国出台 BIM 推广意见的省市数量逐渐增多,全国 BIM 技术应用推广的范围更加广泛。

2017 年 02 月 24 日,《国务院办公厅关于促进建筑业持续健康发展的意见》(国办发〔2017〕19 号)中指出加强技术研发应用,积极支持建筑业科研工作,大幅提高技术创新对产业发展的贡献率;加快推进建筑信息模型(BIM)技术在规划、勘察、设计、施工和运营维护全过程的集成应用,实现工程建设项目全生命周期数据共享和信息化管理,为项目方案优化和科学决策提供依据,促进建筑业提质增效。

2017 年 9 月 2 日,《交通运输部办公厅关于开展公路 BIM 技术应用示范工程建设的通知》中指出,在公路项目设计、施工、养护、运营管理全过程开展 BIM 技术应用示范或围绕项目管理各阶段开展 BIM 技术专项示范工作。其具体任务包括提升公路设计水平、提高公路建设管理水平、推进公路养护管理信息化。

2017 年 12 月 29 日,《交通运输部办公厅关于推进公路水运工程 BIM 技术应用的指导意见》中指出:到 2020 年,相关标准体系初步建立,示范项目取得明显成果,公路水运行业 BIM 技术应用深度、广度明显提升;行业主要设计单位具备运用 BIM 技术设计的能力;BIM 技术应用基础平台研发有效推进;建设一批公路、水运 BIM 示范工程,技术复杂项目实现应用 BIM 技术进行项目管理,大型桥梁、港口码头和航电枢纽等初步实现利用 BIM 数据进行构件辅助制造,运营管理单位应用 BIM 技术开展养护决策。要把握工程设计源头,推动设计理念提升;打造项目管理平台,降低建设管理成本;加强 BIM 数据应用,提升养护管理效能;推进标准化建设,研发应用基础平台;注重数据管理,夯实技术应用基础。

2019 年 12 月 3 日,《交通运输部关于印发〈交通运输重大技术方向和技术政策〉的通知》(交科技发〔2015〕163 号),将"桥梁智能制造技术"列为交通运输十项重大技术方向和技术政策之一。针对未来我国桥梁智能建造技术的发展,提出以下几点思考与建议:①构建架构完善的技术体系。目前的桥梁智能化建造技术研究及应用实践非常零散,需打造从基础层、支撑平台、关键技术、产品及应用的 5 个层次技术体系。②加强核心领域的技术攻关。还需继续对涉及智能建造的桥梁设计、装配式结构、高性能材料、施工与装备、传感与监控、运营管理等开展深入研究,推进全产业链的智能化发展。③提升核心技术的统筹能力:大数据、物联网等都是以计算机专业为主导的新兴技术,如何统筹这些技术在桥梁建造中的应用成为关键。④打造专业齐全的研发团队:目前我国在工程技术、工程管理方面的人才队伍较为齐备,但智能建造相关领域人才仍严重缺乏,亟须建立智能建造技术研发团队和人才梯队,培养一定数量既懂工程技术又具有数字化思维的复合型人才。

第二节　BIM 在城市立体交叉设计中的应用案例

随着我国城市的不断发展,交通拥堵日益严重,为缓解该现象,各地争相对城市道路进行快速化改造,以进一步提升城市道路通行能力。现阶段,在道路改造过程尤其是立体交叉节点的建设当中,普遍存在场地受限、现状管线复杂、施工期间交通压力大、工期紧等相关难题,传统的"设计—施工"模式在此极易造成大量设计变更、工程变更等设计、施工及运营维护等建筑全生命周期方面的问题,由此进一步制约了设计质量与协同效率的提高,降低了施工组织管理能力以及费用控制能力。因此,亟待相应的先进技术介入以协调解决建筑全生命周期所面临的方方面面的问题。

BIM 技术正是因此而生,以建筑工程项目的各项相关信息数据作为模型基础,通过各相关方以及各专业的信息协同,以数字信息仿真模拟建筑物全生命周期各阶段的存在形态,从而指导建筑工程的设计、施工以及运维。

一、BIM 在江山路与前湾港路立体交叉工程中的应用

1. 项目概况

江山路与前湾港路立体交叉位于青岛经济技术开发区北部区域,节点是港区南向疏港交通与区域南北衔接交通交汇处,亦是经济技术开发区南北区域与西部居住区衔接的重要转换节点,工程所在地现状管线密集,专业管线错综交叉。

该项目为山东省首批市政类 BIM 技术应用试点示范项目,也是 BIM 技术在青岛市大规模城市立体交叉中的首次全面应用。2019 年 12 月,该项目顺利通过山东省住房和城乡建设厅 BIM 技术应用试点示范项目验收。

江山路(南北向)主线布设为双向六车道,主线两侧设置集散车道,以高架桥型式上跨前湾港路(东西向)。前湾港路采用地面道路型式,主线布设双向四车道,服务东西向货运交通,主线两侧设置集散车道。立体交叉节点所有匝道均服务客运转向交通,其中右转交通均通过定向匝道转换;左转交通均采用环形匝道型式,匝道均布设为单向单车道。

图 7-1　江山路与前湾港路立体交叉总体方案效果图

该项目综合管廊内敷设管线主要包括电力、通信、给水及热力四种专业管线。江山路综合管廊,主线管廊长度约 652 米,主线管廊采用三舱及两舱断面型式。前湾港路综合管廊主线管廊长度约 756 米,主线管廊采用三舱及两舱断面型式。

2. 软件解决方案

(1)道路专业。道路专业主要应用软件为鸿业路易系列软件。旨在为设计人员提供完整的智能化、自动化、三维化解决方案。基于 BIM 理念,以 BIM 信息为核心,实现所见即所得、模拟、优化以及不同专业间的协调功能;拥有完整属性的整体对象,提供精确的工程算量数据。鸿业交通设施 HY-TFD,紧密结合国际标准,提供参数化绘图方式,内置大量标志图库,快速设计交通标线,自动统计各类交通标志牌、标线的工程量。

(2)桥梁专业。桥梁专业主要应用软件为 Revit、桥梁博士。使用 Revit 软件对立体交叉结构进行设计,实现三维可视化。将 Revit 模型导入 Midas 软件对桥梁结构进行整体计算,在软件中对桥梁预应力钢束进行设计、调束,并直接通过软件生成预应力钢束图纸,提高绘图效率。

(3)管线专业。管线专业主要应用软件鸿业管立得。鸿业三维智能管线设计系统包括综合管廊、给排水、燃气、热力、电力、电信、管线综合设计模块,平面、纵断、标注、表格联动更新,管线三维成果可进行三维合成和碰撞检查,实现三维漫游。

(4)管廊专业。管廊专业主要应用软件为鸿业综合管廊。可视化,复杂问题简单化,隐蔽问题表面化;参数化,设计人员沉浸设计思维,关注模型整体性;关联性,操作高效,对后期改图、出图效率提高明显;准确性,模型对应图纸,有效规避人为疏漏;平、立、剖双向关联,构件仅需绘制一次,避免重复作业,避免低级错误;碰撞检查,暴露缺陷,避免疏漏;后期修改,具有信息化模型效率高的优势;设计人员更多的关注设计本身,图纸作为末端产品自动随设计而改变。

3.实施规划

第一阶段:BIM 实施计划调研阶段。阶段目标:明确 BIM 实施目标,通过调研了解和掌握本工程部 BIM 团队实施基础,了解后续与 BIM 相关的管理流程和体系,提交成果,BIM 实施调研报告。

第二阶段:BIM 模型创建阶段。阶段目标:创建 BIM 模型,进行施工图设计。BIM 各专业建立 BIM 模型,进行 BIM 建模培训,对 BIM 模型进行准确性核对,对各专业 BIM 模型进行碰撞检查,BIM 模型在系统上分权限数据共享,提交成果。

第三阶段:BIM 成果交付阶段。将 BIM 模型交付给施工单位,进行设计交底;施工单位根据 BIM 模型精准放样,指导施工。

第四阶段:BIM 模型维护阶段。阶段目标:根据设计变更动态调整 BIM 模型,同时探索 BIM 模型在施工指导、材料管理、成本管理、碰撞检查等方面的应用,形成配套的 BIM 应用流程,进行 BIM 团队培养,在 BIM 平台上协同共享,查询数据,提交成果。

4.实施技术路线

BIM 设计阶段应用技术路线,如图 7-2 所示。

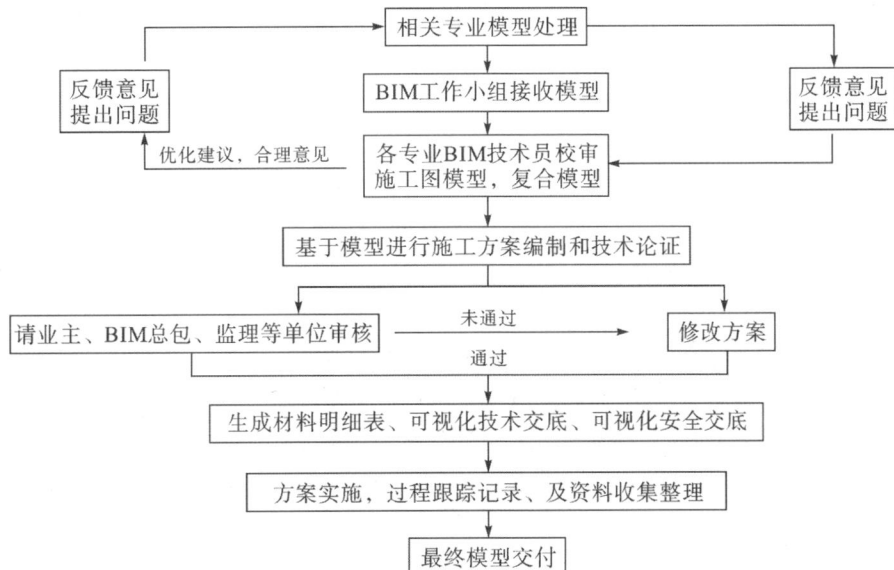

图 7-2　BIM 设计阶段应用技术路线

5. 应用目标

(1)道路专业在快速建立三维模型的基础上,实现总体方案的展示、工程量提量、平纵横大样施工图出图,实现传统的二维向三维设计、粗放型设计向精细化设计的转变,并通过设计成果的实时优化与评价,提升工程设计的效率、科学性及合理性。

(2)桥梁专业通过 BIM 建模实现三维可视化、结构优化、施工交底。钢结构天桥等结构实现碰撞检查、工程量统计、剖切断面出图。人行通道建模实现完整的材质赋予和工程量的统计,并体现与周边结构的协同关系。管廊结构计算建模与工艺专业模型互导,实现与上游专业关联互动。

(3)利用鸿业管立得对现状管线进行描绘,在管线迁改设计工作中完成可视化设计,减少管迁工程量,降低施工难度。将综合管廊与雨污水及其他管线相结合,控制雨污水等重力流管线竖向因素,减小综合管廊埋深,降低工程造价。将管立得文件与路立得文件相结合,形成视频文件,实现所见即所得。

(4)综合管廊工艺专业通过 Revit 建模实现三维可视化设计,实现出线井等复杂节点的设计;实现专业之间碰撞检查、设计标准碰撞检查、附属设施碰撞检查;实现节点工程量统计、三维模型转化为二维图纸,图纸作为末端产品自动随设计而改变。

6. 具体应用

1)总体方案比选

快速生成 BIM 模型,对竖向进行多方案比选(推荐采用方案)。比选方案:前湾港路主线与现状道路一致,两侧辅路抬升方案;优点:实现了地面辅路和主线的完全分离,景观效果好;缺点:前湾港路辅路抬升,工程量增大,同时江山路方向竖向需要进一步抬升,增加工程投资。推荐方案:前湾港路主线和地面辅路均与现状道路标高一致;优点:江山路方向桥梁竖向标高交底、总体方案工程投资低;缺点:前湾港路主辅需要通过隔离墩方可实现主辅分离。

图 7-3 快速建模实现对推荐方案的技术支持

2)模型构建

鸿业路立得 Roadleader 及鸿业交通设施 HY-TFD:①旨在为设计人员提供完整的智能化、自动化、三维化解决方案。②基于 BIM 理念,以 BIM 信息为核心,实现所见即所得,模拟优化以及不同专业间的协调功能。③拥有完整属性的整体对象,提供精确的工程算量数据。

桥梁专业在本工程的 BIM 应用中,使用 Revit 软件对主线桥、匝道桥、人行钢结构天桥、人行通道、混凝土悬臂挡墙等进行 BIM 模型建立并汇总,实现桥梁结构工程的三维可视化。

利用管立得对勘测单位提供的物探资料现状管线的识别,可迅速完成现状勘测管线的三维转换,为下一步的管线碰撞检查提供前提。

为集约利用综合管廊功能,将人员出入口与端墙合并设置,在复杂节点将通风井等附属设施一并实施,采用 BIM 对各节点进行设计,同时对内部管线、楼梯等进行优化布置。

图 7-4　基于路立得的三维模型

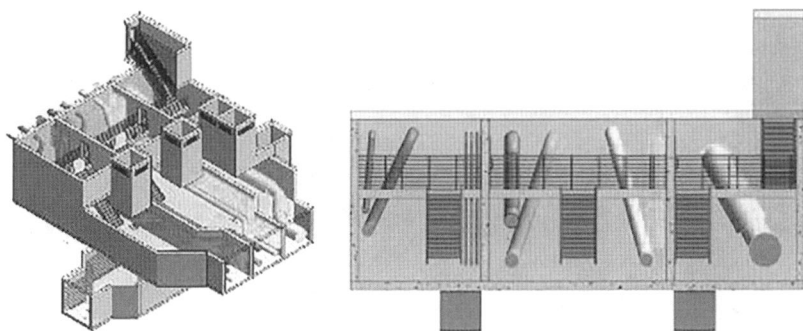

图 7-5　主桥及综合管廊节点模型图

3)深化设计

利用鸿业路立得对重要节点进行交通模拟,直观展示了立体交叉方案实施后的交通组织情况,为相关领导决策提供了重要依据,极大地方便了与规划、交警、建设等部门的对接。

管线专业在路立得模型的基础上搭建管线数据模型,工程建设涉及大量管线迁改和新设,不但用地空间受限,需穿越新建及既有管线,而且与相接道路存在多处横向管线交叉。利用 BIM 技术进行三维管线综合设计和碰撞检查,并搭载综合管廊 Revit 模型,能够实现管位合理布置和空间利用最大化。

道路路基、路面参数化模型深化设计。基于道路 BIM 模型,对道路工程上下层路面结构厚度、道路分层施工宽度进行详细模块定义,可利用 BIM 模型导出相关工程量;根据地勘结果,对路基工程路基处理模型进行参数化定义,实现路基处理范围和工程量的准确定义。

交通工程动态设计与总体复核。利用路易协同设计软件,通过 BIM 动态模拟各个位置转向,实时查看标志标线、设施设置的合理性,数字化动态完善交通工程细节设计,优化交通设计方案,实现交通设施设计的科学性及合理性。道路附属设施优化与完善。实施动态调整沿线人行系统,做到立体交叉人行系统与周边设施的协调,确保人行系统的连续性,实现"以人为本"的设计理念。根据前期建模,查看道路交通各项 BIM 组件参数,细化、深化 BIM 模型构件,为下一步施工图出图奠定基础;根据调整杆件型式,完成交通结构计算绘图及工程量快速统计。根据所有交通杆件建模,完成交通工程杆件结构计算书和施工图出图。在施工图设计阶段,对涉及的隔离墩、路缘石、界石、人行道等附属设施,详细定义其尺寸结构。

桥梁专业在该工程的 BIM 应用中,使用 Revit 软件对主线桥、匝道桥、人行钢结构天桥、人行通道、混凝土悬臂挡墙等进行 BIM 模型建立并汇总,实现桥梁结构工程的三维可视化。使用 Midas 软件对桥梁结构进行纵向计算,在软件中对桥梁预应力钢束进行设计、调束,并直接通过软件生成预应力钢束图纸,提高绘图效率。

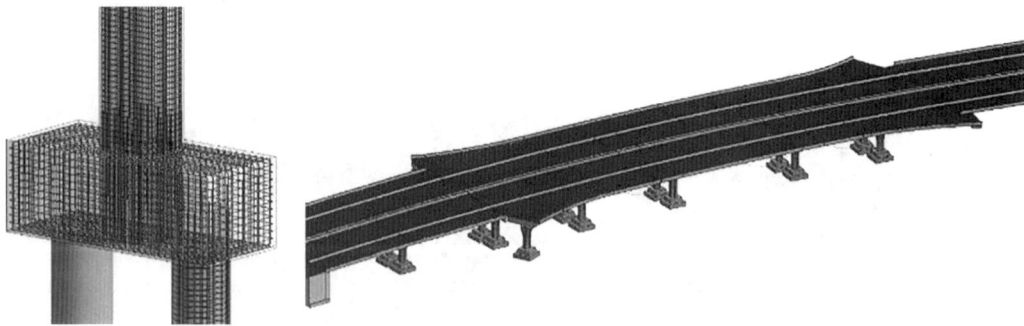

图 7-6　下部结构配筋及主桥模型

数据信息互通,结构计算模型与工艺专业模型互导。在综合管廊的设计中,工艺专业已使用 Revit 软件直接进行 BIM 设计。尤其对于出线井节点,大幅提高了工作效率,保证了设计质量。结构专业传统设计上,根据工艺提供图纸进行识图,再在结构分析软件中进行建模计算。传统建模过程相对复杂，效率较低。管廊设计结构专业应用 Midas Gen 软件 2017 版，将 Revit 模型直接导入 Midas Gen 中，省去模型建立过程，提高建模效率，并且可以在 Gen 中修改结构尺寸等反馈回 Revit 软件，与上游专业关联互动。出线井设计，难点在于主沟与支沟上下层的交互设计，以及管线的竖向衔接。在传统二维设计中，设计人员对出线井每条线、每个孔洞均需细化设计，工作量较大，且如需修改一处，会引起多处修改。利用 Revit 三维可视化设计，使得在传统二维设计中的复杂节点设计变得简单易行。三维可视化设计，可以实现在多个视口、任意位置的修改，使设计更加直观、准确、高效。

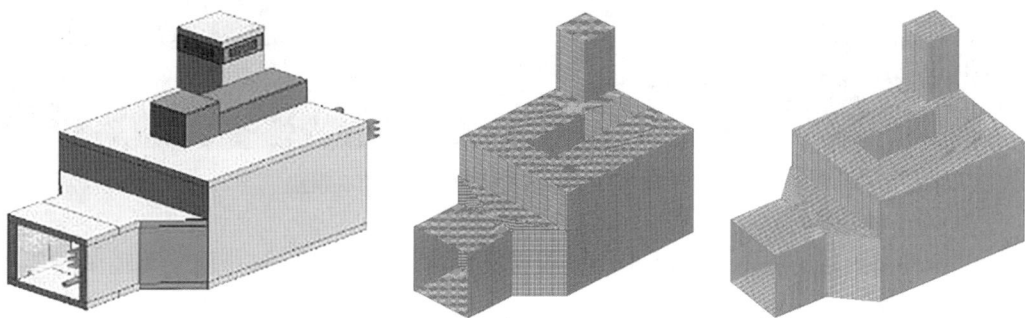

图 7-7　工艺 Revit 模型结构、Midas Gen 模型、Midas Gen 模型计算内力图

钢结构天桥构件繁多、复杂，在 BIM 设计中使用 Revit 软件进行构件碰撞检查。通过 Revit 的"明细表"功能，进行工程量计算统计，统计出单个构件的体积、表面积、材质等数据信息；通过提取的构件工程量可与传统 CAD 二维绘图手算工程量进行复核，并为下游专业提供数据参考。构件的体积可计算构件的质量（kg）或混凝土方量，构件的面积可计算钢结构的涂装面积。

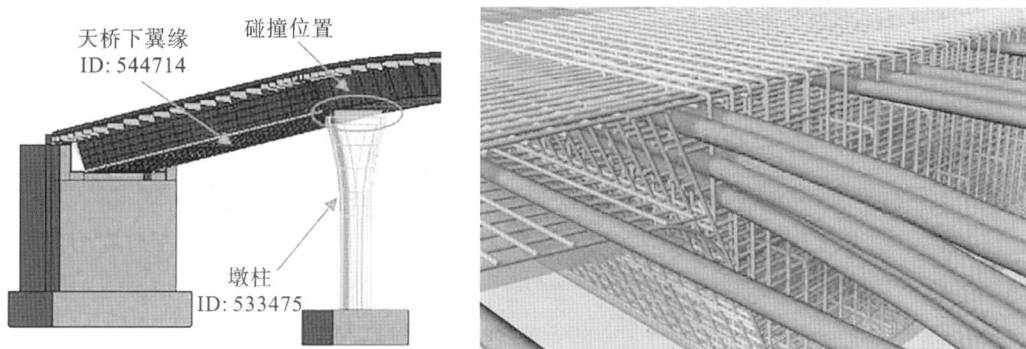

天桥下翼缘
ID: 544714

碰撞位置

墩柱
ID: 533475

图 7-8　天桥结构碰撞与预应力钢筋束碰撞图

道路竖向净空优化设计，对于优化后的模型，数据文件同步提交给其他专业进一步优化设计。前湾港路方向主线在满足净空、净距要求下，最大限度地压缩上下层净距，优化江山路桥梁竖向标高。通过建立的 BIM 模型,对跨线桥进行视距、净空检测,生成检测报告,同步调整 BIM 模型及立体交叉总体设计方案,确保了设计成果及 BIM 模型成果涉及的地面和江山路跨线桥及附属设施净空、净距满足设计规范要求。江山路立体交叉下净空需满足最低 5 米的要求,最高净空需根据桥梁纵坡、桥下车辆行驶舒适度进行动态调整。

图 7-9　建筑界限分析与桥梁桥底的动态调整

三维漫游展示与施工交底。将 BIM 模型交付施工单位,同时进行施工交底。由施工单位进行施工模型的构建,合理组织施工计划。针对传统的施工项目计划多采用偏差控制,组织上采用"推式"工作流,不利于施工管理的及时应变和偏差的主动性预防控制,将BIM 技术与施工模型构建进行集成,构建施工管理模型,分析模型集成的关键技术,将计划与控制、技术与管理双维度进行集成,实现了建筑施工实时可视化的高效管理。

施工深化设计。由于施工工期较长,构件制作安装贯穿整个施工过程,深化设计涵盖的专业、内容较广泛,设备选型、调流组织、运输线路、吊装方案等直接影响深化设计工作,通过 BIM 模型能够进行施工组织模拟,及时调整实施方案。

施工方案模拟。利用 BIM 场地布置软件提前规划项目驻地及施工现场,能做到直观、明确,易于考察成品效果、查漏补缺、汇报及交底,并直接指导现场临建设施施工工作,提高工作效率。

预制构件加工。通过 BIM 技术,将预制构件可视化、参数化,实现预制构件与主体构件现场无缝拼接。桥梁墩柱采用异形钢模板,模板厂家利用 BIM 模型精准制作混凝土模板,实现混凝土现场浇筑符合设计要求。

进度模拟及优化。基于 BIM 模型,在 BIM 5D 平台中将工序计划进度与模型挂接,进行进度模拟及优化,能够缩短工期 20 余天。

7. 实施效益

(1)管理效益。利用集成管理平台方便各专业之间交流沟通,极大地提升工作效率。在项目交流会议中,各专业设计人远程查看平台模型,及时发现设计问题,提高专业协同水平。在项目中可以运用 BIM 技术建立 3D 可视化信息模型,将各阶段与各环节数据导入模型之中,进行整合与分析,提供项目参与各方数据支持,关联相关数据对工程的进度、成本进行把控,对工程中的难点和重点做提前预演,指导后期施工。

(2)质量效益。利用三维设计软件建模,在初步设计过程中,规避大量非技术失误;在施工图设计过程中,通过三维碰撞检查,及时发现各专业间的设计纰漏等问题。

(3)速度效益。较常规二维设计相比,该工程运用 BIM 技术将设计、绘图时间缩短近30%,极大地提高了设计效率。同时,BIM 成果也为工程审图、招投标、施工等提供全面的资料,降低了沟通信息不对等问题。

(4)经济效益。通过导入 BIM 技术实现精细化管理,项目在经济效益上得到了大幅改善与提升。在传统项目管理模式中,数据分析需要花费很长时间,而且周期性与维度方面难以满足现有项目需求。运用 BIM 技术建立数据库,关联项目相关数据,实现各管理部门对各项目基础数据的协同和共享;加强业主对项目的掌控能力;为后期设计提供准确基础数据,提升 BIM 价值。除此之外,通过 BIM 数据库,可以建立与项目成本相关的数据节点,如时间、空间、工序、工法、物料应用状况等,使实际成本数据高效处理分析有了可操作性,提升了精细化管理能力,从而有效控制成本,提高经济效益。

二、BIM 技术在环湾路—长沙路立体交叉中的正向应用

1. 项目概况

环湾路是规划中心城区"六横九纵"高快速路网的一"纵",长沙路规划为东岸城区东部东西向贯通的主干路,环湾路—长沙路节点是欢乐滨海城、滨海新区北片区出行的主要交通节点。环湾路—长沙路立体交叉属于快速路与土干路相交的节点立体交叉,立体交叉型式为双环部分苜蓿叶立体交叉,占地面积约 16 万平方米。

图 7-10　环湾路与长沙路立体交叉总体方案效果图

(1)解决欢乐滨海城出行难题。控规 4 万人,目前入住 3 万,设瑞昌路、长沙路两处出入口,目前仅瑞昌路立体交叉进出,且横 A2 号路未打通,仅 2 车道临时路通行,交通保障性差、高峰拥堵严重,北向出行绕行距离约 4.5 千米。

(2)服务滨海新区北片区出行。滨海新区北片区规划人口 16 万,目前只有瑞昌路一处西向出行通道,远期出行总量约 10 万当量小汽车/天,高峰交通量将超过 1 万当量小汽车/小时。该项目是解决欢乐滨海城出行难题的突破点,项目建设列为青岛市交通攻势重点项目。

2. BIM 应用必要性

(1)汇报设计方案。有限时间内完成方案设计工作,且需多次对接汇报,设计方案多次优化设计。作为市交通攻势重点项目,该项目关注度高、推进速度快,需要借助 BIM 技术实现密集的对外展示及汇报。

(2)汇报模型展示。有限时间内建立模型,实现设计方案可视化汇报。该项目用地局促、立体交叉规模受限,需借助 BIM 技术精细化模拟立体交叉交通组织,解决区域交通出行的同时,实现与跨海大桥高速收费站和跨铁路桥的良好衔接。

(3)交通组织复杂。工程距离上游收费站出入口仅 550 米,立体交叉东侧与现状铁路线距离 500 米。其用地规模受限:紧邻泰能燃气公司、污水处理厂、现状厂房,征地拆迁复杂。

(4)区域地质情况复杂,需借助 BIM 技术模拟特殊区域路基处理。路基处理:工程进行高填方软基处理、污水塘处理、深路堑开挖;工程衔接:上跨现状环湾快速路,衔接跨海大桥高速收费站和铁路桥。

(5)项目用地局促,需要借助 BIM 技术优化平纵线形组合,消除视觉盲点。研究表明,该设计方案的线型、视距、平纵线型组合与事故率息息相关。

(6)环湾路管群管线复杂、迁改难度大,需借助 BIM 技术实现多种管线及桥梁桩基的立体协调。管线迁改难度和影响:环湾路两侧重要管线密布,管位紧张,桥墩布置受制约。管线避让与预留:避让石油、灰管等重要管线,预留远期高压燃气管位,需进行暗渠翻建、明渠改建。

(7)区域景观要求高,需借助 BIM 技术实现桥梁、景观与周边环境的融合。桥梁外观造型的优化:需使用 BIM 技术对桥梁外观造型进行直观比选和优化设计。景观环境的密切结合:需结合周围地理环境和已建成地块情况综合考虑,使工程与景观环境相协调。

(8)作为青岛市智慧工地试点项目,需借助 BIM 技术实现全过程管理。根据建设单位要求,该项目将打造为智慧工地试点项目,需要设计阶段 BIM 模型的传导,为施工管理平台打造奠定基础。

3. 应用亮点

(1)道路专业在快速建立三维模型的基础上,包括 LOD 地形构建、立体交叉线型优化调整、细部节点深化设计、VR 轻量化汇报展示、3D 打印、视距分析和净空检查几大亮点,实现总体方案的展示、工程量提量、平纵横大样施工图出图,实现传统的二维向三维设计、粗放型设计向精细化设计的转变,并通过设计成果的实时优化与评价,提升工程设计的效率、科学性及合理性。

　　航拍受限,采用 LOD 技术构建三维真实地形。传统卫星图无高程数据、画质不清晰、加载速度慢、可视地形无高低起伏,采用 LOD 技术,构建具备真实高程数据的地形曲面,地形加载速度随之加快,清晰可见高低起伏的地形,便于纵断设计对比与优化。

图 7-11　LOD 技术构建具备真实高程数据的地形曲面

　　可视化拆迁方案,工程量"一键统计"。可视化汇报设计方案拆迁位置、房屋类型及工程量,解决了汇报过程中无法直观立体展示拆迁具体位置、数量的难题,有效提高了拆迁工程量的准确度、拆迁汇报的质量与满意度。

图 7-12　可视化汇报设计方案拆迁位置、房屋类型及工程量

三维地质分段建模,详细定义路基、路面及附属结构,实现工程量快速统计。该项目车行道共涉及 20 余种道路断面型式,通过对道路断面及详细多类路面结构的详细定义(包括快速路＋主干路＋支路等多类路面结构),实现工程量快速统计。

基于精细化 BIM 模型,动态优化规范极限值下的平纵线形组合,消除视觉盲点。

图 7-13　平纵组合优化前后竖向对比

借助 BIM 软件,开展细部节点深化设计,有效提高设计质量。对全线超高、加宽、交叉口平面布置及竖向等细部节点开展深化设计,有效提高设计质量。

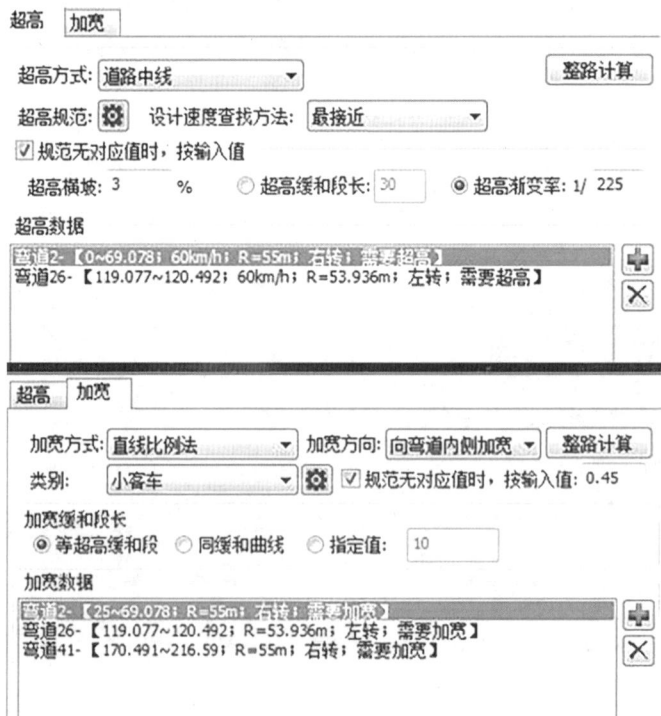

图 7-14　超高、加宽度自动化设置

借助 BIM 软件,开展细部节点深化设计,有效提高设计质量。基于前期建立的模型,对道路细部节点进行精细化建模,如人行过街通道、无障碍设施等节点,模型精度满足指导现场施工的要求。

图 7-15 细部节点深化设计

基于精细化建模,完成项目动画制作,实现项目建成效果的直观展示,提升汇报效果及效率并取得了各方好评。

图 7-16 基于精细化建模

基于合模 BIM 模型,采用鸿城平台可视域分析功能对视距进行检验,保证匝道出入口行车安全。

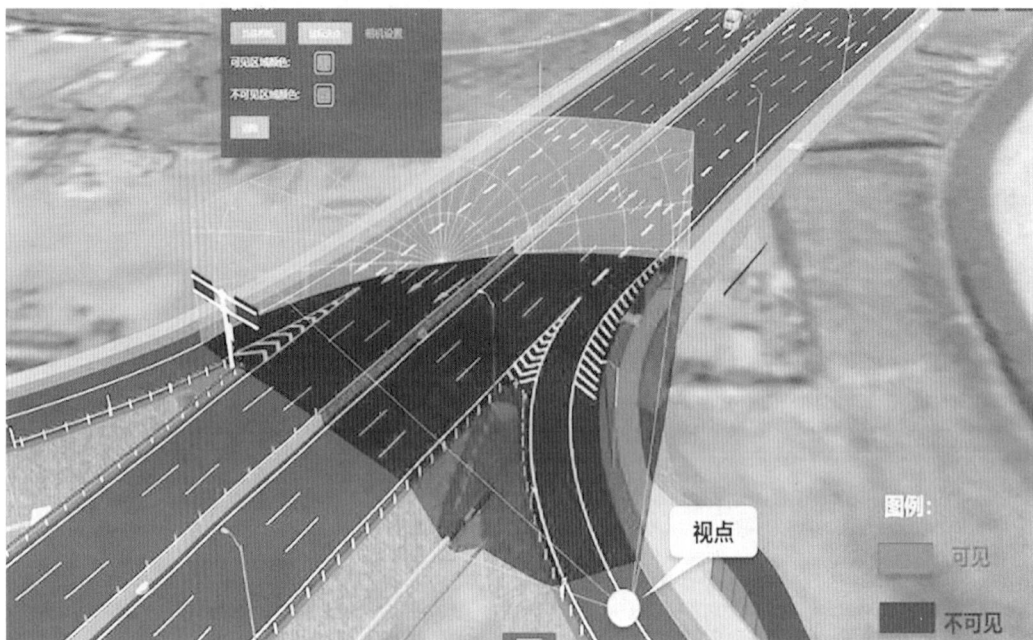

图 7-17　匝道出入口视域分析

基于模型,开展净空检查。通过建立的 BIM 模型,对桥下进行净空检查,同步调整 BIM 模型及桥梁设计方案,确保设计成果及 BIM 模型成果涉及的地面和上部桥梁及附属设施净空、净距满足设计规范要求。

图 7-18　桥下净空检查

模型漫游,行车舒适性分析。设计方案生成漫游视频,以驾驶员视点测评行车舒适性。

图 7-19　漫游视频

(2)桥梁专业通过 BIM 建模实现三维可视化、结构优化、施工交底,包括多专业协同设计、Midas 模拟软土路基沉降分析、钢结构桥梁数字化建模预拼装、钢筋碰撞与优化钢结构天桥等结构实现碰撞检查、工程量统计、剖切断面出图的目标。

实现多专业协同设计,创新性地实现结构设施功能合一。SE 匝道引道敷设于现状灰管上方,但灰管已无迁改空间;借助 BIM 技术,整合匝道与灰管管廊模型,创新性地提出了箱型引桥构造,箱型匝道兼做灰管管廊,并配套设置通风窗、检修孔等设施,实现了结构设施的多功能合一。

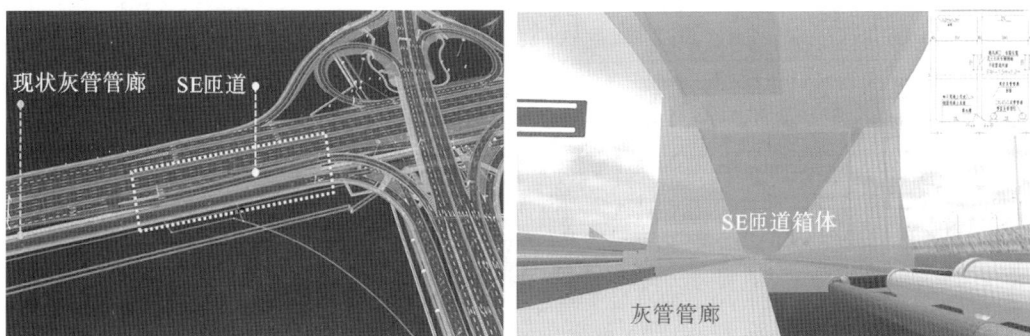

图 7-20　箱型引桥构造

实现 BIM 模型与地质结构计算软件 Midas 互通。匝道箱体模型，导入 Midas 进行软土地质工况下的沉降分析，协助确定合理的软基处理方案。

钢结构桥梁数字化建模预拼装、精细化设计。对钢结构天桥进行精细化建模，同步定义钢板编号、尺寸等属性参数，有效辅助数字化加工。

实现钢筋刚束碰撞检查及动态优化。利用 REX2016 插件，将钢束视为依附于腹板主梁的钢筋，可以快速实现纵横向钢束和普通钢筋的同步建模、同步碰撞检查。

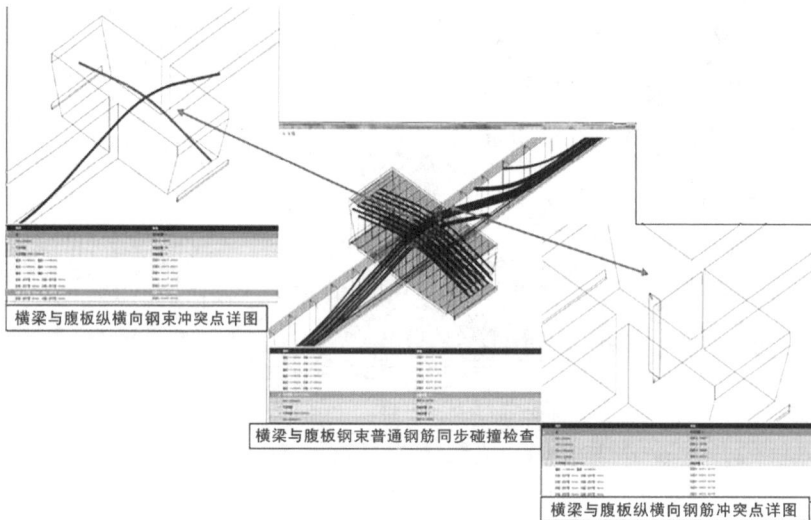

横梁与腹板纵横向钢束冲突点详图

横梁与腹板钢束普通钢筋同步碰撞检查

横梁与腹板纵横向钢筋冲突点详图

图 7-21　纵横向钢束和普通钢筋同步建模、同步碰撞检查

（3）交通专业利用 Vissim 微观仿真模拟交通组织，优化交织段长度，仿真方案转弯半径，保证车辆的安全通行。

Vissim 优化交通组织。开展交通仿真模拟，利用 Vissim 微观仿真模拟交通组织，优化交织段长度，实现建管统一、消除通行瓶颈、提资增效。

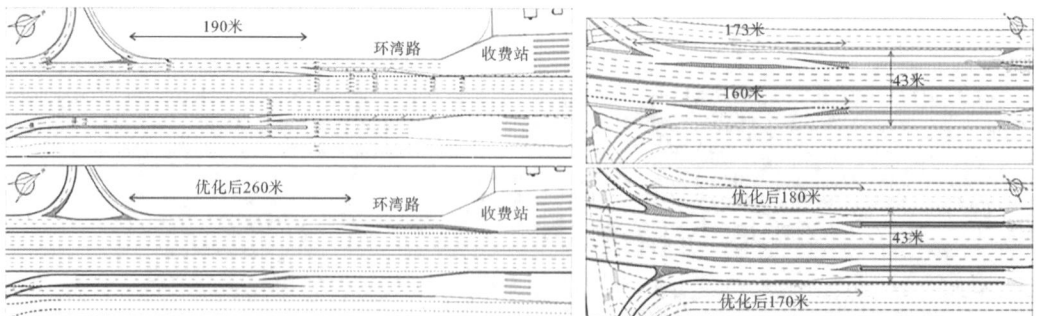

图 7-22　Vissim 优化

对桥下掉头车道开展动态模拟，保证车辆安全通行。仿真结果表明，可满足 14 米长大型车辆以 10～20 千米/小时速度掉头行驶，交通组织连续。

引入 3D 打印—数字化加工技术,多功能智能杆件设计比选。

践行多功能智能杆建设,通过精细化建模,实现多功能智能杆杆件的快速比选及模型 3D 打印。

(4)鸿业管立得 11.0 对现状管线进行描绘,在管线迁改设计工作中完成可视化设计,管线迁改与设计同步进行,构建远期规划高压燃气管位模型,管线设计方案"可持续化",管线碰撞优化减少管迁工程量,降低施工难度。将综合管廊与雨污水及其他管线相结合,控制雨污水等重力流管线竖向因素,减小综合管廊埋深,降低工程造价。

利用 BIM 技术,立体优化管线迁改方案。环湾路两侧重要管线密布,管位紧张,管线迁改难度大。利用 BIM 技术,可清晰直观地梳理现状管线关系,立体展现管线迁改控制因素,动态优化管线迁改方案。

图 7-23　BIM 技术现状管线关系模型

借助 BIM 可视化,构建规划高压燃气模型,合理优化管位,预留远期施工空间,避免重复迁改。

开展碰撞检查,动态调整、优化设计方案。

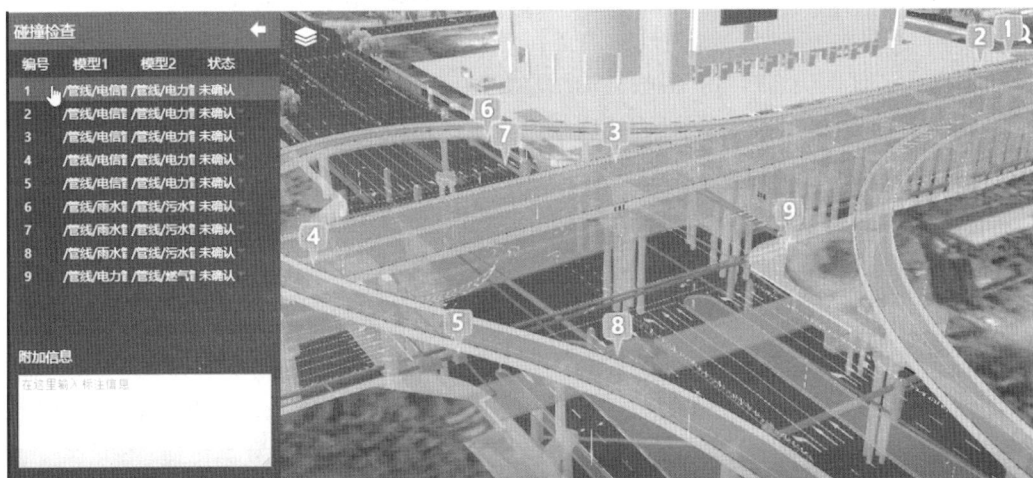

图 7-24　碰撞检查及动态调整

（5）开展景观专业季相模拟分析，景观节点的不同季节视线需要区域景观协调设计，总体提升区域景观效果。通过建模实现三维可视化设计，实现复杂节点的设计，实现专业之间碰撞检查、设计标准碰撞检查、附属设施碰撞检查，实现节点工程量统计、三维模型转化为二维图纸，图纸作为末端产品自动随设计而改变。

开展季相模拟分析，实现不同季节的视线引领及种植搭配。利用"光辉城市"软件对基地进行季相模拟，获得区域不同月份的季相变化，借助科学的分析工具，验证植物栽植设计的合理性，保证景观节点不同季节的视线需求。

建模后可直接输出动画，动态感受区域景观设计。

图 7-25 "光辉城市"Mars 软件模拟图

借助 VR 虚拟仿真技术，"身临其境"般全方位体验方案尺度关系。

实现项目轻量化发布。鸿城合模成果以二维码形式发布，通过手机网络移动端进行查看，参建单位可通过手机移动端随时、随地查看设计方案。

借助云端平台，该项目将打造成青岛市智慧工地试点项目，实现施工全过程管理。

4. 总结与展望

在该工程中，解决了以下技术难题：以 LOD 地形建模技术攻克航拍受限难题；借助 BIM 技术实现路线平纵横结合设计，提高设计质量；平台对合模方案进行匝道出入口视距分析、桥下净空检查；实现模型与地质模拟软件的互通；开展软土路基沉降模拟，合理确定软基处理方案；深化多专业协同设计，实现多专业及上下游的数据传递；图元属性设置、精细化建模，实现钢制构建的数字化加工；开展景观季相模拟分析，实现不同季节的视线引领及种植搭配；设计模型与智慧工地云端平台互通，实现项目全过程管理。

参考文献

［1］朱兆芳. 城市互通立交设计技术发展回眸与创新［J］. 城市道桥与防洪,2008(6):1-14.

［2］肖叶枫. 公路与城市道路立交关键技术指标对比分析［J］. 城市道桥与防洪,2018(11):40-43.

［3］孙家驷. 道路立交规划与设计［M］. 北京:人民交通出版社,2009.

［4］胡秀月. 海鸥岛互通立交匝道桥方案设计［J］. 广东公路交通,2016(2):38-42.

［5］邱丽丽,顾保南. 国外典型综合交通枢纽布局设计实例剖析［J］. 城市轨道交通研究,2006(3):55-59.

［6］胡程,邹志云,蒋忠海. 大城市中心城区立交设计的思考［J］. 中外公路,2007(4):21-25.

［7］谈君,孙家驷,贾海燕. 城市立交美学影响因素分析［J］. 公路交通技术,2009(5):153-155.

［8］唐勇. 城市立交工程改造方案设计经验探讨——以江南立交改造工程为例［J］. 江西建材,2015(2):184.

［9］杨子易. 重庆江南立交改造方案设计构思［J］. 重庆建筑,2014,13(1):13-17.

［10］唐楹. 浅谈城市地下全互通立交方案设计［J］. 城市道桥与防洪,2011(7):13-16.

［11］李勇,李晓春,胡学兵. 地下互通式立交隧道设计与施工［J］. 公路交通技术,2007(S1):100-103.

［12］李立军,周密. “海绵城市”设计理念在城市立交中的应用［J］. 广东公路交通,2018,44(2):40-44.

［13］饶鉴,余金珂. 城市形象建构下的城市立交系统“灰空间”优化设计策略［J］. 建筑与文化,2020(3):131-134.

［14］黄竹. 城市桥下空间的类型与开发利用方式研究［J］. 上海城市规划,2019(1):101-107.

［15］姬涛. BIM技术在道路桥梁设计优化方面的应用［J］. 河南科技,2018(26):118-119.